RESPONS

Was tun bei sexualisierter Gewalt?

UNRAST

Das *RESPONS*-Kollektiv besteht aus fünf Personen, die erste Idee zu einem Austausch, einer Arbeitsgruppe und später zu der Entwicklung eines Konzeptes für die Transformative Arbeit mit gewaltausübenden Personen entstand 2009 in Berlin. Einige von uns unterstützen schon seit Jahren von sexualisierter Gewalt und sexistischer Diskriminierung betroffene Personen. Wir kommen aus unterschiedlichen Bereichen, wie Mediation, Gestalttherapie, Community Accountability und Social Justice. Mit der praktischen Transformativen Arbeit, insbesondere mit einem Transformativen Arbeitsprozess mit gewaltausübenden Personen wie ihn dieses Buch vorschlägt, haben Einzelne aus unserer Gruppe bereits seit einigen Jahren Erfahrungen gesammelt.

RESPONS

Was tun bei sexualisierter Gewalt?

Handbuch für die Transformative Arbeit mit gewaltausübenden Personen

UNRAST

RESPONS
Was tun bei sexualisierter Gewalt?
3. Auflage, Januar 2025
ISBN 978-3-89771-316-1

Fuggerstr. 13a, 48165 Münster
www.unrast-verlag.de – kontakt@unrast-verlag.de
Mitglied in der assoziation Linker Verlage (aLiVe)

Umschlag: UNRAST Verlag, Münster
Satz: Andreas Hollender, Köln
Druck: Multiprint, Kostinbrod

Inhalt

I. Vorwort

Die erste Idee zu einem Austausch, einer Arbeitsgruppe und später zu der Entwicklung eines Konzepts für die Transformative Arbeit mit gewaltausübenden Personen entstand 2009 in Berlin. ›Transformative Arbeit‹ bedeutet, dass soziale Umfelder, Communitys oder Freundeskreise sich zusammensetzen und gemeinsam Verantwortung übernehmen, wenn sexualisierte Gewalt in ihrem Umfeld stattgefunden hat. Der gewaltausübenden Person wird angeboten, einen Veränderungs- und Reflexionsprozess in einer gemeinsamen Gruppenarbeit einzugehen. Damit wird der gewaltausübenden Person die Chance gegeben, sich zu verändern und geschädigte Beziehungen zu reparieren, und zugleich wird den Menschen im Umfeld deutlich, dass Gewalt nicht einfach geduldet wird. Letzteres ist insbesondere für viele betroffene Personen wichtig: Gewaltausübende Personen sollen nicht einfach so weitermachen können wie bisher und einem erneuten (sexualisierten) Übergriff soll vorgebeugt werden.

Als Ziele der Transformativen Arbeit mit gewaltausübenden Personen wollen wir vor allem drei Aspekte hervorheben:

1. Verantwortungsübernahme begleiten

Verantwortung zu übernehmen stellt in unseren Augen einen Prozess dar, in dem

- Verantwortung durch die gewaltausübende Person (und möglicherweise ihre Communitys) übernommen wird gegenüber der/den betroffenen Person/en und dem/n Umfeld/ern. Zu solch einem Prozess können beispielsweise die Anerkennung der Verletzungen, die verursacht oder ausgelöst worden sind, gehören sowie eine Entschuldigung, eine Wiedergutmachung, eine Transformation/Veränderung des eigenen Denkens, Fühlens und Handelns sowie die Verpflichtung, zukünftig nicht mehr Gewalt einzusetzen.
- Verantwortung hinsichtlich der eigenen Privilegien übernommen wird und somit auch gegenüber den Menschen und ihren Umfeldern, die innerhalb von Machtstrukturen unterdrückt und marginalisiert sind.

2. Veränderung unterstützen

Transformative Arbeit soll Personen, die Gewalt ausgeübt haben, in ihrem Prozess der Veränderung unterstützen. Eine grundlegende Überzeugung dieses Ansatzes besteht darin, dass Veränderung möglich ist und dass es Alternativen zum bisherigen Handeln gibt. Im Rahmen der Transformativen Arbeit werden keine repressiven und strafenden Methoden genutzt, wie z.B. Beschämung, Schuldzuweisung, Erniedrigung, Angriff, Bestrafung, Isolierung, Entfremdung oder Entmenschlichung. Denn unseres Erachtens nach sind solche Methoden einem nachhaltigen Veränderungsprozess nicht dienlich. Die verschiedenen Methoden der Transformativen Arbeit zielen darauf ab, alle beteiligten Personen auf ihrem Weg der emanzipatorischen Transformation ein Stück weiterzubringen. Dies soll durch die Auseinandersetzung mit eigenen Diskriminierungserfahrungen, die Konfrontation mit bzw. Unterbrechung von gewaltsamen Mustern, die aktive Verantwortungsübernahme für das eigene Handeln und die Effekte auf andere Personen sowie das Erlernen von neuen, effektiveren und vor allem nichtgewaltsamen Handlungsweisen auf der persönlichen, zwischenmenschlichen und gesellschaftlichen Ebene erreicht werden.

3. Prävention

Eines der wichtigsten Ziele ist es, dass keine Gewalt mehr stattfindet, ein gewalttätiges Verhalten somit unmittelbar beendet wird und die gewaltausübende Person in Zukunft nicht mehr zu Gewalt greift. Darüber hinaus gehen wir davon aus, dass die Prozesse der Transformativen Arbeit auch in den betreffenden Umfeldern Präventionseffekte haben und mit breiter angelegten Präventionsstrategien zusammenwirken können.

Dieses Buch bietet ein Konzept für die praktische Transformative Arbeit und beschreibt darüber hinaus verschiedene Ansätze, die mit dieser Arbeit zusammenhängen oder sie erleichtern. Da wir bei der Konzeptualisierung der Transformativen Arbeit auch auf Erfahrungen und Ansätze aus den USA zurückgegriffen haben, tauchen viele Begriffe zunächst auf Englisch auf. Wir erklären diese Begriffe selbstverständlich und schlagen Übersetzungen vor, dennoch haben wir uns dafür entschieden, die Diskurse und Benennungen in den USA sichtbar zu lassen. Einen Leitfaden für die praktische Transformative Arbeit bieten wir in den Kapiteln V bis XIV. In Kapitel IV werden die theoretischen Grundlagen unseres Ansatzes erklärt.

Die Kapitel können einzeln gelesen werden, doch allen, die praktisch mit diesem Buch arbeiten und üben wollen, empfehlen wir, zumindest den gesamten Leitfaden zu lesen. Wir hoffen, dass dieses Buch dabei hilft und dazu ermutigt, sich auf die Transformative Arbeit einzulassen – sei es als betroffene Person, als Person, die Gewalt ausgeübt hat, als auch als Person aus dem Umfeld, die die Transformative Arbeit anbieten möchte. Die Entwicklung dieses Ansatzes befindet sich noch in einem experimentellen und offenen Prozess, zu dem dieses Buch einen Beitrag darstellt. Es fokussiert auf den Umgang mit sexualisierter Gewalt, weil hier unsere Erfahrung und Expertise liegen. Es bietet jedoch auch Anregungen für einen Umgang mit anderen Gewaltformen, wobei die jeweils spezifischen Dynamiken dieser Gewaltformen berücksichtigt werden müssen, wenn das Konzept auf sie übertragen werden soll. Wir hoffen, dass euch dieses Buch hilft, dass es euch neugierig macht und von vielen praktisch wie theoretisch aufgegriffen wird. Viel Spaß beim Lesen!

II. Persönliche und gesellschaftliche Transformation

Transformative Arbeit ist darauf ausgelegt, Personen, die Gewalt ausgeübt haben, in ihrem Prozess der Veränderung zu begleiten und zu unterstützen. Sie geht grundsätzlich davon aus, dass Gewalt ein soziales (und kein pathologisches) Phänomen ist und von der Gesellschaft wie eine ›Sprache‹ erlernt wird – und dass sich Personen verändern und Alternativen zu ihrem bisherigen Denken, Fühlen und Handeln erlernen können.

Wir reden in diesem Text von Communitys und Umfeldern, Zusammenhänge, in denen sexualisierte Gewalt sowohl passiert als auch gemeinsam bearbeitet werden kann. Manchmal sind diese Umfelder (relativ) klar abgegrenzte Strukturen, wie in Schulen, politischen Gruppen, Sportgruppen, religiösen/spirituellen Einrichtungen, Hausprojekten oder WGs, Kollektivbetrieben oder Firmen. Manchmal sind sie lose aufeinander bezogen – entweder durch geteilte Lebenserfahrungen, Verbundenheit und Nähe, wie in Freundeskreisen und Nachbarschaften, oder durch geteilte Unterdrückungserfahrungen, gemeinsame kulturelle Zugehörigkeit oder einen gemeinsamen Status (›Behinderten-Community‹, ›Queer-Community‹ oder ›syrische Community‹). Wir sind der Meinung, dass Umfelder, ganz gleich, in welcher Konstellation, kollektiv Verantwortung dafür tragen, sexualisierte Gewalt zu verhindern, aufzuarbeiten und wiedergutzumachen – in einer Weise, die langfristig und umfassend dafür sorgt, gewaltförmige gesellschaftliche Strukturen zu beseitigen.

Das Ziel der Transformativen Arbeit besteht darin, allen an diesem Prozess beteiligten Personen – und vor allem der gewaltausübenden Person – eine emanzipatorische Transformation der individuellen Verhaltensweisen und eine Erweiterung der Handlungsoptionen zu ermöglichen – und damit letztendlich auch eine Veränderung der gesellschaftlichen Verhältnisse. Die Methode zielt darauf ab, durch die Konfrontation mit den eigenen gewaltsamen Handlungsmustern diese zu unterbrechen und eine aktive Verantwortungsübernahme zu erreichen. Darüber hinaus sollen eine Einsicht in die eigene Verstrickung in die gesellschaftlichen Unterdrückungsverhältnisse erlangt und alternative, weniger gewaltförmige Handlungsmöglichkeiten auf der persönlichen, zwischenmenschlichen und gesellschaftlichen Ebene erprobt werden. Dabei kann es gegebenenfalls, jedoch nicht hauptsächlich, auch darum gehen, die eigenen Wunden, Gewalt- und Diskriminierungserfahrungen der gewaltausübenden Person auf angemessene Weise mit einzubeziehen und diese als Ressourcen (nicht als Ausreden) für die Verantwortungsübernahme zu mobilisieren. Der gesamte Prozess ist daher durch das Spannungsverhältnis zwischen Empathie und Konfrontation gegenüber der gewaltausübenden Person gekennzeichnet.

Aufgrund unserer Kritik an staatlichen Strafsystemen und ihren Beschämungsstrategien, die sich struktureller Unterdrückung bedienen und sie aufrechterhalten, arbeiten wir nicht mit Erniedrigung und Bestrafung, sondern mit Menschlichkeit und Verantwortung. Wir erzeugen nicht gezielt Schuld- und Schamgefühle, sondern bauen gemeinsam an einer Vision für ein gewaltfreieres, heilenderes Miteinander. Denn wir sind der Überzeugung, dass Ansätze, die die gewaltausübende Person herabsetzen, einer möglichen Transformation im Wege stehen. Wir verstehen Menschen als soziale und nicht als autonome Wesen und Verantwortung als einen sozialen Prozess, der jenseits einer moralischen Beurteilung durch eine Autorität wie Gott oder Staat stattfinden sollte. Es geht für uns nicht darum, den Blick auf das Wesen der Person und ihren inneren, ›seelischen‹ Status zu lenken, sondern darum, das eigene Verhalten und dessen Wirkung auf andere zu reflektieren und daran zu arbeiten, gleichberechtigte Beziehungen mit anderen (wieder) aufzubauen. Wenn wir die moralische Annahme, es gäbe ›böse‹ und ›gute‹ Menschen, hinter uns lassen wollen, dann gilt dies auch für das Umfeld und die TA-Gruppe (Transformative-Arbeit-Gruppe) selbst. Auch hier werden Fehler gemacht und auch die Beteiligten bewegen sich in den komplexen Wechselbeziehungen der Machtverhältnisse. Momente der Scham, der Schuld, der Wut oder des Schmerzes können in gewisser Weise den Weg zur Veränderung eröffnen und werden die gewaltausübende Person und die TA-Gruppe immer wieder begleiten. Sie können somit eine wichtige Ressource oder Erkenntnisquelle darstellen. Veränderung ist möglich und zugleich nicht ohne Weiteres zu erreichen …

III. Wer wir sind: Über RESPONS

Im Sommer 2009 fanden wir als Gruppe zusammen, um zu diskutieren, wie ein emanzipatorischer und präventiver Umgang mit gewaltausübenden Personen aussehen könnte. RESPONS besteht aus fünf Personen, die seit nun mehr als acht Jahren den Ansatz der Transformativen Arbeit entwickeln. Einige von uns unterstützen schon seit Jahren von sexualisierter Gewalt und sexistischer Diskriminierung betroffene Personen. Wir kommen aus den Bereichen Mediation, Gestalttherapie, Community Accountability und Social Justice. Einige von uns sind selbst von sexualisierter Gewalt Betroffene. In unseren gemeinsamen Auseinandersetzungen mussten wir uns auch als Gruppe mit verschiedenen belastenden und auch stärkenden Emotionen konfrontieren. Die eigenen biografischen Erfahrungen prägen unseren Umgang mit dem Thema teilweise stark, deswegen schreiben wir hier mehr dazu.

Einige von uns sahen und sehen sich wiederholt mit *weißer* cis-männlicher Dominanz in der Linken konfrontiert. Zahlreiche Gruppen und Strukturen sind immer noch stark von *weißen* cis Männern bzw. von einem *weißen*, cis-männlichen Habitus und Umgang dominiert. Dieser scheinbare ›Normalzustand‹ geht mit anderen Unterdrückungsverhältnissen Hand in Hand, wie z.B. Heteronormativität, Rassismus und körperlicher Befähigung. Wir haben einzelne erfolgreiche Veränderungen und Transformationen in diesem Kontext erlebt, mussten aber auch immer wieder die Erfahrung machen, dass von sexualisierter Gewalt betroffene Personen wiederholt ausgeschlossen werden und ein solidarischer Umgang mit betroffenen Personen und eine konsequente Auseinandersetzung mit Gewalt oftmals zu kurz kommen. Einige von uns haben selbst Verletzungen, Ohnmacht und Ausschluss erfahren. Uns geht es daher darum, einen politischen Raum zu schaffen, in dem die Bedürfnisse von betroffenen Personen wahrgenommen und respektiert werden. Um solche Räume zu eröffnen und aufrechtzuerhalten, sind vielfältige Interventionen notwendig, die teils auch laut und konfrontativ sein müssen, um sich angesichts der normativen Strukturen Gehör zu verschaffen – und um Räume nicht wortlos zu verlassen.

Unsere Einschätzungen und Erfahrungen unterscheiden sich jedoch auch voneinander. Dies führen wir unter anderem auf unser unterschiedliches Alter und verschiedene Hintergründe zurück. Eine Person in der Gruppe ist stark von den Errungenschaften der Zweiten Feministischen Bewegung in der *weiß*-deutschen Linken geprägt. Dank der Kämpfe älterer Generationen ist die Thematik (sexualisierte) Gewalt und Sexismus für jüngere Generationen präsenter. Die Frage, inwiefern dieses Thema jedoch in den alltäglichen politischen Praktiken bearbeitet und überwunden wird – anstatt als bloßes Label zu fungieren –, ist immer wieder Teil unserer Auseinandersetzung. Obwohl die Geschlechterverhältnisse in der Linken nach wie vor von *weißer* cis-männlicher Dominanz geprägt sind, gibt es gegenwärtig eine Vielzahl an Erfolgen, z.B. in Form von queer*feministischen Interventionen und Räumen für Betroffene von sexualisierter Gewalt. Als Gruppe RESPONS verorten wir uns in diesen Kämpfen und sind denjenigen dankbar, die vor uns diese Kämpfe geführt haben. Die feministische und später auch queer*feministische Bewegung in der BRD hat große Erfolge damit erzielt, Unterstützungsstrukturen für betroffene Personen aufzubauen – auch wenn diese immer noch zu wenige sind, insbesondere in ländlichen Regionen und in Bezug auf Mehrfachbetroffenheit. Ansätze, die auf einen Umgang mit gewaltausübenden Personen abzielen und versuchen, Angebote für Reflexion und Veränderung zu entwickeln, gibt es jedoch kaum. Obwohl es diese Angebote vereinzelt gab und gibt und wir auch sehen, dass die knappen Ressourcen in der Linken zuerst den Betroffenen zur Verfügung gestellt werden sollten, hat uns hier etwas gefehlt.

Die Arbeit von Frauen*, Queers und nicht-binären Menschen of Color in den USA zu diesen Themen war für eine Person in unserer Gruppe sehr prägend (auch als Antwort auf den empfundenen Mangel an community-basierten Veränderungsangeboten), u.a. in Form des Ansatzes der Community Accountability und Transformative Justice, (siehe Kapitel IV.3, Abschnitt »Community Accountability als kollektive Verantwortungsübernahme und Transformative Justice als Transformative Gerechtigkeit«). Sie ist durch die Frauen*-of-Color-Bewegung seit den 1970ern in den USA und der Kritik an dem Rassismus und den universalistischen Ansprüchen des *weißen* Mainstream-Feminismus zum Feminismus gekommen. Ihr wurde immer wieder bewusst, dass sie sowohl in unterschiedlichen Weisen betroffen, als auch in verschiedenen Hinsichten privilegiert ist und Verantwortung dafür übernehmen muss. Durch diesen persönlichen Hintergrund liegt ihr Fokus in Bezug auf Täterschaft auf den Themen Scham, Schuld und Strafen.

Als wir anfingen, uns mit dem Thema Transformative Arbeit mit gewaltausübenden Personen auseinanderzusetzen, trafen aufgrund unserer unterschiedlichen Biografien verschiedene Reaktionen und Einschätzungen aufeinander, von Empathie und Verständnis bis zu Wut und Abwehr. Wir fanden es während der Arbeit in unserer Gruppe wichtig, weder nur positive Erfahrungen und utopische Vorstellungen hinsichtlich der Transformativen Arbeit zu berücksichtigen, noch vor allem den negativen und skeptischen Raum zu geben. Wir sind zu dem Schluss gekommen, dass ein gewisses Transformationspotenzial und eine gewisse Gefahr, Machtverhältnisse zu reproduzieren und zu stabilisieren, in jeder politischen Praxis vorhanden sind. Obwohl wir uns immer wieder uneins darin waren, welche Aspekte wie zu gewichten sind, war uns klar, dass wir die Chancen wie Risiken der Transformativen Arbeit diskutieren wollen. Wir haben uns entschieden, in unserer Arbeit den Schwerpunkt weder auf Konfrontation, noch auf Versöhnlichkeit zu legen. Vielmehr versuchen wir, unsere Praxis immer wieder auf dieses Spannungsverhältnis hin zu befragen, damit ein Potenzial für Transformation überhaupt erst sichtbar werden kann und zugleich die Gefahr gemindert wird, die Gewaltausübung kleinzureden oder gar zu entschuldigen, oder aber die gewaltausübende Person übermäßig zu verurteilen.[1] Stattdessen wollen wir uns darum bemühen, die widersprüchlichen und ambivalenten Emotionen und Tendenzen kontinuierlich als Ressourcen für die Transformation wahrzunehmen.

Beim Schreiben dieses Konzeptes haben wir immer wieder versucht, die aus den USA stammenden Ansätze von Frauen*, Queers und nicht-binären Menschen of Color und unsere Erfahrungen in unseren *weiß* dominierten deutschen linken Kontexten für unsere Umfelder praktisch anwendbar zu machen. Alle Personen in unserer Gruppe sind *weiß* positioniert und haben mehrheitlich Erfahrungen in der *weiß* dominierten Linken und queer*feministischen Szene in Berlin gemacht. Somit verfügen wir nicht über das Erfahrungswissen, aus dem heraus Ansätze wie Transformative Justice und Community Accountability entstanden sind. Da wir als *weiße* Gruppe nicht nur von dem rassistischen System profitieren, sondern auch

1 *Creative Interventions* beschreibt dieses Spannungsverhältnis gegenüber gewaltausübenden Personen folgendermaßen: »ohne ihnen Ausreden zu ermöglichen, d.h. Komplizenschaft, und ohne ihre Menschlichkeit abzuerkennen, d.h. Verteuflung« (Creative Interventions: Creative Interventions Toolkit. A Practical Guide to Stop Interpersonal Violence [pre-release version]. 2012. S. 1-5, Übers. d. Autorinnen. http://www.creative-interventions.org/tools/toolkit/ [30.7.2018]).

an dem Ausschluss von Aktivist*innen of Color beteiligt sind, war es uns wichtig, die Kritik von Schwarzen Feminist*innen und Feminist*innen of Color in unser Konzept einfließen zu lassen und unseren *weißen* Denk- und Wahrnehmungshorizont infrage zu stellen. Aus Kapazitätsgründen haben wir es bisher leider nicht geschafft, uns mit Gruppen außerhalb unserer eigenen Umfelder auszutauschen, wie z.B. mit Organisationen, die die Perspektiven von behinderten Personen oder von Personen, die negativ von Rassismus betroffen sind, vertreten. Das sehen wir als weiteren notwendigen Schritt für unsere Arbeit an. Wir sind uns darüber bewusst, dass wir erst zaghafte erste Schritte gemacht haben und unsere Auseinandersetzungen und Arbeit alles andere als abgeschlossen sind, sondern vielmehr immer wieder überprüft, erweitert und korrigiert werden sollten. Auch in dieser Hinsicht wollen wir Verantwortung übernehmen.

Auch Geschlecht war ein wichtiges Thema in unserer Gruppendynamik. Die Gruppe bestand aus zwei weiblich sozialisierten und drei männlich privilegierten Personen. Queer*feministische Gruppen stellten für die Männer in der Gruppe in unterschiedlichem Maße Orte dar, an und mit denen sie sich immer wieder aktiv als Verbündete einzubringen versuchten und wo sie sich mit ihren privilegierten Männlichkeiten kritisch auseinandersetzten. Während sich zwei von ihnen schon seit mehreren Jahren in sexismuskritischen und/oder Unterstützungsgruppen für betroffene Personen engagierten, fand ein cis Mann erst relativ kurz vor dem Beginn der Arbeit an diesem Konzept sein politisches Zuhause in queer*feministischen Gruppen. Parallel zu und gerade auch vor dem Hintergrund ihrer Mitarbeit an diesem Konzept haben die drei einen machtkritisch fokussierten Sensibilisierungsworkshop zu cis Männlichkeiten entworfen und mehrfach durchgeführt. Die Motivation für die Mitarbeit speiste sich für die drei aus jeweils unterschiedlichen Quellen. Für einen cis Mann war ausschlaggebend, dass in seinem nahen Umfeld verschiedene Personen, die sowohl weiblich als auch männlich sozialisiert sind, als Kinder sexualisierte Gewalt erfahren mussten. Die drastischen und langwierigen Auswirkungen dieser Gewalterfahrungen waren somit immer wieder auch Thema in seinen Freund*innenschaften. Das eigene Bedürfnis nach einer grundsätzlichen Veränderung ergab sich darüber hinaus aber auch aus der Beschäftigung mit machtkritischen und an Social Justice orientierten Ansätzen, die letztendlich in der Einsicht mündete, dass Macht, Gewalt und Unterdrückung auch verdammt viel mit ihm selbst zu tun haben.

Bei allem Bemühen um eine machtkritische und solidarische Haltung als Verbündete blieb jedoch die Mitarbeit der drei cis Männer nicht ohne Auswirkungen auf die Dynamik und Atmosphäre der Zusammenarbeit innerhalb der Gruppe. Die Geschlechterkonstellation führte dazu, dass wir selbst einige der Vorschläge, die dieses Buch enthält, nicht umsetzten. So haben wir uns z.B., obwohl wir es hier anregen, nicht explizit in der Gruppe über unsere eigenen persönlichen Erfahrungen mit sexualisierter Gewalt ausgetauscht. Dies lag daran, dass für uns die Transformative Arbeit mit gewaltausübenden Personen erst einmal ein sehr sensibles Thema ist, das mit verschiedenen schmerzvollen und Ohnmachts-Gefühlen verbunden ist und das einer vorsichtigen Annäherung bedurfte. Wir entschieden uns dafür, einen auf Wohlwollen und Interesse beruhenden Austausch in den Vordergrund zu stellen, um Vertrauen aufzubauen. Es ging uns darum, einen möglichst sicheren Rahmen entstehen zu lassen, in dem unsere eigenen Verletzungen einfließen konnten, ohne sie explizit zum Thema zu machen. Dasselbe galt für andere Erfahrungen ebenso wie für Privilegierungen. Ein sensibler und bewusster Umgang machte es möglich, dass Emotionen ausreichend Raum erhielten und wir Vertrauen und einen guten Austausch herstellen konnten.

Das Geschlechterverhältnis unserer Gruppe haben wir erst gegen Ende der Arbeit an dem Konzept reflektiert. Daher haben wir bisher nur einige Aspekte herausgearbeitet. In emotionaler Hinsicht waren die weiblich sozialisierten Personen während unserer Arbeit stärker berührt und betroffen als die männlich privilegierten. Das hatte zur Folge, dass die Auseinandersetzung ihnen auch mehr Energie abverlangte und sie insgesamt emotional engagierter in dem Prozess waren, auch wenn dies nicht immer für alle sichtbar wurde. Für privilegierte und nicht-betroffene Personen ergibt sich nicht dieselbe Notwendigkeit, sich mit Macht- und Gewaltverhältnissen zu beschäftigen. Trotz des Engagements der cis Männer in unserer Gruppe war dieser Umstand auch unter uns präsent. So entstand eine gewisse Zäsur in der Gruppe, als es um die konkrete Ausformulierung des Konzepts ging. Mit dieser Arbeit begannen zunächst nur die beiden weiblich sozialisierten Personen, bis eine männlich privilegierte Person wieder mit dazukam. Das Spannungsverhältnis zwischen einer verantwortungsvollen Arbeit der männlich Privilegierten als Verbündete und einer Zurückhaltung aufgrund des Risikos einer Reproduktion von Privilegierungen machte die Gruppenarbeit nicht immer leicht. Dies führte an bestimmten Punkten auch dazu, dass die Zurückhaltung überwog und das Risiko, sich angreifbar zu machen, nur in begrenztem Maße eingegangen worden ist. Insgesamt hatten wir jedoch den Eindruck, dass wir als Gruppe trotz dieser Dynamiken einen guten Rahmen für unsere Auseinandersetzungen schaffen konnten. Es war für uns nicht immer ein leichter Prozess und dieser ist auch noch lange nicht abgeschlossen. Die Arbeit bot somit auch für uns einen Lernprozess und eine gewisse Transformation war auch zwischen uns spürbar.

Mit der praktischen Transformativen Arbeit, insbesondere mit einem Transformativen Arbeitsprozess mit gewaltausübenden Personen, wie ihn dieses Konzept vorschlägt, haben Einzelne aus unserer Gruppe seit einigen Jahren Erfahrungen gesammelt. Eine Person hat darüber hinaus Interviews mit Personen geführt, die seit Langem bei U.S.-amerikanischen Gruppen wie *Support New York* und *Philly Stands Up* aktiv sind, um ihre Praxen kennenzulernen.[2] Darüber hinaus haben wir damit begonnen, Unterstützer*innengruppen von betroffenen Personen dabei zu unterstützen, TA-Gruppen anzustoßen. In einem Prozess waren wir selbst nicht Teil der TA-Gruppe, sondern begleiteten diese durch Supervision. In anderen leiteten wir die TA-Gruppe, die sich aus Personen aus dem Umfeld der gewaltausübenden Person und der gewaltausübenden Person selbst zusammensetzte. Dadurch konnten wir viele Anregungen aus der konkreten Praxis der Transformativen Arbeit für die Entwicklung dieses Konzeptes gewinnen. Die Fälle, in denen einige von uns selbst die gewaltausübenden Personen in ihrem Transformationsprozess begleiteten, waren Prozesse, bei denen die gewaltausübenden Personen ein aktives Eigeninteresse an der Veränderung und Reflexion hatten und sich selbst eine TA-Gruppe gesucht hatten. Allerdings haben wir diesen Leitfaden noch nie im Ganzen umgesetzt. Er ist das Ergebnis unserer Auseinandersetzungen, unserer Erfolge und teilweise auch Misserfolge und unserer Reflexionen darüber, was wir uns gewünscht hätten oder was in den Prozessen gefehlt hat. Dieses Buch soll Anregungen bieten und zu eigenen Experimente anregen, es kann aber keinen Erfolg garantieren. Daher freuen wir uns sehr über Feedback von Menschen, die den folgenden Leitfaden umzusetzen versuchen.

2 Auszüge aus diesen Interviews finden sich hier: www.whatreallymakesussafe.com (30.07.2018).

Theoretische Grundlagen

IV. Theoretische Grundlagen der Transformativen Arbeit

In diesem Kapitel stellen wir verschiedene Ansätze, Konzepte und Themenzusammenhänge vor, die wir als Inspiration und theoretische Grundlage für unsere Arbeit verstehen. Beginnen werden wir diesen Überblick mit eher allgemeineren Konzepten, wie z.B. der Social-Justice-Perspektive, unserem Verständnis von Unterdrückungsverhältnissen, der intersektionalen Verschränkung dieser Verhältnisse sowie dem Konzept der Verbündeten. Innerhalb dieses Rahmens haben wir unsere Arbeit entwickelt, er verdeutlicht unser politisches Verständnis. Hieran schließt eine Beschäftigung mit dem Themengebiet sexualisierte Gewalt an. Zunächst gehen wir näher auf unser Verständnis von sexualisierter Gewalt ein, um dann zu einer Diskussion der Konzepte Definitionsmacht, Parteilichkeit und Zustimmung, die in queer*-feministischen Kontexten als Gegenstrategien zu sexualisierter Gewalt entwickelt worden sind, überzuleiten. Abgerundet wird dieser Überblick durch eine Erläuterung der Konzepte ›gewaltausübende Person‹ und ›Accountability‹ bzw. Verantwortungsübernahme sowie der Ansätze ›Community Accountability‹ und ›Transformative Justice‹. Gerade die beiden letztgenannten Ansätze beschreiben die Prozesse der kollektiven Verantwortungsübernahme und einer transformativen Gerechtigkeit, die in QueerTransBiInter*People of Color[3]-Kontexten in den USA entwickelt wurden.

1. Social Justice * Unterdrückung * Intersektionalität * Verbündete

Die für uns grundlegende Social-Justice-Perspektive ergibt sich weitestgehend aus der sogenannten ›Social Justice Education‹, die einen US-amerikanischen Ansatz der politischen Bildungsarbeit darstellt.[4] Dieser Ansatz beruht auf den vielfältigen Erfahrungen und Errungenschaften der unter-

3 Manchmal auch als QTBIPoC abgekürzt.

4 Uns ist es wichtig, uns auf nicht-hierarchische, egalitäre, selbstorganisierte Ansätze aus radikalen Bewegungen zu beziehen, die zum Teil jedoch mittlerweile auch für liberale, kapitalistische ›Diversitäts‹-Ansätze vereinnahmt worden sind.

schiedlichen sozialen Bewegungen, die seit der Bürger*innenrechtsbewegung in den USA aufgekommen und aktiv geworden sind. Diese Perspektive haben wir mit herrschaftskritischen Ansätzen aus der *weiß*-deutschen autonomen Bewegung verknüpft (ohne hier explizit Namen zu nennen oder diese auszuführen, unter anderem deshalb, weil viele dieser Ansätze auf kollektivem Erfahrungswissen basieren und undokumentiert blieben). Wir begreifen die Social-Justice-Perspektive vor allem als ein Geflecht aus verschiedenen Annahmen und Konzepten, mit deren Hilfe nicht nur die unterschiedlichen und ineinander verschränkten gesellschaftlichen Unterdrückungsverhältnisse analysiert werden können, sondern sich mit ihnen auch aktiv und machtkritisch auseinandergesetzt werden kann. Damit es nicht nur bei einer vorrangig intellektuellen Analyse bleibt, bietet dieser Bildungsarbeitsansatz die Möglichkeit, durch ein Set von interaktiven und erfahrungsorientierten Methoden ein Verständnis sowohl der Bedeutung als auch der jeweiligen Auswirkung von sozialen Differenzen und Unterdrückungsverhältnissen zu erarbeiten. Darüber hinaus wird es im Rahmen der Social Justice Education grundsätzlich angestrebt, einen Raum für die (selbst-)kritische Reflexion der eigenen Positioniertheit und Verstricktheit in diese Unterdrückungsverhältnisse zu eröffnen, um sich so mit den jeweiligen Konsequenzen der damit einhergehenden Sozialisation auseinandersetzen zu können. Letztendlich zielen die dadurch angestoßenen Bildungsprozesse darauf ab, vor dem Hintergrund der jeweiligen sozialen Positionierungen und Erfahrungen alternative Möglichkeiten des Denkens, Fühlens und Handelns zu entwickeln und somit den Abbau von Diskriminierung, Gewalt und Unterdrückung zu befördern.

Das Ziel dieses Ansatzes lässt sich von daher auch als ein breit angelegter und kontinuierlicher Dialog über konstruktive und effektive Wege der Hinterfragung und Herausforderung von Unterdrückungsverhältnissen wie (Hetero-)Sexismus, Rassismus, Adultismus, Antisemitismus, Ableism und Klassismus bzw. Kapitalismus verstehen. Als Vision oder Horizont dieser Bildungsarbeit dient vor allem die Idee einer umfassenden Partizipation aller sozialen Gruppen am gesellschaftlichen Leben und somit auch die gleichberechtigte Verteilung der gesellschaftlichen Ressourcen, sodass die physische und psychische Sicherheit und Integrität aller Personen gewährleistet werden kann. Diese Vision spiegelt sich auch in den konkreten Prozessen der Social Justice Education wider, da diese möglichst partizipativ und inkludierend gestaltet sowie von einer grundlegenden Anerkennung der verschiedenen Erfahrungen der Teilnehmer*innen getragen werden. Denn es wird davon ausgegangen, dass die Auseinandersetzung mit den jeweiligen Sozialisationserfahrungen eine kritische wie alltagsbezogene Analyse der verschiedenen Unterdrückungsverhältnisse ermöglicht. Hierdurch werden die Teilnehmer*innen nicht nur dazu ermutigt, sondern auch konkret dazu befähigt, sowohl Visionen als auch Kapazitäten für die individuelle, kollektive und institutionelle Transformation in- und außerhalb der eigenen Community zu entwickeln.

Gesellschaftliche Unterdrückungsverhältnisse

Von daher ist für eine Social-Justice-Perspektive ein Verständnis von gesellschaftlichen Unterdrückungsverhältnissen zentral, das diese Verhältnisse als ein komplexes Zusammenwirken von systematischen Diskriminierungen mit durchdringenden Effekten auf jede*n Einzelne*n begreift. Damit ist vor allem gemeint, dass die konkreten Formen dieser Unterdrückungsverhältnisse gerade nicht als zufällige Akte individueller Gewalt zu verstehen sind. Vielmehr bilden sie die strukturelle Basis für die Konstruktion der unterschiedlichen Realitäten und der vermeintlichen gesellschaftlichen ›Normalität‹. Im Zuge dieser Konstruktion werden Personen privilegiert oder marginalisiert verortet, sodass ihnen ein bestimmtes und unterschiedlich anerkanntes sowie vor allem auch unterschiedlich dimensioniertes Handlungsvermögen zugewiesen wird. Die gesellschaftlichen Unterdrückungsverhältnisse weisen für alle Personen bestimmte und jeweils unterschiedlich gelagerte Konsequenzen auf – Marginalisierte erleben diese in Form von Diskriminierung und Ausschluss aus der Gesellschaft, durch geringeren Zugang zu Ressourcen, weniger Repräsentation, Anerkennung und Würde in der dominanten Kultur und durch größere Risiken in Bezug auf Gewalt (staatliche und zwischenmenschliche), Armut, Obdach- und Arbeitslosigkeit, Traumata und Gesundheitsprobleme. Privilegierte Personen sind nicht oder in geringerem Ausmaß diesen Risiken ausgesetzt und profitieren auf vielfältige Weisen (bewusst oder nicht) von Unterdrückungssystemen. Zugleich erleben aber auch Privilegierte negative Erfahrungen durch Privilegien, z.B. wenn ihr Handeln, Denken und Fühlen auf bestimmte Möglichkeiten eingeschränkt wird, bzw. wenn ihnen die damit verbundenen sozialen Rollen besonders nahegelegt werden.

Diese Beispiele verdeutlichen, dass ein entscheidender Unterschied darin besteht, welche Kosten und Einschränkungen von den jeweils unterschiedlich verorteten Personen getragen werden (müssen). Aufgrund ihrer hierarchisierenden Strukturierung gehen die gesellschaftlichen Unterdrückungsverhältnisse für privilegierte und marginalisierte Personen mit jeweils sehr unterschiedlichen Auswirkungen einher. Das heißt, während sich Marginalisierte mit systematischer Ausgrenzung, Gewalt, Nicht-Anerkennung und Abwertungen aufgrund ihrer vermeintlichen Abweichung von der gesellschaftlichen ›Normalität‹ konfrontiert sehen, werden in Deutschland z.B. cis Männer, heterosexuell lebende Menschen, Akademiker*innen, Weiße, körperlich befähigte Menschen und Christ*innen von den gesellschaftlichen Zuständen enorm bevorteilt. So bestehen z.B. generelle Privilegien für sie darin, dass sie sich gesellschaftlich anerkannt fühlen können, mehr oder weniger auf einen gesellschaftlichen Konsens vertrauen können, sich sicher und zugehörig fühlen können, sie sich in den Medien repräsentiert sehen, sie über vielfältige Zugänge zu gesellschaftlichen Ressourcen verfügen – z.B. auf dem Arbeits- oder Wohnungsmarkt – und sie sich als ein individueller Mensch verstehen können, sodass sie weder auf ihre soziale Gruppenzugehörigkeit reduziert werden, noch diese quasi auskunftspflichtig zu repräsentieren haben. Eine weitere Facette dieser sozialen Bevorteilung besteht darin, dass diese vielfältigen Privilegierungen als derart normal und selbstverständlich wahrgenommen werden, dass sich die betreffenden Personen oft weder ihrer privilegierten Position in der Gesellschaft noch der damit einhergehenden Kosten für sie bewusst sind. Denn die jeweilige Sozialisation begünstigt es, dass die Verhältnisse als gegeben akzeptiert, verinnerlicht und letztendlich auch aufrechterhalten werden. Bei strukturell unterdrückten Personen kann diese Verinnerlichung ebenfalls stattfinden – in Form einer Akzeptanz der vermeintlichen Unterlegenheit als auch in Form einer Überlebensstrategie, die immer wieder auch in Gegenwehr und Widerstand gewendet werden kann. Bei Privilegierten geht eine solche Verinnerlichung jedoch eher mit einem (unbewussten) Überlegenheitsgefühl und einer Zustimmung zum Status quo einher, wobei sie auch durch Gefühle der Schuld, Scham und Angst sowie einem Bedürfnis nach Verleugnung und Abwehr der eigenen Beteiligung am System der Unterdrückung begleitet werden kann.

Diese gesellschaftlichen Unterdrückungsverhältnisse werden im Ansatz der Social Justice nicht als schematisch verstanden, sondern als weder einseitig, noch statisch oder völlig bestimmend angesehen. Vielmehr werden sie als dynamisch, relational, ineinander verschränkt und als grundsätzlich veränderbar gedacht. Dementsprechend ist die Verteilung von Privilegien oder Benachteiligungen auch nur relativ zu verstehen, d.h. hinsichtlich eines bestimmten Machtverhältnisses kann eine Person privilegiert sein, während er*sie im Kontext eines anderen gerade marginalisiert wird. Dabei geht es weder um eine simple Addition der Verhältnisse, noch um ihre hierarchische Anordnung, sondern um die Einsicht, dass die Verhältnisse sich wechselseitig hervorbringen und bestärken. Bemühungen um eine individuelle und gesellschaftliche Transformation müssen also auch versuchen, dieser Komplexität gerecht zu werden.

Das Konzept der Intersektionalität

Aus einer Social-Justice-Perspektive wird hierfür nun vor allem das Konzept der Intersektionalität als hilfreich und weiterführend angesehen. Dieses Konzept, das für die Analyse der komplexen Verwobenheit von gesellschaftlichen Machtverhältnissen steht, entstand primär im Kontext des Schwarzen Feminismus gegen Ende der 1970er Jahre in den USA.[5] Die Kritik, die noch heute vor allem von Queers, Frauen*, trans* und nichtbinären Menschen of Color formuliert wird, macht darauf aufmerksam, dass die zentralen Anliegen der feministischen Bewegungen nicht lediglich auf die Unterdrückung aufgrund von Geschlecht beschränkt werden können. Vielmehr sind Frauen* in unterschiedlicher Weise von verschiedenen Machtverhältnissen betroffen – je nach dem, ob sie in den gesellschaftlichen Strukturen jeweils privilegiert oder marginalisiert positioniert sind. Von daher wird mit dieser Kritik auch davon ausgegangen, dass es gerade nicht ausreicht, im Rahmen einer vermeintlich ›globalen Schwesternschaft‹ vorrangig dem sexistischen Normalzustand den Kampf anzusagen, da z.B. Frauen* of Color zumindest auch von Rassismus negativ betroffen sind. Um nun demgegenüber einen angemessenen Umgang mit diesen Differenzen unter Frauen* und der Komplexität der miteinander verwobenen gesellschaftlichen Verhältnisse er*finden zu können, wurde der Ansatz der Intersektionalität entwickelt. Der Begriff der Intersektionalität wurde dabei zunächst von der Schwarzen Juristin Kimberlé Crenshaw gegen Ende der 1980er Jahre in die Diskussion gebracht. Anstelle einer eindimensionalen

---

5 Vgl. The Combahee River Collective: A Black Feminist Statement. In: Hull, Gloria T.; Scott, Patricia Bell; Smith, Barbara (Hrsg.): All the Women Are White, All the Blacks Are Men, But Some of Us Are Brave. Black Women's Studies. New York: The Feminist Press 1982. S. 13-22.

feministischen Analyse von Machtverhältnissen und der aus ihr folgenden Annahme, dass Kategorien wie Geschlecht oder ›Rasse‹ als gegenseitig exklusiv zu betrachten seien, betonte Crenshaw die Notwendigkeit, die je unterschiedlichen und sich wechselseitig bedingenden Lebensrealitäten und Unterdrückungserfahrungen anzuerkennen und zusammenzudenken.[6] In der weiteren Debatte um den Ansatz der Intersektionalität wurden darüber hinaus auch immer vielfältigere Stimmen vernehmbar. Mitunter führte dies dazu, dass nicht nur das klassische Dreiergespann von Geschlecht, ›Rasse‹ und Klasse in die Diskussion um Intersektionalität miteinbezogen wurde, sondern auch andere strukturelle Kategorisierungen, wie z.B. Sexualität, Alter, Antisemitismus sowie körperliche und geistige Befähigung. Dabei ist zu berücksichtigen, dass eine Auflistung von Unterdrückungsverhältnissen immer als unabgeschlossen anzusehen ist.

Intersektionalität hat die kontextspezifische Analyse der verschiedenen Wechselbeziehungen der genannten Unterdrückungsverhältnisse und deren vielfältigen Auswirkungen auf einzelne Personen zum Ziel. Diesem Ansatz liegt somit die zentrale Annahme zugrunde, dass sich die verschiedenen Verhältnisse oder Positionierungen nicht einfach addieren und dabei unverändert bleiben. Eine Schwarze Professorin mit körperlicher Beeinträchtigung wäre nicht durch Rassismus plus Geschlecht plus körperlicher Befähigung negativ betroffen und eine *weiße* lesbische Rentnerin nicht durch Sexualität plus Geschlecht plus Alter benachteiligt. Vielmehr wirken diese unterschiedlichen Diskriminierungserfahrungen und strukturellen Ungleichheiten auf spezifische Weise ineinander verschränkt. Ein rein additives Verständnis würde eine vermeintliche Eindeutigkeit unterstellen und eine Hierarchie oder Konkurrenz zwischen den unterschiedlichen Unterdrückungserfahrungen aufrufen, indem eine Person als unterdrückter als eine andere Person wahrgenommen wird oder unterschiedliche Verhältnisse gegeneinander ausgespielt werden, wie z.B. Sexismus gegen Rassismus. Es kann daher sogar mit der kolonialen Politik eines Teile-und-Herrsche Hand in Hand gehen. Demgegenüber wird sich mit dem Ansatz der Intersektionalität vor allem darum bemüht, sich dieser nie eindeutig festlegbaren Komplexität anzunähern und einen konkreten Umgang mit ihr zu entwickeln. Die einzelnen Kategorien werden dabei immer wieder

6 Vgl. Crenshaw, Kimberlé: Demarginalizing the Intersection of Race and Sex. A Black Feminist Critique of Antidiscrimination Doctrine, Feminist Theory and Antiracist Politics. In: University of Chicago Legal Forum (1989) 1. S. 139-167.

aufs Neue in ihrer wechselseitigen Durchdringung und gleichzeitigen Wirksamkeit analysiert. Dies lässt sich am besten anhand eines Beispiels verdeutlichen: Im Kontext der kolonialen Ausdehnung Europas wurde die Abwertung, Ausbeutung und Versklavung von People of Color nicht lediglich durch die aufkommenden rassistischen Vorstellungen begründet und sogar zu einer vermeintlichen Zivilisierungsmission des *weißen* Mannes verklärt. Vielmehr wurde die kontinuierliche und in Genoziden mündende Gewalt gegen People of Color u.a. auch mit ihrem vermeintlich abweichenden Sexualverhalten gerechtfertigt. Das heißt, der moderne Rassismus war immer schon ein vergeschlechtlichter Rassismus, der sich immer auch auf heteronormative und sexistische Stereotype stützte und diese mit rassistischen verschmolz. Nicht zuletzt wird anhand dieses Beispiels jedoch auch deutlich, dass die jeweiligen Zuschreibungen und Abwertungen immer auch soziale Konstruktionen darstellen; d.h. nicht eine vermeintliche Realität widerspiegeln, sondern diese erst auf eine bestimmte Weise – und nicht auf eine andere – herstellen.

Das Konzept der Intersektionalität beschränkt sich jedoch nicht auf die Analyse dieser Wechselbeziehungen, sondern fordert auch dazu auf, innerhalb von sozialen Bewegungen und deren Kämpfen von einer vermeintlichen Eindeutigkeit des ›Guten‹ und des ›Schlechten‹ Abstand zu nehmen. Dies darf jedoch nicht darin münden, dass die Forderung nach der Verantwortungsübernahme von Personen, die Gewalt ausgeübt haben, vernachlässigt oder sogar ausgeblendet wird. Vielmehr stellt sich die Frage, wie durch bestimmte politische Praktiken die miteinander verwobenen Verhältnisse re*produziert werden, auch wenn dies nicht beabsichtigt ist – wenn z.B. Diskriminierungserfahrungen gegeneinander ausgespielt werden oder eine konkrete Marginalisierungserfahrung der gewaltausübenden Person nicht zumindest mitbedacht wird. Somit fordert ein intersektionaler Zugang dazu auf, die eigenen Praktiken immer wieder aufs Neue zu hinterfragen und nicht als ein für allemal gegeben anzusehen.

Aufgrund ihrer jeweiligen Erfahrungen und Wissensformen kommen dabei Privilegierten und Marginalisierten unterschiedliche Rollen, Fähigkeiten und Vermögen zu. Der Social-Justice-Perspektive zufolge verfügen gerade unterdrückte Personen und Gruppen über einen spezifischen Erfahrungshorizont und ein tiefgehendes Wissen in Bezug auf die unterschiedlichen Unterdrückungsverhältnisse. Hieraus speisen sich daher ihre alternativen Visionen für eine gerechtere Gesellschaft sowie ihre Motivation, sich proaktiv für eine Transformation der Verhältnisse einzusetzen. Für Privilegierte hingegen sieht dies oft anders aus. Denn da sie eher die Welt der vermeintlichen ›Normalität‹ und der behaglichen Selbstverständlichkeiten bewohnen, haben sie häufig keinen direkten Zugang zu einem solch emanzipatorischen Wissen. Hier besteht eine nie völlig zu überbrückende Kluft, die anhand unterschiedlicher Erfahrungen sowie einer unterschiedlichen Befähigung und Notwendigkeit für gesellschaftliche Veränderung deutlich wird. Aber auch in einem weiteren Sinne macht sich diese Kluft bemerkbar. Denn auch wenn Marginalisierte sich von bestimmten konstruierten Gruppenzugehörigkeiten lösen (wollen), so sind sie nichtsdestotrotz potenziell immer auch Zuschreibungen von anderen Personen ausgesetzt, durch die sie auf diese Zugehörigkeiten wieder zurückgeworfen werden. Im Gegensatz hierzu können Privilegierte sich eher als individuelle Personen betrachten und verfügen somit über mehr Wahlfreiheit darüber, inwiefern oder ob sie sich überhaupt mit ihren Bevorteilungen auseinandersetzen – oder eben auch nicht.

Das Konzept der Verbündeten

Genau an dieser Kluft setzen die Bildungsprozesse der Social Justice an. Auch wenn die Gruppenzugehörigkeiten und deren Auswirkungen immer auch als heterogen sowie historisch gewachsen und kontextspezifisch aufgefasst werden, setzt der Lernprozess der Social Justice Education an den verinnerlichten Selbstverständlichkeiten von Erfahrungen und Wissen an, um die oft unhinterfragt bleibenden Annahmen zu irritieren und herauszufordern. Dadurch soll ein Lernen an Wendepunkten ermöglicht werden, durch das eine Erweiterung von Erfahrungen und Wissen sowie ein Verlassen der behaglichen Komfortzonen angestoßen wird. Eine Weise, dies zu ermöglichen, besteht z.B. darin, die Einsicht in neue Perspektiven durch die Auseinandersetzung mit den eigenen emotionalen Reaktionen auf irritierende Inhalte, wie z.B. Wut, Angst, Verwirrung, Abwehr, etc. zu erzielen. Entscheidend ist dabei, dass dem Rückzug in die behaglichen Sicherheitszonen entgegengewirkt wird. Hierfür ist es grundlegend, dass es dabei nicht um Moral, Scham oder Schuld geht. Vielmehr wird angestrebt, dass anhand der Durcharbeitung von individuellen und strukturellen Sozialisationserfahrungen eine Verantwortungsübernahme ermöglicht wird. Auch wenn eine solche Auseinandersetzung dadurch, dass bestimmte Selbstverständlichkeiten und Grundfesten erschüttert werden, sicherlich einen schmerzvollen Prozess darstellen kann, wird die Öffnung für Zweifel, Unbequemlichkeit und Unsicherheit als ein äußerst konstruktives und emanzipatorisches Moment angesehen.

Dieser Lernprozess bietet sowohl Marginalisierten als auch Privilegierten die Möglichkeit, ihre jeweilige asymmetrische Verstrickung in die Unterdrückungsverhältnisse zu bearbeiten. Dabei ist es wichtig, zu berücksichtigen, dass die jeweiligen Lernprozesse nicht auf derselben Ebene stattfinden und auch mit unterschiedlichen Dynamiken einhergehen. Es gilt daher vor allem, in Lerngruppen, die aus Personen mit Unterdrückungserfahrungen einerseits und mit Machterfahrungen andererseits bestehen, einen achtsamen Umgang zu finden. Marginalisierten sollte es ermöglicht werden, ein Empowerment zu erfahren und ihre potenziellen Verinnerlichungen der Unterdrückungsverhältnisse durcharbeiten zu können. Für Privilegierte besteht der Fokus hingegen vor allem auf Prozessen des Zuhörens, Lernens und Ver-Lernens im Sinne eines Power Sharings, um ein angemessenes Verständnis der eigenen Verstricktheit in die gesellschaftlichen Verhältnisse sowie hierauf aufbauend alternative Handlungsmöglichkeiten zu entwickeln.

Um dieses Ziel zu erreichen, wird innerhalb der Social Justice Education mit dem Konzept der Verbündeten gearbeitet. Verbündete sind Personen, die privilegierten sozialen Gruppen angehören und ihre Privilegien dazu nutzen, sich gegen Unterdrückung und Diskriminierung nicht privilegierter Personen und Gruppen einzusetzen (z.B. *Weiße* engagieren sich gegen Rassismus; Männer gegen Sexismus, Heterosexuelle engagieren sich gegen Heterosexismus usw.). Verbündete arbeiten daran, eher eine gesellschaftliche Transformation zu unterstützen anstatt die Unterdrückungsverhältnisse aufrechtzuerhalten. Mit Verbündeten können Marginalisierte gemeinsame Strategien im Kampf gegen die Verhältnisse entwickeln und ggf. Bündnisse eingehen. Für uns verweist dieses Konzept der Verbündeten direkt auf unterschiedliche Formen der Verantwortungsübernahme, die für den Prozess einer Transformativen Arbeit weiterführend und gewinnbringend sein können. Denn Verbündete zeichnen sich idealerweise u.a. durch die folgenden Aspekte aus:[7]

- Die Ressourcen, zu denen sie aufgrund ihrer Privilegien Zugang haben, nutzen sie für eine solidarische Arbeit.

7 Vgl: Appendix 3N – Becoming an Ally. In: Adams, Maurianne; Bell, Lee Anne; Griffin, Pat (Hrsg.): Teaching for Diversity and Social Justice. 2. Aufl. New York: Routledge 2007 (Übers. d. Autorinnen).

- Sie übernehmen Verantwortung dafür, dass die Erfahrungen und das Wissen von benachteiligten Personen/Gruppen sichtbar gemacht und Unterdrückungsmechanismen thematisiert werden.
- Sie respektieren und hören aktiv die Perspektiven und Erfahrungen von benachteiligten Menschen/Gruppen.
- Sie erkennen ihre Privilegien aufgrund der sozialen Gruppenzugehörigkeit an und arbeiten an deren Umverteilung.
- Sie erkennen an, dass die Auseinandersetzung mit Unterdrückung kein einmaliges Ereignis ist oder irgendwann abgeschlossen sein wird, sondern einen lebenslangen Prozess darstellt.
- Sie nehmen Risiken in Kauf.
- Sie probieren neue Handlungsmöglichkeiten aus.
- Sie gehen achtsam mit ihren Kräften um.
- Sie engagieren sich auch dann gegen Unterdrückung, wenn es nicht in ihrem unmittelbaren Interesse ist.
- Sie sehen ihr Engagement gegen Unterdrückung auch als ein eigenes Interesse an und als einen eigenen potenziellen Gewinn.
- Sie setzen sich mit eigenen Verhaltensmustern auseinander und arbeiten an Veränderung.
- Sie sind bereit, Fehler zu machen und aus ihnen zu lernen.
- Sie arbeiten in den Bereichen, in denen sie agieren und sich engagieren, darauf hin, Machtverhältnisse abzuschaffen.
- Sie registrieren und verstehen die Wendepunkte in ihren Lernprozessen.
- Sie verstehen die Verbindung und Verschränkung von allen Formen von Unterdrückung (Intersektionalität).
- Sie wissen, wie sie Unterstützung von anderen Verbündeten bekommen können.

2. Social Justice im Kontext von Sexualität und intimen Beziehungen: sexualisierte Gewalt * Definitionsmacht * Parteilichkeit * Zustimmung

Nachdem wir anhand des Social-Justice-Ansatzes unser allgemeines Verständnis von gesellschaftlichen Machtverhältnissen erläutert haben, möchten wir nun gezielt auf den Bereich der sexualisierten Gewalt eingehen.

Hierzu werden wir zunächst unser Verständnis dieser Form von Gewalt darlegen und sie dabei zugleich in den größeren Kontext von intersektionalen Unterdrückungsverhältnissen einordnen. Im Anschluss daran werden wir drei Konzepte vorstellen, die der queer*feministischen Debatte entsprungen sind und die wir als besonders geeignet ansehen, um einen angemessen Umgang mit Vorfällen von sexualisierter Gewalt zu finden bzw. um ihnen vorzubeugen. Dabei handelt es sich um das Konzept der Definitionsmacht, das ein Modell des Widerstands von Frauen*/Personen, die von sexualisierter Gewalt betroffen sind, beschreibt; um das Konzept der Parteilichkeit, das ein Modell für die solidarische Unterstützung von Betroffenen im Sinne des Konzepts der Verbündeten anbietet; sowie um das Zustimmungskonzept, mit dem sich an eine sowohl einvernehmliche als auch lustvolle Sexualität angenähert werden und somit letztendlich auch sexualisierte Gewalt verhindert werden kann.

Sexualisierte Gewalt

Unserem Verständnis nach umfasst sexualisierte Gewalt viele Formen und Ausprägungen. Ganz allgemein verstehen wir unter sexualisierter Gewalt all diejenigen Formen eines sowohl physischen als auch psychischen sexualisierten Kontakts, die nicht auf einem konsensualen Einvernehmen beruhen. So können z.B. je nach Kontext und Situation eine sexualisierte Sprache sowie sexualisierte Bilder und Gesten als sexualisierte Gewalt erlebt werden. Sexualisierte Gewalt wird dabei oft von anderen Formen der Gewalt begleitet, wie z.B. von verbaler, psychologischer, finanzieller und weiteren Formen physischer Gewalt. Hieraus kann sich ein Muster der wiederholten Gewalt ergeben, gerade in intimen Partner*innenbeziehungen – in romantischen Beziehungen, in Familien oder gegenüber Kindern. Weiter unten gehen wir noch detaillierter auf die vielfältigen Verbindungen von sexualisierter Gewalt mit anderen Formen der Unterdrückung, Gewalt und Diskriminierung ein.

Im weiten Feld der sexualisierten Gewalt gibt es den spezifischen Bereich der sexualisierten Grenzüberschreitung, womit gemeinhin der sexuelle physische Kontakt ohne konsensuelles Einvernehmen gemeint ist. Im gesellschaftlichen Mainstream und aus einer juristischen Perspektive werden unter einer sexualisierten Grenzüberschreitung nur körperliche Verletzungen und Handlungen der Penetration verstanden. Diese Definition ist für uns in mehrerlei Hinsicht problematisch,

- da sie aufgrund der Beschränkung auf den Akt der Penetration implizit eine Heteronormativität unterstellt;
- da sie aufgrund der Auffassung, dass eine körperliche Verletzung die schwerwiegendste Form sexualisierter Gewalt darstellt, eine Hierarchie und Trennung zwischen den unterschiedlichen Formen sexualisierter Gewalt erzeugt, statt sie als Gewaltformen in einem Spektrum zu verstehen;
- da sie aufgrund des Fokus auf den physischen Körper bestimmte Annahmen reproduziert bzw. andere ausblendet. Der Gewaltbegriff wird dadurch auf eine rein physische Dimension eingeschränkt, die zusätzlich noch im Sinne einer Objektivität (feststellbare körperliche Verletzungen) als beleg- und beweisbar verstanden wird. Die über die konkrete körperliche Ebene hinausweisenden Dimensionen einer sexualisierten Gewalterfahrung werden vernachlässigt, also z.B. die psychische Dimension.

Von daher ist es uns wichtig, einen Gewaltbegriff zu verwenden, der sich kritisch mit diesen hegemonialen Definitionen auseinandersetzt und der die oft unsichtbar gemachten Formen der Gewalt thematisiert. Hierzu beziehen wir uns auf die lange Tradition queer*feministischer Bewegungen und Kämpfe, auf die dort entwickelten Theorien sowie auf die Berichte von betroffenen Personen, in denen sie ihre Erfahrungen schildern und die somit als eine Alternative zu den vermeintlich objektiven Definitionen verstanden werden können. Zeitgleich verstehen wir diesen Bezugsrahmen als grundlegend offen – aber gerade nicht als beliebig –, da er seinerseits umkämpft ist und sich immer wieder auch durch alternative und ergänzende Sichtweisen auf Gewalt verändert, anhand derer betroffene Personen ihre Erfahrungen einordnen und bearbeiten. Wir verstehen diesen Bezugsrahmen eher als eine Art Ansatz, der gerade nicht dazu dienen soll, verschiedene Gewalterfahrungen zu vergleichen, um sie letztendlich zu sortieren, zu definieren oder sogar zu hierarchisieren. Da sexualisierte Gewalt in vielen Formen auftritt und erlebt wird, arbeiten wir mit einem erweiterten Gewaltbegriff, der vor allem dazu dienen soll, einer betroffenen Person konzeptuelle Werkzeuge anzubieten, um die Verbindung zwischen ihren*seinen subjektiven Erfahrungen und gesellschaftlichen Gewaltmustern zu verstehen.

In diesem Zusammenhang halten wir es für nützlich, eine konzeptuelle Unterscheidung zwischen Gewalt und Unterdrückung zu machen. Wir verstehen verbale, physische, psychologische, finanzielle und andere Formen von Gewalt als Mittel, die jede Person – wie auch immer er*sie gesellschaftlich positioniert ist – anwenden kann, um andere Personen zu verletzen und zu kontrollieren.[8] Daher sind wir einerseits der Auffassung, dass jede Person sexualisierte Gewalt ausüben oder von ihr betroffen sein kann, egal welche Geschlechtsidentität er*sie hat. In diesem Sinne ist Gewalt leider wie eine Sprache, die von allen erlernt werden kann, die in der Gesellschaft zirkuliert und ansteckend wirkt. Andererseits stehen für uns Gewalt und gesellschaftliche Machtverhältnisse in einer engen Beziehung zueinander. Wie bereits erwähnt, erzeugen diese Machtverhältnisse die verschiedenen Formen der Unterdrückung, durch die eine bestimmte Gruppe privilegiert wird und andere soziale Gruppen systematisch marginalisiert, also in ihren Lebenschancen, Bildungs- und Arbeitsmöglichkeiten, auf dem Wohnungsmarkt, im Gesundheitssystem und in ihrer Bewegungsfreiheit eingeschränkt werden. Gewalt ist dabei als ein Werkzeug anzusehen, das oft angewandt wird, um diese Formen der Unterdrückung abzusichern, zu fördern und aufrechtzuerhalten. So wurde und wird gerade sexualisierte Gewalt systematisch dazu genutzt, z.B.

– um Schwarze und Indigene Frauen* und nicht-binäre Menschen (z.B. Menschen, die sich als ›Two Spirit‹ identifizieren)[9] sowie Frauen* und nicht-binäre Menschen of Color im (Neo-)Kolonialismus und in der Sklaverei einzuschüchtern, von ihrem Land zu vertreiben und ihre reproduktiven Rechte zu kontrollieren;[10]

---

8 Es gibt nur wenige Daten zum Thema sexualisierter Gewalt und Beziehungsgewalt unter queeren Menschen. Studien aus dem US-Kontext suggerieren jedoch, dass die Zahlen sexualisierter Gewalt in queeren Beziehungen ähnlich hoch sind wie in heterosexuellen Beziehungen. Das zeigt, dass die Ausübung und das Erleiden von sexualisierter Gewalt unabhängig der geschlechtlichen Identität oder Ausdrucksform stattfindet. Siehe Center for Disease Control and Prevention: NISVS. An Overview of 2010 Findings on Victimization by Sexual Orientation. https://www.cdc.gov/violenceprevention/pdf/cdc_nisvs_victimization_final-a.pdf (30.7.2018).

9 In verschiedenen indigenen Gesellschaften gibt es Geschlechterrollen und -verständnisse jenseits der westlichen Mann-Frau-Binarität. Z.B. gibt es in indigenen Gesellschaften im heutigen nordamerikanischen Raum die Bezeichnung ›Two Spirit‹ für Menschen, die eine dritte bzw. geschlechts-variante Rolle in ihrer Community inne haben.

10 Vgl. Smith, Andrea: Conquest. Sexual Violence and American Indian Genocide. Cambridge: South End Press 2005.

- um Lesben, Trans*-Personen, nicht-binäre Personen, Schwule und Queers aufgrund ihrer Sexualität, Geschlechtsidentität und Geschlechtsausdrucks auszugrenzen und zu bestrafen;[11]
- um die sexuelle Freiheit und Selbstbestimmung von trans und cis Frauen*, ›Date‹-Bekanntschaften, Ehefrauen* und Töchtern* zu kontrollieren;
- um in Familien, pädagogischen Einrichtungen, Kirchen, Schulen, psychiatrischen Einrichtungen und anderen Institutionen Macht über Kinder und behinderte oder neurodiverse Menschen auszuüben;
- um im Kontext von Kriegen und Genoziden die bekämpfte Bevölkerung zu unterwerfen;[12]
- um in staatlichen Strukturen und Behörden wie Polizei, dem Grenzsystem und im Militär Macht auszuüben;[13]
- sowie um den Körper von Frauen* und Kindern im Menschenhandel und auf der Flucht sexuell auszubeuten.[14]

Sexualisierte Gewalt hat sich somit im Kontext von Rassismus, Kolonialismus, Sexismus, Kapitalismus, Transphobie und Heterosexismus als eine zentrale Strategie und ein gängiges Mittel herausgestellt, um bestimmte Gruppen systematisch zu marginalisieren und einzuschüchtern. Von daher ist unsere konzeptuelle Unterscheidung zwischen Gewalt und Unterdrückung auch von einer grundlegenden Gleichzeitigkeit geprägt. Das heißt, einerseits erkennen wir zwar an, dass jede Person grundsätzlich über die Fähigkeit verfügt, Gewalt auszuüben. Zugleich liegt unserem Gewaltverständnis jedoch die Annahme zugrunde, dass die verschiedenen gesellschaftlichen Systeme der Unterdrückung gerade privilegierten Personen

11 Für weiterführende Informationen zu den Erfahrungen von queeren Menschen mit sexualisierter Gewalt siehe: Patterson, Jennifer: Queering Sexual Violence. Radical Voices from Within the Anti-Violence Movement. Riverdale Avenue Books 2016.

12 Vgl. Griese, Karin; Medica monidale e.V. (Hrsg.): Sexualisierte Kriegsgewalt und ihre Folgen. Handbuch zur Unterstützung traumatisierter Frauen in verschiedenen Arbeitsfeldern. 2. Aufl. Frankfurt am Main: Mabuse 2006.

13 Vgl. INCITE! Women, Gender Non-Conforming, and Trans People of Color Against Violence (Hrsg.): Color of Violence. The INCITE! Anthology. Cambridge: South End Press 2006.

14 Vgl. Linke, Torsten; Hashemi, Farid; Voß, Heinz Jürgen (2016): Sexualisierte Gewalt, Traumatisierung und Flucht. In: Sexuologie – Zeitschrift für Sexualmedizin, Sexualtherapie und Sexualwissenschaft, Bd. 23 (2016) Heft 1/2.

Gewalt als ein wirk*mächtiges* Mittel nahelegen und zugänglich machen, während Angehörige von unterdrückten Gruppen weitaus verletzungsoffener für individuelle und systematische Formen der Gewalt sind.

Wie sich sexualisierte Gewalt auf die betroffenen Personen auswirkt, ist dabei höchst unterschiedlich. Es wird zwar immer wieder davon gesprochen, die Reaktionen ließen sich einer der drei Tendenzen ›Kämpfen, Fliehen oder Einfrieren‹ zuordnen. Wir halten dies für einen hilfreichen Rahmen, jedoch können die Auswirkungen sexualisierter Gewalt sehr verschieden und zum Teil auch widersprüchlich erlebt werden. Betroffene Personen berichten über ganz unterschiedliche Auswirkungen, die ein sehr breites Spektrum umfassen können:

- Selbstzweifel, Verwirrung und/oder Orientierungslosigkeit;
- sich selbst die Schuld an der erlebten Gewalt geben, um dadurch zu versuchen, die Kontrolle über das eigene Leben wiederherzustellen;
- selbstschädigendes bzw. autoaggressives Verhalten;
- Angst vor weiterer Gewalt und Rückzug aus bestimmten Räumen und aus der Community;
- Selbsthass, Scham und Unbehagen gegenüber dem eigenen Körper, da der Körper z.B. immer noch als der Ort der erlebten Gewalt wahrgenommen wird;
- Aggressivität, Wut, eine ausgeprägte Nervosität, eine schnelle Irritierbarkeit und Verängstigung sowie eine enorm gesteigerte Wahrnehmung(sfähigkeit) im Sinne einer Hyperawareness, die auch zu Problemen beim Schlafen oder Entspannen führen kann;
- Rückzug aus Beziehungen oder Räumen, Depression, permanente Müdigkeit und Niedergeschlagenheit, Weinen, Gefühl der Belanglosigkeit sowie Vernachlässigung von Schlaf, Arbeit, Aktivitäten, Hygiene und Selbstrespekt;
- Dissoziation durch z.B. Tagträume, Drogen und Alkohol, eine Einschränkung bzw. ein Zurückfahren oder Ausblenden des Körperempfindens;
- Fokusverschiebung auf andere Personen, indem Konflikte in anderen Beziehungen aktiv gesucht und provoziert werden, anderer Personen Bedürfnisse wichtiger als die eigenen genommen werden (z.B. die der

eigenen Kinder) oder andere Probleme an erste Stelle gesetzt werden, sowie durch ein Bemühen darum, es anderen Personen recht zu machen und ihnen gegenüber eine ›Wiedergutmachung‹ der Situation zu erreichen – und zwar gerade den Personen gegenüber, die weiterhin mit der gewaltausübenden Person in einer Beziehung stehen;

- extreme Veränderungen im eigenen Verhalten, z.B. im Hinblick auf Schlafgewohnheiten, Essen, Alltagsrhythmus, Interessen, Freund*innenschaften sowie Gefühle und sexuelles Begehren.

Betroffenheit definiert nicht das ganze Leben oder die Persönlichkeit einer Betroffenen und die betroffenen Personen sollten nicht auf diese möglichen Auswirkungen reduziert werden. Allerdings ist es wichtig, dieses breite Spektrum möglicher Dynamiken und Effekte zu kennen, um Auswirkungen erkennen und einordnen zu können.

Definitionsmacht – ein queer*feministisches Konzept gegen sexualisierte Gewalt

Vor dem Hintergrund des enormen Ausmaßes an sexualisierter Gewalt wurde vor allem in Deutschland das Konzept der Definitionsmacht entwickelt, als eine Strategie der Gegenwehr gegen diesen gesellschaftlichen Zustand, der bisweilen auch als eine ›rape culture‹ (Kultur der Vergewaltigung) bezeichnet wird. Gerade im Zuge der Zweiten Frauenbewegung haben Frauen* und Lesben sexualisierte Gewalt gegen Frauen* thematisiert und diese Gewalt entgegen der gesellschaftlichen Tabuisierung aus dem Privaten in die Öffentlichkeit gebracht. Sie haben das, was im häuslichen Rahmen oder hinter verschlossenen Türen stattfindet, zu etwas erklärt, das alle Menschen angeht. Dies wurde durch den Slogan »Das Private ist politisch« prägnant auf den Punkt gebracht. In diesem Sinne intervenierten die Aktivist*innen gezielt in die sexistischen Verhältnisse und bauten Strukturen der gegenseitigen und solidarischen Unterstützung auf, wie z.B. durch die Eröffnung der ersten autonomen Frauenhäuser in den 1970er Jahren, die für Frauen* vor allem als Zufluchtsorte vor (sexualisierter) Gewalt dienten. Es folgten die autonomen Beratungsstellen und Frauennotrufe, sodass eine immer breiter werdende feministische Unterstützungsstruktur entstand.

Neben der Unterstützung der betroffenen Personen war der Umgang mit dem Umfeld und die Arbeit mit den gewaltausübenden Personen immer auch Teil einer präventiven Arbeit gegen Gewalt. In den 1980ern gründeten sich parallel zur Frauenbewegung mit ihr solidarisch verbundene, patriarchatskritische Männer*gruppen und in der Folge auch erste profeministische Männer*beratungsstellen. Sie entwickelten in enger Zusammenarbeit mit den Frauen*beratungsstellen erste Konzepte für eine solche Gewaltpräventionsarbeit und gründeten Selbsthilfegruppen von Männern* gegen Männer*gewalt.

In dieser Zeit wuchs auch die Aufmerksamkeit für das Thema sexualisierte Gewalt gegenüber Männern und Jungs und entsprechende Beratungsstellen wurden gegründet. Auch die Verschränkung von sexualisierter Gewalt und Rassismus wurde immer mehr thematisiert und Beratungsstellen erweiterten ihr Angebot, um speziell auf die Bedürfnisse migrantischer und geflüchteter betroffener Personen reagieren zu können (z.B. mit mehrsprachigen Beratungsangeboten, durch Fachwissen über Aufenthaltsgesetze, durch besonders sensibilisiertes Personal, das eventuell auch selbst über Erfahrungen mit Rassismus verfügt und dem Lebensweisen jenseits der *weiß*-deutschen Norm vertraut sind). Zudem wird auch sexualisierte Gewalt gegenüber queeren, trans* und nicht-binären Menschen immer stärker wahrgenommen. Insgesamt wird das Bewusstsein darüber, welche Gruppen in welcher Weise von sexualisierter Gewalt betroffen sind, größer und der Realität angemessener.

Diese Strukturen sind unter anderem das Ergebnis der mit der Zweiten Frauenbewegung einsetzenden und später durch die queer-feministische Bewegung weitergeführten Kämpfe. Auch wenn diese unterschiedlichen Einrichtungen und Institutionen inzwischen eine gewisse gesellschaftliche Anerkennung erfahren und z.T. durch öffentliche Gelder finanziell subventioniert werden, so ist in den letzten Jahren ein gegenläufiger Trend festzustellen: Viele Gelder wurden gestrichen und einige Frauenhäuser mussten wieder schließen.

Mit der zunehmenden Skandalisierung konkreter Gewaltvorfälle in der Zweiten Frauenbewegung wurden vielfältige Debatten und Auseinandersetzungen angestoßen, die sich u.a. mit den folgenden Fragen beschäftigten: Was gilt eigentlich als eine Vergewaltigung? Ab wann ist von einer Vergewaltigung zu sprechen? Geht es darum, dass ein Körperteil oder Gegenstand den Körper einer Frau penetriert haben muss – eine in den deutschen Gerichtssälen häufig anzutreffende Ansicht? Oder wäre eine andere Definition angemessener? Ist sexualisierte Gewalt breiter zu definieren als Vergewaltigung? Wie können wir sexualisierte Gewalt gegen Männer, trans* Menschen und Personen jenseits der geschlechtlichen Binarität mitdenken? Diesbezüglich setzten sich die Aktivist*innen vor allem dafür ein, dass es die jeweils betroffenen Personen selbst sind, die benennen, ob es sich bei der erlebten Gewalt um eine Vergewaltigung oder um eine andere Form der Grenzverletzung handelt. Dieses Anliegen und Engagement bedeutete, dass sich die Aktivist*innen von den Definitionen der deutschen Gesetzestexte abwandten, statt sie als Grundlage für ihre politische Praxis anzusehen. Nicht das Gesetz habe zu definieren, welche Art der Gewalt stattgefunden hat, sondern ausschließlich die betroffenen Personen selbst.

Das 2016 in der BRD überarbeitete Sexualstrafrecht stellt im Vergleich zu vorherigen gesetzlichen Regelungen zwar eine leichte Verbesserung dar, da es die feministische Forderung »Nein heißt Nein!« ein Stück weit aufnimmt: Die betroffenen Personen müssen nicht nachweisen, dass sie sich gewehrt haben, sondern dass die Tat gegen ihren erkennbaren Willen stattfand. Dennoch handelt es sich nach wie vor um eine vermeintlich ›objektive‹, tatsächlich aber patriarchale und heteronormative Praxen fortschreibende Instanz. Zugleich ist das neue Sexualstrafrecht ambivalent zu bewerten, da es auch strukturell rassistische Paragrafen enthält.[15] Die Strafen für Gruppen von Täter*innen werden erhöht, allerdings werden Straftäter*innen of Color öfters als ›Teil einer Gruppe‹ wahrgenommen als *weiße* Straftäter*innen, die meist als Einzeltäter*innen angesehen werden. Dazu sieht das Sexualstrafrecht Abschiebung als ›Doppelstrafe‹ für Täter*innen ohne deutsche Staatsbürgerschaft vor. Die rassistische Medienhetze nach den sexualisierten Angriffen auf Frauen* in der Kölner Silvesternacht 2015/16 machte es möglich, dass diese rassistischen Gesetze mit der Sexualstrafreform zusammen verabschiedet werden konnten. Anhand dieses Falls wird sichtbar, wie die AfD und andere extrem rechte Gruppierungen das Thema ›Gewalt gegen Frauen‹ (bewusst ohne Sternchen) konservativ und (neo)kolonial begreifen, sodass nur *weiße* deutsche Frauen und Kinder als schützenswert angesehen werden. Der Schutz, der hier gemeint ist, umfasst das paternalistische Monopol der *weiß*-deutschen Männer über den Körper von Frauen* und Kindern, also das Gegenteil von

15 vgl: Anders, Ela: Gewonnen und verloren. ›Nein heißt nein‹ Sexualstrafrechtreform. In: Brazzell, Melanie (Hrsg.): Was macht uns *wirklich* sicher? Ein Toolkit zu intersektionaler transformativer Gerechtigkeit jenseits von Gefängnis und Polizei. Münster; Edition Assemblage 2018. S. 96-99.

Definitionsmacht. Hier wird Gewalt gegen Frauen* für rassistische Hetze instrumentalisiert.[16]

Das bürgerliche Rechtssystem geht davon aus, dass ein konkretes Geschehen anhand von vermeintlich ›neutralen‹ Kriterien ›objektiv‹ beurteilt und eingeschätzt werden kann, obwohl das Rechtsystem selbst Teil einer gewaltvollen staatlichen Machtstruktur ist. Ein solches Denken ist sowohl in der Gesellschaft als auch in linken und sozialen Bewegungen weit verbreitet. Um diese angestrebte ›Objektivität‹ gewährleisten zu können, werden vermeintliche ›Fakten‹ herangezogen, die dieser Logik nach dann als objektive Bewertungskriterien gelten und einen Gewaltvorfall eindeutig einordnen lassen. Das heißt, die Definition oder Beurteilung, welche Art von Gewalt stattgefunden hat und wie sich diese Gewalt auf die betroffene Person ausgewirkt hat, liegt hier bei einer Instanz, in deren Rahmen eine betroffene Person nicht selbstbestimmt agieren kann, sondern der Einschätzung und dem Urteil dieser Instanz weisungsgebunden ausgeliefert ist.

Wir halten das rechtlich vorgesehene Verfahren für grundsätzlich problematisch, da es sich nicht an der Situation und den Bedürfnissen der betroffenen Person orientiert, sondern zwischenmenschlichen Schaden hauptsächlich als Verbrechen und Gesetzesverstoß umdeutet. Gerade das objektivierende Sprechen über Gewalt, wie es für Gerichtsprozesse charakteristisch ist, birgt die Gefahr in sich, die Ohnmachtgefühle der betroffenen Person zu verstärken und eventuell sogar eine Retraumatisierung hervorzurufen – z.B. wenn die betroffene Person das Geschehene mehrfach und detailliert beschreiben oder sogar das eigene Verhalten rechtfertigen muss. Eine solche Suche nach einer vermeintlich existierenden ›Objektivität‹ setzt die betroffene Person oft unter enormen Druck, etwas zu beweisen, was in einem ›objektiven‹ Sinne jedoch oft gar nicht beweisbar ist. Dabei ist davon auszugehen, dass die erlebte Gewalt eine Traumatisierung bewirken kann, die z.B. dazu führen kann, dass die Erinnerungen an das Geschehen uneindeutig bzw. unklar bleiben und eine grundlegende Erschütterung bzw. Orientierungslosigkeit der betroffenen Person es ihm*ihr verunmöglichen, eine klare und ›kohärente‹ Geschichte zu erzählen. Die

---

16 vgl. Schilde, Astrid: »white Men saving white Women from Men of Color«. Rassistischer maskulinistischer Schutz in Deutschland. In: Brazzell, Melanie (Hrsg.): Was macht uns *wirklich* sicher? Ein Toolkit zu intersektionaler transformativer Gerechtigkeit jenseits von Gefängnis und Polizei. Münster; Edition Assemblage 2018. S. 94-95.

dabei zur Anwendung kommenden Beurteilungskriterien sind – unserem Verständnis nach – jedoch oft durch rassistische, patriarchale und heteronormative Definitionen von Gewalt bestimmt, was häufig darin gipfelt, dass die betroffenen Personen selbst für die erlebte Gewalt verantwortlich gemacht werden – wenn z.B. gefragt wird, wie laut denn die betroffene Person überhaupt »Nein« gesagt hat, ob er*sie Sexarbeiter*in ist (und damit per se als sexuell verfügbar gilt), ob er*sie betrunken gewesen ist oder früher einmal mit der gewaltausübenden Person eine Beziehung geführt hat, ob bestimmte Klischeevorstellungen erfüllt wurden und die betroffene Person demnach die Gewalt selbst provoziert hat. Manche betroffene Personen bürden sich die Verantwortung sogar selbst auf – worin nicht zuletzt eine der desaströsen Folgen der Gewalt besteht –, diese Dynamik wird noch einmal durch die gesellschaftliche bzw. gesetzliche Zuweisung der Schuld oder Verantwortung an die betroffene Person intensiviert. Dieser Logik zufolge ist die gewaltausübende Person dann, wenn er*sie davon ausging, dass sich jede andere Person in seiner*ihrer Situation ebenso verhalten hätte, dass er*sie also ›nur‹ den gewaltförmigen Normalzustand reproduziert hat und nichts ›Schlimmeres‹ gemacht hat, nicht verantwortlich zu machen.

Der queer*feministische Ansatz der Definitionsmacht bietet eine Strategie an, um der heteronormativen Gesellschaft und ihrer Praxis, Gewalt erst ab einem gewissen Ausmaß bzw. nur in einer bestimmten Form als solche anzuerkennen, entschieden entgegenzutreten. Während die bürgerliche Justiz bei der Be- und Verurteilung einer Gewalthandlung primär auf den moralischen und rechtlichen Status der gewaltausübenden Person fokussiert, werden mit dem Ansatz der Definitionsmacht ganz andere konzeptuelle Wege beschritten. Der Fokus soll weg von der gewaltausübenden Person und hin zu der betroffenen Person gelenkt werden. Die betroffene Person soll möglichst eine Wieder_herstellung seiner*ihrer Handlungsfähigkeit und Selbstbestimmung erfahren. Wir finden es an dieser Stelle wichtig, kurz zu erwähnen, was *generative somatics*, eine kalifornische Organisation, in Bezug auf die Herstellung des Gefühls von Sicherheit für die betroffene Person schreibt. Eine Traumatisierung kann dazu führen, dass betroffene Personen auf die Suche nach externen Faktoren, die ihnen Sicherheit geben, fokussieren:

> »›Wenn diese Person, Situation oder Umgebung einfach so wäre oder sich so verhalten würde, wie ich das brauche, würde ich mich sicher fühlen.‹ Obwohl dies eine verständliche Strategie ist, tendiert sie dazu, fundamental entmächti-

gend zu wirken und sie ist nicht besonders erfolgversprechend. Sie kann eine*n in eine starke Abhängigkeit bringen, was zu Isolierung, Co-Abhängigkeit oder Manipulation/Kontrolle führen kann.«[17]

So wie wir es verstehen, zielt Definitionsmacht darauf, betroffenen Personen zu helfen, ihre Macht und Selbstbestimmung (zurück)zugewinnen. Insofern ist sie weniger auf andere fokussiert als auf die betroffene Person selbst.

Die Selbstbestimmung soll zurückerlangt werden, indem das Vermögen, zu benennen, wann und wie eine Grenzüberschreitung oder sexualisierte Gewalt stattgefunden hat, alleinig bei der betroffenen Person liegt. Wann die eigenen Grenzen überschritten worden sind sowie ob und in welchem Maße eine Situation gewaltvoll war, kann nur die betroffene Person für sich selbst definieren, weil nur diese Person weiß, ob er*sie mit der Handlung einverstanden war. Allerdings haben wir in unserer Arbeit mit von sexualisierter Gewalt betroffenen Personen erfahren, welch bedeutende Rolle auch unterstützende Personen aus der Community, Beratungsstellen, Freunde und Verwandte dabei spielen können, einer Person dabei zu helfen, ihre*seine persönlichen Erfahrungen im Rahmen einer breiteren, gesellschaftlichen Analyse und Definition von Gewalt einzuordnen, Verbindungen und Unterschiede zwischen den eigenen Erfahrungen und denen anderer zu sehen, Verbindungen mit strukturellen Machtverhältnissen zu identifizieren und das Persönliche im Politischen einzuordnen. Insofern wird die erfahrene Gewalt selten alleine definiert, sondern meist im Gespräch mit anderen.

Definitionsmacht bedeutet, die erlebte Gewalt selbstbestimmt zu benennen, nicht nur in Bezug auf die Frage, wie diese Gewalt stattgefunden hat und einzuschätzen ist, sondern auch in Bezug darauf, wie und in welchem Rahmen darüber gesprochen wird. Zuletzt umfasst Definitionsmacht den Aspekt, dass nur die betroffene Person selbst festlegen kann, welche Art der Unterstützung er*sie sich wünscht und wie die jeweiligen Schritte aussehen sollen, um aus der Ohnmacht herauszukommen und sich wieder besser bzw. sicherer zu fühlen.

Definitionsmacht lässt sich somit als eine feministische Aneignungspraxis verstehen, die die herrschende Praxis umkehrt und der Macht der

17 Generative Somatics. Regenerating Safety (Worksheet). Materialien von der Workshop »Somatics and Trauma: Practitioner's Training", New York 2008, Übers. d. Autorinnen.

Geschlechterhierarchien die Ermächtigung der Betroffenen entgegenstellt. Sie ist damit ein politisches Mittel, ein Widerstandskonzept und eine Form der Gegenmacht. Mit anderen Worten: Definitionsmacht wurde entwickelt, um dem Umgang in dem hierarchischen Geschlechtersystem etwas entgegenzusetzen. Damit der Status quo nicht so bleibt, wie es in diesem Herrschaftsverhältnis üblich ist, und sexualisierte Gewalt nicht weiter abgesichert und geduldet wird, kann Definitionsmacht gerade Nicht-Privilegierten, Marginalisierten und Betroffenen ein Instrument an die Hand geben, mit dem sie sich gegen die herrschaftsstabilisierende Gewalt wehren können.

Immer wieder kursieren jedoch sowohl im gesamtgesellschaftlichen als auch im innerlinken Diskurs Argumente gegen das Konzept der Definitionsmacht.[18] Angeblich öffne es ›der Willkür von Frauen‹ Tür und Tor und mache aus einem ›im Zweifel für den Angeklagten‹ ein ›im Zweifel gegen den Angeklagten‹. Auch wenn sicherlich nicht in allen Situationen auszuschließen ist, dass Personen aus lediglich eigennützigen Interessen Definitionsmacht dafür nutzen, eine andere Person einzuschränken oder ihm*ihr zu schaden, schätzen wir die Wahrscheinlichkeit dafür als gering ein. Denn der Einwand vernachlässigt, dass es meist nicht angenehm ist, sich als betroffene Person Unterstützung zu suchen und für die eigenen Interessen einzutreten; zumal betroffene Personen immer noch stigmatisiert und abschätzend behandelt werden. Darüber hinaus gehen wir davon aus, dass es zahlreiche Vorfälle von sexualisierter Gewalt gibt, die erst gar nicht von den betroffenen Personen benannt werden. Daher schätzen wir die Gefahr, dass Betroffene aus Angst vor Stigmatisierung und Ausgrenzung nicht für ihre Interessen eintreten und sich stattdessen aus Beziehungen und Räumen eher zurückziehen, als weitaus größer ein, als dass Definitionsmacht zum bloßen Eigeninteresse genutzt würde.

Auch den häufig anzutreffenden Vorbehalt, dass die Definitionsmacht dazu benutzt würde, um im Anschluss die gewaltausübende Person zu bestrafen, teilen wir nicht. Der Fokus der Definitionsmacht liegt gerade nicht auf der gewaltausübenden Person, sondern primär bei dem Wohl der betroffenen Person. Wenn sich z.B. aus dem Schutzraumbedürfnis oder anderen Bedürfnissen/Forderungen der betroffenen Person Einschränkungen für die gewaltausübende Person ergeben, so ist dies vor allem als eine

18 Vgl. z.B. die Argumente von Gruppen wie les madeleines.

Folge des Bemühens darum zu verstehen, das Gefühl von Sicherheit und Schutz bei der betroffenen Person möglichst wiederherzustellen und nicht als eine Bestrafung der gewaltausübenden Person. Solche Maßnahmen sollen immer nur dem Wohl der betroffenen Person zuträglich sein und das Bedürfnis danach erwächst erst aus der Grenzverletzung der gewaltausübenden Person und soll als Konsequenz davon gesehen werden. Nicht zuletzt stehen der gewaltausübenden Person Wege offen, sich mit dem Geschehenen proaktiv auseinanderzusetzen und sich um eine konstruktive Verantwortungsübernahme zu bemühen, wie z.B. in Form eines Transformativen Arbeitsprozesses.

Es ist jedoch auch anzumerken, dass das Konzept der Definitionsmacht ursprünglich in überwiegend *weiß*-deutschen Kontexten entwickelt und primär auf ein heteronormatives Setting – also der sexualisierten Gewalt von *weißen* cis Männern gegenüber *weißen* cis Frauen* – angewandt worden ist. In diesem Kontext spielte das heterosexistische Geschlechterverhältnis als Machverhältnis eine wichtige Rolle.

Da die gewaltausübenden Personen – in dieser Logik also überwiegend *weiße* cis Männer – jedoch oft über einen ausgeprägten Zugang zu gesellschaftlichen Ressourcen verfügten, hatten die von den von betroffenen Frauen* formulierten Forderungen nach einem öffentlichen Outing oder nach dem Ausschluss der gewaltausübenden Person aus bestimmten Kreisen oft nicht den gewünschten Erfolg – eine Auseinandersetzung mit dem Verhalten und die Verhinderung weiterer Gewalt.

Zugleich zeichnete sich in der feministischen Diskussion immer deutlicher ab, dass das Konzept Definitionsmacht jedoch gerade in den Situationen komplexer zu denken ist, in denen verschiedene Unterdrückungsverhältnisse zusammenwirken. Dies betrifft z.B. Situationen, in denen die beteiligten Personen jeweils durch verschiedene Machtverhältnisse privilegiert und benachteiligt werden (wie z.B. die Beziehung zwischen einem Schwarzen Mann* und einer *weißen* Frau*), in denen die beteiligten Personen erst einmal gleich positioniert sind (lesbische oder schwule Beziehung) oder in denen eine Person durch ein weiteres Unterdrückungsverhältnis marginalisiert wird (queere Beziehung zwischen einer cis Frau* und einer trans* Frau*). Solche Verschränkungen von verschiedenen Privilegierungen und Marginalisierungen sowie die damit entstehende Ambivalenz können also zu Dynamiken führen, die sich nicht eindeutig in das Schema einer sozial privilegierten Person, die Gewalt ausübt, und einer sozial marginalisierten Person, die von dieser Gewalt betroffen ist, einfügen lassen. Denn es ist ja auch denkbar, dass z.B. beide Personen unterschiedliche Gewaltformen ausüben oder dass die Person, die in der Beziehung Gewalt ausübt, gesellschaftlich gesehen eher einer strukturellen Benachteiligung ausgesetzt ist.[19] Nicht zuletzt kann dies somit auch die Suche nach angemessenen Umgangsformen mit der Gewalt beeinflussen bzw. erschweren und sollte von daher in einem konkreten Prozess immer mitbedacht werden. Damit z.B. die Veröffentlichung einer Gewalt nicht dazu führt, dass die gewaltausübende Person ungewollt am Arbeitsplatz oder in der Familie als trans* geoutet wird. Oder dass eine Person of Color aufgrund eines Ausschlusses nicht den Zugang zu den wenigen für PoC sicheren Räumen in der Stadt verliert, da diese für sein*ihr Überleben wichtig sind.

Wie nun jedoch ein guter Umgang mit diesen Verschränkungen und dieser Komplexität aussehen könnte, dazu fehlen in der Bewegungslinken bisher immer noch viele Erfahrungen. Gleichermaßen ist jedoch auch zu erwähnen, dass bereits verschiedene Versuche unternommen wurden, um sich einem solchen Umgang anzunähern. So sind uns z.B. Szenarien bekannt, in denen jeweils für beide betroffenen Personen Unterstützer*innen gefunden wurden und sich gemeinsam darauf eingelassen wurde, die gewaltvolle Situation und den Kontext des Vorgefallenen gezielt vor dem Hintergrund der verschiedenen Machtverhältnisse zu betrachten und zu reflektieren. Darüber hinaus gab es auch Settings, in denen es zu moderierten Gesprächen gekommen ist, durch die den zwei betroffenen Personen sowohl die Sichtweise als auch die soziale Position der jeweils anderen Person nähergebracht werden konnte. Insgesamt wurde somit nach Möglichkeiten gesucht, dass auch dann, wenn beide Personen Gewalt ausgeübt haben, auch beide die benötigte Anerkennung für ihre Gewalterfahrung erhalten sowie beide dafür jeweils die entsprechende Verantwortung übernehmen können. Von daher begrüßen wir auch jegliche Diskussion und Kritik zu diesem Thema, um solche Umgangsformen weiterentwickeln oder auch erst erfinden zu können.

19 Für mehr dazu siehe Northwest Network of Bi, Trans, Lesbian & Gay Survivors of Abuse: »Assessing Patterns of Coercive Control in Abusive Relationships«. https://www.nwnetwork.org/events/.

Parteilichkeit – betroffenensolidarischer Umgang mit sexualisierter Gewalt[20]

Das Konzept der Parteilichkeit knüpft nahtlos an das zuvor beschriebene Konzept der Definitionsmacht an. Unter Parteilichkeit verstehen wir primär eine Grundhaltung, eine politische Praxis und ein solidarisches Sich-in-Beziehung-Setzen einzelner Personen zu betroffenen Personen. Dies beinhaltet, betroffene Personen nach der erlebten Gewalt solidarisch oder unterstützend zu begleiten. Eine parteiliche Haltung von Unterstützer*innen meint somit eine politische und zwischenmenschliche Solidarität, die sie als Verbündete gegenüber einer betroffenen Person aufbringen und leben. Es ist mehr als ein Handeln, vielmehr eine Haltung. Hinsichtlich des Konzepts Definitionsmacht beschreibt Parteilichkeit somit vor allem die Anerkennung und Unterstützung der betroffenen Person dabei, die von ihm*ihr erlebte Gewalt und sich daraus ergebenden Bedürfnisse zu benennen und umzusetzen.

Parteilichkeit bildet das konzeptuelle Gegenstück zu einer vermeintlichen ›Neutralität‹. Für uns kann es keine ›neutrale‹ Haltung gegenüber aller Gewalt geben, die innerhalb und als Ausdruck von Unterdrückungsverhältnissen stattfindet. Wir sehen die oft postulierte und geradezu eingeforderte ›Neutralität‹ nicht nur als eine Illusion oder eine Unmöglichkeit an. Vielmehr begreifen wir den Versuch, eine ›neutrale‹ Haltung einzunehmen, als aktiven Beitrag dazu, dass der ungerechte Normalzustand und die verschiedenen Unterdrückungsverhältnisse stabilisiert und fortgeschrieben werden.

Demgegenüber beschreibt Parteilichkeit eine Form des politischen Handelns, die grundlegend darauf ausgerichtet ist, eine praktische Solidarität mit Personen zu leben, die sexualisierte Gewalt oder Sexismus erfahren mussten, und somit den (hetero-)sexistischen Strukturen etwas entgegenzusetzen. Konkret kann eine parteiliche Haltung bedeuten, dass z.B. eine benannte Grenzverletzung an sich nicht infrage gestellt, sondern als solche respektiert und akzeptiert wird. Auf dieser Grundlage können dann die jeweiligen Ressourcen für die Unterstützung einer betroffenen

20 Dieser Teil orientiert sich an folgenden Texten: re.ACTion (Hg): Antisexismus_reloaded. Zum Umgang mit sexualisierter Gewalt – ein Handbuch für die antisexistische Praxis. 3 Aufl. Münster: Unrast 2007. Und: »Antisexist Contact and Awareness Group G8 Heiligendamm, Konzept, 2007«. Große Teile sind aus diesen Texten entnommen.

Person zur Verfügung gestellt werden. Mit dem Konzept der Parteilichkeit werden sowohl die Bedürfnisse als auch die Sicherheit von betroffenen Personen auf die politische Tagesordnung gesetzt – und zwar als Priorität. Die Entwicklung einer solchen Haltung oder der benötigten Ressourcen darf jedoch nicht auf Mitleid gegenüber der betroffenen Person aufbauen. Mitleid spricht den betroffenen Personen ihr eigenständiges Handeln ab und versetzt sie lediglich in die Rolle einer hilfsbedürftigen Person, um die sich gekümmert werden muss. Dies steht konträr zu dem eigentlichen Anliegen einer feministischen Unterstützungsarbeit, die darauf abzielt, das Gefühl von Ohnmacht und eine vermeintliche Hilflosigkeit aufzubrechen.

Aus der Perspektive des Konzepts der Community Accountability, zu dem wir gleich noch kommen werden, kann eine parteiliche Haltung jedoch in verschiedene Spannungsverhältnisse eingeschrieben sein, von denen auch die konkrete Unterstützung einer betroffenen Person nicht unberührt bleibt. So kommt es im Sinne der Community-Accountability-Arbeit darauf an, in welchem Verhältnis eine unterstützende Person zu der betroffenen oder der gewaltausübenden Person steht. Steht eine unterstützende Person eher der gewaltausübenden Person nahe, so ist es recht wahrscheinlich, dass dies in der Unterstützung der betroffenen Person zu verkomplizierenden Dynamiken oder sogar zu einer Aufgabe der parteilichen Haltung führen kann. Von daher wäre in einem solchen Fall ernsthaft infrage zu stellen, ob die Person zu diesem Zeitpunkt für die Unterstützungsarbeit geeignet ist. Eine unterstützende Handlung könnte hier eher darin bestehen, dafür zu sorgen, dass die betroffene Person andere Unterstützer*innen findet und sich in seinen*ihren Umfeldern positiv und unterstützend auf ihre*seine Anliegen bezogen wird. Darüber hinaus könnte die eigentliche Unterstützungsarbeit auch dadurch gestärkt werden, dass diese Person einen solidarisch-konfrontierenden Umgang mit der gewaltausübenden Person entwickelt.

In Bezug auf Parteilichkeit bewegt sich die Transformative Arbeit mit gewaltausübenden Personen in einem kontinuierlichen Spannungsfeld. Einerseits ist eine gewisse Empathie mit der gewaltausübenden Person notwendig, um sich gemeinsam auf einen transformativen Prozess einlassen zu können. Andererseits ist permanent darauf zu achten, dass die Parteilichkeit mit der betroffenen Person unter keinen Umständen verlorengeht, da sonst die Gefahr besteht, dass die gewaltausübende Person vor der Verantwortungsübernahme geschützt wird. Von daher sollte eine Gruppe, die sich in einem Transformativen Arbeitsprozess engagiert, auch Mechanismen entwickeln, durch die immer wieder die Betroffenenperspektive ins Blickfeld gerückt wird, um so aufzeigen zu können, wann die Empathie mit der gewaltausübenden Person Überhand gewinnt und er*sie zu schnell aus der Verantwortung entlassen wird. Hierfür ist eine Feedbackschleife mit der Unterstützer*innengruppe der betroffenen Person sehr wichtig. Falls eine solche nicht existiert oder letztere nichts von der Transformativen Arbeit mitbekommen möchte, ist es dennoch wichtig, eine generelle Fokussierung auf die Bedürfnisse von betroffenen Personen durch andere Personen, Institutionen oder Perspektiven sicherzustellen, z.B. in Form einer Supervision oder durch Feedbacktreffen mit queer*feministischen Gruppen, die Betroffenenperspektiven kennen und vertreten können.

Nein heißt Nein und *Ja heißt Ja* – das Zustimmungskonzept

Neben den Konzepten Definitionsmacht und Parteilichkeit wurde noch ein drittes feministisches Konzept entwickelt, mit dem der Fokus vor allem auf die Prävention von sexualisierter Gewalt in intimen Beziehungen oder unter Bekannten gelegt wird – das Zustimmungskonzept. Zustimmung – oft auch Consent genannt – beschreibt einen Ansatz oder einen Vorschlag, wie Personen einvernehmliche Sexualität leben können. Zustimmung berücksichtigt grundlegend die unterschiedlichen Privilegien und Machtzugänge der Personen und zielt vor diesem Hintergrund darauf ab, dass sich diese Personen konsensual begegnen und ihren Sex einvernehmlich genießen können. Einverständnis bedeutet, dass sich zwei oder mehrere Personen aktiv darüber verständigen, wie sie ihre Sexualität bzw. bestimmte sexuelle Handlungen zu einem bestimmten Zeitpunkt ausleben möchten, und sich dann ggf. dafür entscheiden – oder auch nicht. Nach dem Zustimmungskonzept kann nicht einfach davon ausgegangen werden, dass bestimmte sexuelle Praktiken immer in Ordnung seien oder eine Person unmittelbar wissen könne, was die andere Person gerade konkret möchte. Grundlegend gilt: Nur wer sich aktiv verständigt und austauscht, kann erfahren, was die andere Person jeweils möchte, was ihm*ihr Spaß macht und was ihm*ihr Lust bereitet. Beim einvernehmlichen Sex geht es nicht nur darum, ein »Nein« zu vermeiden, sondern ein begeistertes und lustvolles »Ja« der involvierten Personen als Orientierungspunkt zu setzen. Dies geschieht vor der und zusätzlich zur absoluten Anerkennung eines »Nein« oder »Vielleicht«. Grenzen können als Rahmen einer gemeinsamen Sexualität verstanden werden und müssen nicht unbedingt als der Lust entgegensetzt angesehen werden, sie stecken das gemeinsame Feld der Lust vielmehr ab oder signalisieren einen Bedarf für mehr Austausch.

Was ist Zustimmung?

- Eine Zustimmung kann verbal oder nonverbal gegeben werden. (Es gibt Gesten, die von vielen als Zustimmung wahrgenommen werden. Hier sollte im Zweifel nachgefragt werden. Auch können z.B. Zeichen vereinbart werden.)
- Eine Zustimmung kann zu jedem Zeitpunkt zurückgezogen werden. Daher darf eine Zustimmung nicht einfach vorausgesetzt werden, sondern sie sollte vorher besprochen werden und muss vor jeder neuen, noch nicht besprochenen sexuellen Handlung erneut eingeholt werden.
- Im Idealfall liegt es an beiden Personen, ihr sexuelles Begehren klar und deutlich durch eine Form der gemeinsamen Kommunikation auszudrücken. Ist dies nicht möglich, ist es die Aufgabe des*der Initiator*in der sexuellen Handlung, das Einverständnis der anderen Person einzuholen und sicherzustellen, dass diese Person ihre*seine Zustimmung ohne Zwang und ohne Nötigung gibt.

Tatsächlich bewegt sich jeder sexuelle Kontakt in dem Spektrum zwischen Zustimmung und Zwang/Druck– also in dem Spektrum von einem lauten, aktiven, lustvollen »Ja« über ein einfaches »Ja«, über ein »Geht so« bis zu einem »Na gut, muss nicht unbedingt sein« oder einem »Nein«. Ohne Nachfragen ist es daher schwierig zu wissen, ob die Zustimmung zu einer bestimmten Handlung vorhanden ist oder was die andere Person eigentlich überhaupt wollte. Es geht nicht darum, lediglich einen Minimalkonsens zu finden. Vielmehr stellt das Zustimmungskonzept in Aussicht, dass es möglich wird, etwas zu finden, zu dem alle Beteiligten sagen: »Yeah, genau darauf stehe ich gerade!«. Unserem Verständnis nach schafft das Zustimmungskonzept überhaupt erst die Grundlage dafür, einen Minimalkonsens zu erweitern oder mit eigenen Grenzen wohlwollend zu experimentieren oder Bedürfnisse zu verändern.

Um dies ermöglichen zu können, sollte gemäß des Zustimmungskonzepts die Kommunikation über Sex so gestaltet werden, dass sie für alle Beteiligten den Raum eröffnet, um sich entsprechend mitteilen zu können.

Für eine solche Kommunikation können die folgenden Fragen hilfreich sein:[21]

- Gibt es Dinge, die mir/dir helfen, mitzuteilen, wie es mir/dir geht oder wonach mir/dir ist?
- Gibt es Dinge, die mich/dich davon abhalten, mich/dich mitzuteilen – sei es sogar oder gerade, wenn mir/dir etwas nicht gefällt oder es mir/dir nicht gut geht?
- Fällt es mir/dir leichter, »Ja« oder »Nein« zu sagen?
- Wie drückt sich ein »Nein« oder ein »Ja« bei mir/dir durch Körpersprache aus und inwiefern ist dabei auf meine/deine Körpersprache Verlass?
- Habe ich/hast du Trigger? Falls ja, welche?

Was erschwert Zustimmung?

Eine zustimmungsbasierte Kommunikation ist nur dann möglich, wenn sie freiwillig erfolgt und eine eventuelle Zustimmung ohne Zwang/Druck gegeben wird. Mit anderen Worten: Eine Zustimmung kann niemals unter physischem, emotionalem, finanziellem und/oder sozialem Druck gegeben werden. Gerade wenn zwischen den betreffenden Personen eine Machtasymmetrie besteht, erhöht sich somit das Potenzial, dass in der Kommunikationssituation Druck ausgeübt oder wahrgenommen wird und eine zustimmungsbasierte Kommunikation hierdurch letztendlich erschwert wird. Frauen* wurde beispielsweise in ihrer Sozialisation nahegelegt, dass sie nicht »Nein« sagen sollen, sondern sich den Bedürfnissen anderer Personen unterzuordnen oder anzupassen haben. Trotz der Zweiten Frauenbewegung, der Emanzipation und dem Feminismus kann es besonders für Frauen* immer noch schwer sein, über ihre sexuellen Wünsche und Grenzen zu sprechen. Ebenso ist zu berücksichtigen, dass es viele Menschen gibt, die sexualisierte Gewalt erfahren mussten – sei es in der Kindheit oder auch im Erwachsenenleben – und dass Sexualität insgesamt vorbelastet und ein Bereich mit verschiedenen Triggern sein kann.

Einem konsensualen Sex stehen darüber hinaus gängige Vorstellungen einer normativen Sexualität entgegen, z.B., dass Sex vorrangig als Akt der

21 vgl. das Zine »Learning Good Consent« von Cindy Crabb, auf Deutsch als »Konsens Lernen« übersetzt: https://konsenslernen.noblogs.org/.

Penetration gedacht wird oder dass es bestimmt Abläufe gebe und dass aus der Zustimmung zu einer bestimmten Handlung automatisch eine Zustimmung zu einer weiteren folgt, getreu dem Motto: Wer zu A »Ja« sagt, ist auch automatisch zu B bereit. Dies impliziert die antiquierte Idee, dass es für Sex nur einen aktiven Part braucht – nämlich den männlichen. Eine aktive Teilnahme des*der anderen Partner*in (im heteronormativen Kontext die Frau) ist jedoch in diesem Verständnis von Sex nicht zwingend vorgesehen oder wird sogar völlig ausgeblendet. Die Frau kann vielmehr in Passivität verharren und ihre Zustimmung besteht einzig und allein in der Abwesenheit eines formulierten »Nein«. Das Zustimmungskonzept durchbricht diese Vorstellungen und beendet das Märchen einer vermeintlichen Normalität der Sexualität.

Was ist Zustimmung nicht?

- Passivität, Schweigen und uneindeutige Signale dürfen nicht als Zustimmung gedeutet werden. In diesem Fall obliegt es der Verantwortung des*der Initiator*in, erneut nachzufragen.
- Personen, die schlafen, können nicht zustimmen – es sei denn, es gibt explizit andere Absprachen.
- Personen, die unter Alkohol- oder Drogeneinfluss stehen, können in ihrer Zustimmung eingeschränkt sein.
- Jugendliche und Menschen mit bestimmten geistigen Behinderungen sind in ihren Fähigkeiten zur Zustimmung zu sexuellen Aktivitäten eingeschränkt oder können gar nicht zustimmen. Die Machtunterschiede können so groß sein, dass wir sexuelle Zustimmung in solchen Fällen als grundsätzlich unmöglich erachten.
- Sexualität zwischen Erwachsenen und Kindern kann es nicht geben, sexuelle Handlungen sind aufgrund des Machtgefälles Gewalt.

Ohne Zustimmung fängt Gewalt an

Abschließend lässt sich in Bezug auf die drei feministischen Konzepte Folgendes festhalten: Verschiedene dominanzgesellschaftliche Institutionen (wie Gerichte, Gesetze oder sogar Einrichtungen für betroffene Personen, wie Ärzt*innen, Beratungsstellen, Therapien, Kliniken) gehen davon aus, dass ein klarer und eindeutiger Punkt definiert werden könne, ab dem sexualisierte Gewalt anfängt. Wir hingegen gehen jedoch im Sinne der

Definitionsmacht grundlegend davon aus, dass jede Person für sich selbst den Punkt zu bestimmten hat, ab dem keine Zustimmung mehr zu einer sexuellen Handlung bestand. Oder anders formuliert: Jede Person kann nur für sich selbst und gemäß des eigenen Empfindens entscheiden und definieren, was nicht gewollt gewesen ist und wo Grenzen verletzt worden sind. Somit basiert unser Verständnis von sexualisierter Gewalt auf der zentralen Annahme, dass jeder sexuelle Kontakt, der ohne die Zustimmung beider Personen stattgefunden hat, potenziell ein Akt sexualisierter Gewalt sein kann. Das Zustimmungskonzept ist in unserem Denken von entscheidender Bedeutung, da mit ihm erlernte Denk-, Fühl- und Handlungsweisen, die sexualisierte Gewalt überhaupt erst ermöglichen, wieder verlernt werden können.

3. Verantwortungsübernahme bei sexualisierter oder intimer Beziehungsgewalt

Um den Prozess der Verantwortungsübernahme einer gewaltausübenden Person zu thematisieren, legen wir zunächst unser Verständnis des Begriffs ›gewaltausübende Person‹ dar und gehen im Anschluss näher auf das Konzept der Accountability bzw. der Verantwortungsübernahme ein, durch das die Prozesse der Community Accountability oder der Transformative Justice – also die Prozesse einer kollektiven Verantwortungsübernahme und der Transformativen Gerechtigkeit innerhalb eines Umfelds – überhaupt erst denkbar werden.

Der Begriff ›gewaltausübende Person‹

Mit diesem Begriff benennen wir Personen, die Gewalt ausgeübt haben. Trotz der verübten Gewalt betonen wir durch die Verwendung des Wortes ›Person‹ die grundsätzliche Menschlichkeit einer solchen Person, die für die eigenen Handlungen die Verantwortung übernehmen und sich verändern kann. Dies ist eine wichtige Voraussetzung dafür, dass der Prozess der Transformativen Arbeit von allen beteiligten Personen überhaupt erst angestoßen und auch durchgeführt werden kann. Der Begriff betont gegenüber der Bezeichnung ›Täter*in‹, dass eine Gewalthandlung kein unabänderliches Identitätsmerkmal eines Menschen darstellt, sondern ein Verhalten ist, das auf bestimmten erlernten Mustern beruht und potenziell verändert werden kann. (Sexualisierte) Gewalt begreifen wir dementsprechend als sozialisationsbedingt, beziehungsweise – sinnbildlich gesprochen – als eine erlernte Sprache innerhalb der verschiedenen Unterdrückungssysteme. Gewalt kann als ein Mittel eingesetzt werden, mit dem sich eine Person Gehör verschaffen, Anerkennung sichern und verschiedene Bedürfnisse befriedigen kann – und dies sogar mit dem Gefühl einer gewissen Selbstverständlichkeit und Berechtigung, auch wenn dabei bewusst oder unbewusst in Kauf genommen wird, dass eine andere Person letztendlich Gewalt erfährt. Diese Gewaltmuster können unserer Ansicht nach jedoch verlernt werden. Damit wenden wir uns von der historisch häufig anzutreffenden Vorstellung ab, dass Gewalt das Ergebnis eines individuell-moralisch Bösen oder eines medizinisch-pathologischen Defekts sei. Denn mit dieser Vorstellung wird z.T. nach wie vor davon ausgegangen, dass Gewalt als Schuld und Krankheit individuell zu bestrafen und medizinisch zu behandeln sei. Für uns hingegen ist die Ausübung von Gewalt im Sozialen verwurzelt und somit nicht losgelöst von gesellschaftlicher Ungerechtigkeit und Macht zu denken. Daher reicht es nicht aus, sie als eine individuelle Pathologie zu bearbeiten. Vielmehr bedarf es sowohl einer individuellen als auch einer kollektiven Verantwortungsübernahme, damit gerade die sozialen Bedingungen, die sexualisierte Gewalt überhaupt erst hervorbringen, transformiert werden können.

Im Hinblick auf die gewaltausübende Person beruht unsere Arbeit darüber hinaus noch auf weiteren Annahmen, die sich für uns aus unseren eigenen Erfahrungen sowie aus einer kritischen Lektüre von sozialwissenschaftlichen Forschungen ergeben. So ist es uns ein Anliegen, gegen das Stereotyp anzugehen, dass sexualisierte Gewalt vor allem von ›Fremden‹ ausgeübt werde. Zum einen werden damit allzu oft rassistische Ansichten verknüpft. Zum anderen wird mit dieser Vorstellung ausgeblendet, dass erstens sexualisierte Gewalt vorrangig von Personen aus dem nahen Umfeld der betroffenen Person verübt wird und dass zweitens die prozentuale Anzahl des Auftretens von sexualisierter Gewalt in den verschiedenen sozialen sowie kulturellen Kontexten gleich verteilt ist (›Rassifizierung‹, Klasse, körperliche Befähigung, Religion etc.). Die jeweilige Identität bzw. soziale Positionierung der gewaltausübenden Person beeinflusst den Kontext der grenzverletzenden Handlung, die Annahme, dass es einen Idealtyp einer gewaltausübenden Person gebe, ist jedoch uneingeschränkt zurückzuweisen.

Uns ist es wichtig, diesen Vorurteilen klar entgegenzutreten und hervorzuheben, dass jede*r potenziell Gewalt ausüben kann. Gleichzeitig ist uns auch wichtig zu betonen, dass die überwiegende Zahl von sexualisierter Gewalt von cis Männern ausgeht und an Frauen* verübt wird. Obwohl wir uns in diesem Konzept für eine gender-flexible Sprache entschieden haben, die dazu dient, Binaritäten nicht weiter zu verfestigen, wollen wir diese Verteilung nicht unsichtbar machen, sondern klar benennen. Laut einer Studie der Ruhr-Universität Bochum über sexualisierter Gewalt gegen Student*innen in Deutschland, sind 97,5% der Täter*innen bei Belästigung und 96,6% bei sexueller Gewalt Männer.[22] Betroffen sind überwiegend geschlechtlich marginalisierte Personen. »40 % der Frauen in Deutschland haben seit ihrem 16. Lebensjahr körperliche und/oder sexuelle Gewalt erlebt. [...] 25 % der in Deutschland lebenden Frauen haben Gewalt durch aktuelle oder frühere Beziehungspartner erlebt (häusliche Gewalt). [...] 13 % der in Deutschland lebenden Frauen haben seit dem 16. Lebensjahr strafrechtlich relevante Formen sexueller Gewalt erlebt.«[23] In Bezug auf sexualisierte Gewalt gegen nicht-binäre oder transgender Personen, und auf Beziehungsgewalt in queeren Beziehungen liegen uns keine Zahlen für Deutschland vor. Laut Berichten von Beratungsstellen und aus anderen Ländern wie den USA sind die Zahlen jedoch hoch. In Bezug auf die oben benannten Zahlen ist jedoch zu berücksichtigen, dass die Schwelle, sich Unterstützung zu holen oder eine Beratungsstelle aufzusuchen, für Männer, die (sexualisierte) Gewalt erlebt haben, oftmals sehr hoch ist, da es in ihrem Selbstbild sozialisationsbedingt nicht vorkommt, sich als betroffen (als Opfer) zu verstehen. Ebenso werten Männer Erfahrungen, die für sie sexualisiert grenzverletzend waren, oftmals sozialisationsbedingt als positiv und erkennen oder spüren die Grenzverletzung teilweise nicht.

Die Übergriffe von gewaltausübenden Personen lassen sich im Hinblick darauf kategorisieren, ob sie unbewusst, bewusst und/oder wiederholt ausgeführt wurden. In der Forschung über cis-männliche sexualisierte Gewalt Ausübende unter College-Student*innen wird ein Spektrum von Handelnden festgestellt, von unbewusst über opportunistisch bis zu vorsätzlich Handelnden.[24] Demnach zeichnet sich laut Wissenschaftler Alan

---

22 Feltes, Thomas; List, Katrin; Schneider, Rosa; Höfker, Susanne: Gender-based Violence, Stalking and Fear of Crime. Länderbericht Deutschland. EU-Projekt 2009-2011. Bochum: Ruhr-Universität Bochum 2012. http://www.gendercrime.eu/pdf/gendercrime_country_report_germany_german.pdf (30.7.2018).

23 bff Frauen gegen Frauengewalt e.V., Studie des Bundesfamilienministeriums 2004.

24 Berkowitz, Alan: Guidelines for Sanctioning Perpetrators of Sexual Assault. http://www.alanberkowitz.com/papers.php. Abbey, A & McAuslan, P: A Longitudinal

Berkowitz eine unbewusst handelnde gewaltausübende Person dadurch aus, dass er*sie sich nicht im Klaren darüber ist, dass er*sie mit einer anderen Person Sexualität ohne deren Zustimmung gelebt hat oder lebt.[25] Da solch eine gewaltausübende Person eher Reue, Bedauern und einen aufrichtigen Willen zur Veränderung ausdrückt, wenn er*sie mit ihren*seinen Handlungen konfrontiert wird, sehen wir ihn*sie erst einmal als am offensten dafür an, sich auf den Prozess der Transformativen Arbeit einzulassen und diesen auch durchzuführen.

Gewaltausübende Personen, welche die Gewalt vorsätzlich planen und wiederholt ausüben, betreiben z.B. einen großen Aufwand, um Räume so vorzubereiten, dass der intendierten sexualisierten Gewalt kaum etwas im Wege steht. Darüber hinaus versuchen sie, eher verletzungsoffenere Personen ausfindig zu machen, und nutzen oft Alkohol oder andere Drogen dafür, ihn*sie noch verletzungsoffener zu machen. Da diese gewaltausübenden Personen oft sehr berechnend vorgehen, wenden sie auch nur so viel Gewalt an wie notwendig, um die andere(n) Person(en) den eigenen Bedürfnissen zu unterwerfen und gefügig zu machen. Dadurch beabsichtigen sie vor allem, sich vor Anschuldigungen der Gewalt zu schützen, indem sie »keine Spuren hinterlassen«. Gemäß David Lisak und Paul Miller, die ebenfalls zu Personen forschen, die sexualisierte Gewalt ausüben, greifen diese Personen nicht nur vorsätzlich und wiederholt auf sexualisierte Gewalt zurück.[26] Zusätzlich verbinden sie diese mit vielfältigen anderen Formen von Gewalt, was darauf verweist, dass die unterschiedlichen Formen der Gewalt in Verbindung miteinander stehen. Für die Überlegungen zu einer Transformativen Arbeit bedeutet dies, dass Gewalthandlungen, die eine bewusste Intention sowie ein langfristiges Muster der Kontrolle und der Grenzverletzung beinhalten, andere Ansätze und Ressourcen als die der Transformativen Arbeit notwendig machen. Hierauf kommen wir noch einmal ausführlicher im Kapitel VII.3 »Einschätzung der Gefahren und Risiken« zurück.

Es gibt sehr unterschiedliche Theorien, warum Menschen zu Gewalt greifen. Wir sind der Meinung, dass viele gewaltausübende Personen Gewalt als ›Sprache‹ erlernt haben, weil sie Macht ausüben wollen oder

---

Examination of Male College Students' Perpetration of Sexual Assault. Journal of Consulting and Clinical Psychology 72 (2004) 5. S. 747-756.

25 Ebd.

26 Lisak, David; Miller, Paul: Repeat rape and multiple offending among undetected rapists. Violence and Victims, 17 (2002). S. 73-84.

erlernte Muster wiederholen oder nicht gelernt haben, ihre Bedürfnisse konsensual zu befriedigen, oder selbst Gewalt erlebt haben. Wichtig ist uns zu betonen, dass eigene Betroffenheit nicht zu Gewaltausübung führt oder führen muss, vielmehr wollen wir aufzeigen, dass hinter einer Gewaltausübung ein Zyklus der Gewalt liegen kann.[27] Viele gewaltausübende Personen haben selbst Gewalt und Unterdrückung erfahren, was ihre eigenen Gewalthandlungen befördern kann. Von daher kann die Aufarbeitung der eigenen Gewalterfahrungen auch Teil, wobei nicht Hauptfokus, des Transformativen Prozesses sein.

Accountability/Verantwortungsübernahme im Kontext von sexualisierter Gewalt

Bei der Transformativen Arbeit geht es grundsätzlich darum, dass eine Person, die sexualisierte Gewalt verübt hat, in ihrem*seinem Prozess der Verantwortungsübernahme konstruktiv und kritisch begleitet wird. Was bedeutet in diesem Zusammenhang Accountability? Der englische Begriff Accountability lässt sich am ehesten mit ›Rechenschaftspflicht‹ oder ›Verantwortungsübernahme‹ ins Deutsche übersetzen. In Bezug auf einen politischen und gesellschaftskritischen Kontext und somit auch in diesem Buch verstehen wir Accountability vor allem im Sinne einer ›machtsensiblen Solidarität‹ und aktiven Arbeit an einer Veränderung der gesellschaftlichen wie persönlichen gewaltförderlichen/-(re-)produzierenden Bedingungen. Mit einer ›machtsensiblen Solidarität‹ meinen wir eine Solidarität, welche die Bedürfnisse und Ermächtigung von Marginalisierten ins Zentrum stellt – konkret heißt das für den Fall personeller Gewalt: von der betroffenen Person. Diese parteiliche Haltung strahlt auf die Arbeit mit der gewaltausübenden Person aus, indem diese sowohl empathisch als auch konfrontativ begleitet wird, um ihr*sein gewaltvolles Denken, Fühlen und Handeln zu verändern.

In den letzten 30 Jahren wurde der Begriff Accountability von unterschiedlichen sozialen Bewegungen im US-amerikanischen Kontext verwendet, um folgende Formen der Verantwortungsübernahme zu beschreiben:[28]

---

27 Greathouse, Sarah Michal; Saunders, Jessica; Matthews, Miriam; Keller, Kirsten M.; Miller, Laura L.: A Review of the Literature on Sexual Assault Perpetrator Characteristics and Behaviors. Santa Monica, Calif.: RAND Corporation 2015.

28 Vgl. Berman Cushing, Bonnie; Hitchcock, Jeff: Introduction. In: Berman Cushing, Bonnie (Hrsg.): Accountability and White Anti-racist Organizing. Stories from Our Work. Roselle, N.J.: Crandall, Dostie & Douglass Books 2010.

1) Die Verantwortungsübernahme bei personellen Gewalthandlungen durch die gewaltausübende Person: Die Person, die Verletzungen oder Schaden verursacht hat, übernimmt Verantwortung gegenüber der Person, die verletzt oder geschädigt wurde. Eine Verantwortungsübernahme von einer gewaltausübenden Person könnte z.B. bedeuten,

   – dass er*sie ihr*sein gewaltförmiges Verhalten beendet und sich auf einen Veränderungsprozess einlässt,

   – dass er*sie sich um eine Wiedergutmachung für die von ihm*ihr verursachten Verletzungen bemüht, z.B. in Form der Anerkennung der spezifischen Auswirkungen der Gewalt, einer Entschuldigung,

   – dass er*sie als Verbündete*r bei der Transformation der gesellschaftlichen Unterdrückungsverhältnisse mitwirkt.

2) Die zusätzliche Verantwortungsübernahme durch die Umfelder, die diese Gewalt gegenüber der/den Person(en) oder Gruppen und Communitys, die von der Gewalt betroffen sind, gebilligt haben: In diesem Verständnis spielen somit die jeweiligen Umfelder sowohl der betroffenen als auch der gewaltausübenden Person eine wichtige Rolle, d.h. sie können die Gewalt mitverursachen und begünstigen oder auch selbst von ihr betroffen sein – eine Kombination dieser beiden Möglichkeiten ist dabei sicherlich auch denkbar, sodass nicht immer eindeutig ist, inwiefern die Umfelder in bestimmten Situationen eher die Gewalt unterstützen oder von ihr selbst negativ betroffen sind. In dem Fall, dass die Umfelder (Organisationen, Sportgruppen, Kirchen/Moscheen/Synagogen, Hausprojekte, Schulen, etc.) die Gewalt begünstigt oder zumindest nicht aktiv unterbunden haben, ist eine Verantwortungsübernahme denkbar. Mehr dazu beschreiben wir in Kapitel V.4, »Einen gemeinschaftlichen Prozess anstoßen«, und Kapitel VII.2, »Einschätzung der Situation im Umfeld der gewaltausübenden Person«.

3) Die kollektive Auseinandersetzung und Verantwortungsübernahme durch Personen, die über gesellschaftliche Privilegierungen und Macht verfügen, gegenüber den Personen, die aufgrund der sozialen Machtverhältnisse marginalisiert und unterdrückt werden: Hier wird die strukturelle Dimension der Gewalthandlungen in den Blick genommen. Accountability bedeutet, z.B. in den antirassistischen Bewegungen in den USA die Verantwortung von *Weißen* gegenüber People of Color

oder in feministischen Bewegungen die Verantwortung von Männern gegenüber geschlechtlich marginalisierten Personen und anderen betroffenen Gruppen in den Mittelpunkt der Aufmerksamkeit und Auseinandersetzung zu rücken.

Grundlegend für das Konzept der Accountability ist die Ansicht, dass die Gruppe, die von einer Form der Unterdrückung negativ betroffen ist, im Zentrum des sozialen Kampfes gegen diese Machtverhältnisse zu stehen und auch dessen Agenda zu setzen habe. Personen in Machtpositionen hingegen können sich als Verbündete in diese Kämpfe einbringen und ihre gesellschaftlichen Privilegien bewusst dazu einsetzen, die sozialen Bewegungen in ihrem Kampf gegen die verschiedenen Unterdrückungsformen zu unterstützen. Dabei sollte ihr Engagement immer in einem Verhältnis der Verantwortung gegenüber denjenigen stehen, die von den Machtverhältnissen systematisch unterdrückt werden. Die ›Antwort‹ in ›verantwortlich‹ bringt diesen Gedanken gut zum Ausdruck: Verbündete sollten sich in einer stetigen Beziehung des Feedbacks, der Transparenz, des Engagements und der Verantwortlichkeit gegenüber den Anliegen, Diskursen und Bedürfnissen der betroffenen Gruppen befinden. Hierdurch soll gewährleistet werden, dass das Engagement der Verbündeten seine Orientierung primär von den betroffenen Gruppen erfährt und diese nicht aus dem Fokus geraten. Begriffe, die mit Accountability häufig assoziiert werden, sind: Vertrauen, Loyalität, Solidarität, Unterstützung, Transparenz und Zuverlässigkeit.

In den letzten zwanzig Jahren stellten weibliche und queere Aktivist*innen of Color in den USA immer wieder die Notwendigkeit fest, alternative und nachhaltige Strukturen der Sicherheit und der Accountability jenseits von staatlichen Institutionen oder Strukturen zu schaffen. Diese Analyse und Forderungen machten sich für Intersektionalität stark und übten Kritik an sozialen Bewegungen, welche in dieser Hinsicht ein eingeschränktes Gewaltverständnis hatten – an der Bewegung gegen staatliche Gewalt zum einen und zum anderen an der Bewegung gegen sexualisierte und Beziehungsgewalt.

Im Kampf gegen verschiedene Formen staatlicher Gewalt (wie z.B. das racial profiling, Polizeigewalt und die Masseninhaftierung von Menschen of Color und von armen Menschen) gab es in diesen Bewegungen eine starke Fokussierung auf männliche* Erfahrungen. Sexualisierte und sexistische

Gewalt wurde oftmals ausgeblendet und der Fokus vornehmlich auf Rassismus gelegt.[29] Darüber hinaus wurden wenige Alternativen zum derzeitigen System von Gefängnissen und Strafen vorgeschlagen und es wurde ausgeblendet, dass durch die Forderung, Gefängnisse und Polizei abzuschaffen, zwischenmenschliche Gewalt nicht gleich automatisch verschwindet. Denn es gibt auch unter Aktivist*innen Vorfälle von sexualisierter oder Beziehungsgewalt, bei denen sich die betroffenen Personen nicht an den Staat wenden wollen, sodass ein alternativer Umgang entwickelt werden muss.[30]

So wie die US-amerikanischen Bewegungen gegen staatliche Gewalt all zu oft sexualisierte und Beziehungsgewalt auf der einen Seite übersahen, blendete auf der anderen Seite die feministische Bewegung im Zuge ihrer zunehmenden Institutionalisierung und Professionalisierung oftmals marginalisiertere und/oder radikalere Perspektiven jenseits derer von *weißen* Mittelschichtsfrauen* aus. Eine ursprünglich machtkritische Analyse wurde durch einen reformistischen Rechte-Diskurs ersetzt, was auch mit der Finanzierung durch und der Zusammenarbeit mit dem Strafrechts- und Justizvollzugssystem zusammenhängt.[31] Diese Rechte kamen jedoch überwiegend *weißen* Mittel- und Oberschichts-Frauen* zugute. Der Staat wurde für diese Frauen* als Helfer und Unterstützer in Fällen zwischenmenschlicher Gewalt betrachtet und somit die rassistische, klassistische und ableistische Dimension staatlicher Gewalt ignoriert. Zudem wurde ausgeblendet, dass Frauen* ebenfalls staatlicher Gewalt ausgesetzt sind, insbesondere in staatlichen Institutionen wie Gefängnis, Psychiatrie,

---

29 Diese Kritik ist inzwischen in vielen Bewegungen angekommen und hat geänderte und neue Strategien herbeigeführt. Die Black-Lives-Matter-Bewegung beispielsweise war sehr bewusst von Schwarzen Frauen*, trans* und nicht-binären Menschen geprägt worden, die fortlaufend diese Intersektionen der verschiedenen Gewaltformen thematisiert haben.

30 *INCITE! Frauen, nicht-binäre und trans* Menschen of Color gegen Gewalt*, ein US-amerikanisches Netzwerk radikaler Feminist*innen of Color, hat zusammen mit *Critical Resistance*, einer der wichtigsten Gruppen, die für die Abschaffung der Gefängnis-Industrie plädiert, einen Text geschrieben, worin sie dieses Bedürfnis an Alternativen zum Ausdruck bringen: »Critical Resistance and INCITE! Statement on Gender Violence and the Prison Industrial Complex«, https://web.archive.org/web/20171122172831/http://www.incite-national.org:80/page/incite-critical-resistance-statement.

31 Vgl. Richie, Beth E.: Arrested Justice. Black Women, Violence, and America's Prison Nation. New York: New York University Press 2012. Law, Victoria: Against Carceral Feminism. Jacobin Magazine 2014. www.jacobinmag.com/2014/10/against-carceral-feminism/ (31.07.2018).

Asylheim, Abschiebegefängnis, Sozialamt oder Kinder- und Jugendhilfe. Für marginalisierte Frauen* kann es für sie und/oder ihre Kinder, Umfelder und Verwandte – anstatt die erwünschte Sicherheit herbeizuführen – eine größere Gefahr bedeuten, wenn sie nach einem Gewaltvorfall die Polizei rufen. Z.B. Frauen* ohne Aufenthaltstitel könnten abgeschoben werden oder mittellose Frauen* werden intensiver durch das Sozialamt oder Kinderamt beobachtet. Für queere Betroffene, Betroffene of Color, und Sexarbeiter_innen kann ein Polizeibesuch dazu führen, dass sie selbst Polizeigewalt erleben oder festgenommen werden.[32] Dieser unkritische Feminismus, der Recht und Ordnung als Lösung für Gewalt ansieht, wird ›carceral feminism‹ (Strafrechtsfeminismus) genannt. Auch wenn sowohl der Wohlfahrts- als auch der strafende Staat in Deutschland anders aussehen, wie auch die feministische Bewegung, lässt sich dennoch eine ähnliche Tendenz darin feststellen, dass Feminismus und der ›Schutz der Frauen‹ für Rassismus instrumentalisiert werden. [33]

Die Arbeit gegen diese Entwicklungen und für Alternativen von Frauen*, Queers, trans* und nicht-binären Menschen of Color in den Staaten dienen uns als Inspiration. Die Personen, die intersektional von beiden Formen der Gewalt betroffen und diesen am stärksten ausgesetzt sind, haben verstanden, dass staatliche Gewalt keine Lösung für zwischenmenschliche Gewalt sein kann. In der Folge haben sie experimentelle alternative Lösungen für den Umgang mit Gewalt entwickelt.

Community Accountability als kollektive Verantwortungsübernahme und Transformative Justice als Transformative Gerechtigkeit

Diese Aktivist*innen haben vielfältige Theorien und Praktiken entwickelt, die lose in den Konzepten Transformative Justice (dt.: Transformative Gerechtigkeit) und Community Accountability (dt.: kollektive Verantwortungsübernahme) zusammengefasst sind.[34] Mittlerweile fanden diese

32 INCITE! Women, Gender Non-Conforming and Trans People of Color Against Violence: Law Enforcement Violence Against Women of Color and Trans People of Color. A Critical Intersection of Gender Violence and State Violence. An Organizer's Resource and Tool Kit, Selbstverlag 2008.

33 Brazzell, Melanie (Hrsg.): Was macht uns *wirklich* sicher? Ein Toolkit zu intersektionaler transformativer Gerechtigkeit jenseits von Gefängnis und Polizei. Münster; Edition Assemblage 2018.

34 Siehe z.B. die Arbeit von Just Practice, Project NIA, Communities Against Rape & Abuse (CARA), The Northwest Network, Story-Telling & Organizing Project (STOP), API Chaya, Safe OUTside the System Collective bei der Audre Lorde

Konzepte auch Eingang in feministische Debatten in Europa und Australien und werden dort immer mehr angewandt. Diesen beiden Konzepten ist gemein, dass ihnen ein von staatlichen Institutionen unabhängiger Prozess zur Unterstützung von Personen, die Gewalt erleben mussten, zugrunde liegt.

Ein Community-Accountability-Prozess besteht aus vier sich ergänzenden Teilbereichen: Prävention, Intervention, Wiedergutmachung und Transformation. Laut INCITE!, welches das Konzept der Community Accountability maßgeblich mitgeprägt haben, lässt sich die grundsätzliche Frage eines solchen Prozesses folgendermaßen beschreiben:[35] »Wie setzen wir uns mit Gewalt innerhalb unserer Umfelder auseinander?«
Vielfach wird uns nahegelegt, als Reaktion auf Gewalt innerhalb unserer Umfelder die Polizei zu rufen und uns auf das Justizsystem zu beziehen. Wenn die Polizei und der Gefängniskomplex allerdings eher Gewalt gegen uns fördern oder ausüben, anstatt unsere Sicherheit zu gewährleisten, dann müssen wir eigene Strategien zum Umgang mit Gewalt in unseren Umfeldern wie z.B. Beziehungsgewalt sowie sexualisierte Gewalt gegen Erwachsene und Kinder kreieren, die sich nicht auf die Polizei oder das Justizsystem beziehen.

Gerade vor diesem Hintergrund stellt der Ansatz einer Community Accountability eine entscheidende Option dar. Denn Community Accountability lässt sich vor allem als eine umfeldbasierte Strategie verstehen, die sich gerade nicht auf die Polizei oder das Justizsystem stützt, um den verschiedenen Formen von Gewalt innerhalb eines Umfeldes bzw. einer Community etwas entgegenzusetzen. Community Accountability beschreibt einen Prozess, in dem ein Umfeld – wie z.B. ein Freund*innenkreis, eine Familie, eine religiöse Gemeinschaft, eine Nachbar*innenschaft, ein Arbeits- oder Wohnzusammenhang – zusammenkommt und daran arbeitet, die folgenden Dinge zu entwickeln bzw. zu ermöglichen:

Project, Communities United Against Violence, Asian Women's Shelter (Bay Area), The Community Justice Project (Seattle), Creative Interventions, generationFIVE, Support New York, #SurvivedAndPunished, Bay Area Transformative Justice Collective, Philly Stands Up, INCITE! Women, Gender Non-Conforming, and Trans People of Color Against Violence.

35 INCITE! Women, Gender Non-Conforming, and Trans People of Color Against Violence: Community Accountability Fact Sheet. In: Law Enforcement Violence Against Women of Color and Trans People of Color. A Critical Intersection of Gender Violence and State Violence. An Organizer's Resource and Toolkit. Selbstverlag 2008. S. 69-70.

- Erarbeitung und Umsetzung von Werten und Praktiken, die sexualisierter Gewalt und Unterdrückung entgegenstehen sowie Sicherheit, Unterstützung und Accountability gewährleisten;
- Herstellung von *Sicherheit und Unterstützung* der Angehörigen des Umfelds, das von Gewalt negativ betroffen ist, wobei deren *Selbstbestimmung respektiert* wird;
- Entwicklung von nachhaltigen Strategien zum *Umgang mit gewaltausübenden Angehörigen des Umfelds* und Erarbeitung eines Prozesses, damit sie die Verantwortung für ihre Handlungen übernehmen und ihr Verhalten transformieren können;
- Verpflichtung zu einer kontinuierlichen Weiterbildung und proaktiven Auseinandersetzung aller Angehörigen der Community und der Community an sich, um generell die *politischen Bedingungen zu transformieren,* die Unterdrückung und Gewalt ermöglichen.

Community Accountability umfasst eine Vielfalt an Visionen und Praxen aus den Bereichen Unterstützungsarbeit und Transformative Arbeit. Letztere ist noch nicht so stark erprobt und hat eher experimentellen Charakter. Im Hinblick auf die vier Bereiche des Schaubildes kann gesagt werden, dass Unterstützung für betroffene Personen zum einen Unterstützungsarbeit umfasst, aber auch das Initiieren und Nutzen von Selbsthilfegruppen oder den aus der indigenen Praxis kommenden Ansatz des ›Heilungskreises‹. Bei diesem Ansatz trifft sich eine betroffene Person mit Personen aus dem Umfeld oder der Familie, um ihnen von ihren*seinen Gefühlen, Gedanken und Bedürfnissen zu erzählen, sich mitzuteilen und mit ihnen gemeinsam zu überlegen, wie ein Heilungsprozess für die betroffene Personen und im Umfeld aussehen könnte. Um Veränderungen im Umfeld zu erreichen, können verschiedene Methoden angewandt werden, z.B. kreative ›Storytelling Projekte‹, in denen über Betroffenheiten gesprochen oder geschrieben wird, oder das Organisieren von ›Ham Free Zones‹ in der Nachbarschaft, wo u.a. Konflikt-Lösungs-Teams als Alternative zur Polizei in einer Nachbarschaft gebildet werden; Awarenessteams auf Partys und Demos oder das Intervenieren bei sexueller Belästigung auf der Straße und im öffentlichen Verkehr. Das *Safe OUTside the System Collective* des *Audre Lorde Project* hat in New York in der Nachbarschaft Spätis und kleine Läden organisiert, damit sie Zufluchtsorte werden und sich gemeinsam Sicherheitsstrategien überlegen, um die Sicherheit für trans*, queere und nicht-binäre Nachbar*innen zu erhöhen. Ein anderes Projekt in Großbritannien, *Sisters Uncut*, hat gezeigt, dass direkte Aktionen wie das Besetzen von leeren Sozialwohnungen und eines ehemaligen Frauengefängnisses Aufmerksamkeit für den Mangel an Plätzen in Frauenhäusern erzeugen kann. Die Wohnungsnot, durch die Frauen* oft dazu gezwungen sind, in gewalttätigen Beziehungen zu bleiben, wurde damit erfolgreich thematisiert. Der Aspekt Verantwortungsübernahme der gewaltausübenden Personen ist vielleicht einer der schwierigsten und am kontroversesten diskutierte Aspekt des Modells. Auch hier gibt es einige Experimente, wie z.B. die langfristige Transformative Arbeit, wie durch *Support New York* und *Philly Stands Up* entwickelt. Diese Modelle werden nach wie vor kontinuierlich weiterentwickelt und neue werden erprobt.

Für einen Community-Accountability-Prozess ist das Bemühen kennzeichnend, sich der Gewalt nicht mithilfe einer dualistischen Vorstellung von gewaltausübender und betroffener Person zu nähern, sondern Gewalt als einem intersektionalen und komplexen System von Privilegierungen und Unterdrückungen zugehörig zu begreifen. Einzelne Gewalthandlungen werden zum einen im Hinblick auf ihre strukturelle und individuelle Ebene eingeordnet, zum anderen wird berücksichtigt, dass sie auf jede Person unterschiedlich wirken. Gewalt wird hier somit als etwas Gesellschaftliches betrachtet und ist gerade nicht das Resultat einzelner Handlungen von ›kranken‹, ›verrückten‹ oder ›schlechten‹ Personen. Dieser Gedanke fordert uns alle dazu auf, uns damit zu konfrontieren, dass wir alle die Fähigkeiten haben, Gewalt auszuüben und uns an den Unterdrückungssystemen zu beteiligen. Der Ansatz der Community Accountability bietet zugleich die Möglichkeit der Transformation an, also Beziehungen und Kompliz*innenschaft zu hinterfragen und grundlegend in Richtung einer Social Justice zu verändern. Dabei wird die Priorität auf Prozesse der Heilung und des Empowerments von betroffenen Personen gelegt, sie werden als Ausgangspunkt einer breiter angelegten sozialen Transformation angesehen.

Oft bedeutet Community Accountability, zunächst einmal einen Community-Building-Prozess anzustoßen. Viele Umfelder, in denen Gewalt ausgeübt wird, verstehen sich zunächst nicht als eine Community. So erinnert uns die Aktivistin und Wissenschaftlerin Andrea Smith daran, dass »wir uns nicht auf eine romantisierende Vorstellung von Gemeinschaft beziehen können, die davon ausgeht, dass die Community nicht sexistisch, homophob oder in einer anderen Hinsicht problematisch sei. Wir können auch nicht annehmen, dass überhaupt ein intaktes Umfeld existiert. Unsere politische Aufgabe besteht dann vielmehr darin, ein Umfeld der Accountability herzustellen.«[36] Dies im Hinterkopf behaltend, verwenden wir den Ansatz der Community Accountability vor allem so, dass wir über die Verantwortungsübernahme sowohl der gewaltausübenden Person als auch des weiter gefassten Umfeldes sprechen, damit Räume kreiert werden, die sich aktiv den verschiedenen Formen der Gewalt entgegenstellen und zugleich eine Heilung von ihren Auswirkungen ermöglichen.

Zwar sind die Konzepte Community Accountability und Transformative Justice eng miteinander verbunden und sie werden oft in ähnlichen

36 Smith, Andrea: Preface. In: Dulani, Jai; Chen, Ching-In; Piepzna-Samarasinha, Leah Lakshmi (Hrsg.): The Revolution Starts at Home. Confronting Intimate Violence within Activist Communities. Cambridge: South End Press, 2011. S. xvi, Übers. d. Autorinnen.

Kontexten verwendet. Da der Ansatz der Transformative Justice jedoch eine eigene Entstehungsgeschichte und Schwerpunktsetzung aufweist, stellen wir ihn an dieser Stelle gesondert dar. Der Ansatz der Transformative Justice bezieht sich eher auf Kritiken an Vorstellungen, die Gerechtigkeit im Sinne von Strafe und Schuld denken. Diese Kritiken umfassen auch ein Hinterfragen der konkreten Ungerechtigkeiten des Justizsystems selbst. *GenerationFIVE,* eine in San Francisco ansässige Non-Profit-Organisation, die sich dem Ziel der Beendigung von sexualisierter Gewalt an Kindern in fünf Generationen verschrieben hat, formuliert dies folgendermaßen:

> »Transformative Justice [ist] ein Ansatz zur Befreiung von Gewalt [...], der darauf abzielt, Sicherheit und Accountability zu gewährleisten, ohne dabei auf Entfremdung, Bestrafung oder auf staatliche und systemische Gewalt, die Inhaftierungen und Überwachung beinhalten, zu beruhen.
> Transformative Justice zeichnet sich dabei durch drei zentrale Annahmen aus:
> – Individuelle Gerechtigkeit und kollektive Befreiung sind gleichermaßen wichtig, sie bedingen sich wechselseitig und sind fundamental miteinander verwoben, sodass die Erlangung der einen ohne die andere unmöglich ist.
> – Die Bedingungen, die zur Ausübung von Gewalt befähigen, müssen transformiert werden, damit ein Gefühl der Gerechtigkeit in individuellen Fällen von Gewalt wiederhergestellt werden kann. Daher ist Transformative Justice sowohl eine Befreiungspolitik, als auch als ein Ansatz zur Gewährleistung von Gerechtigkeit zu verstehen.
> – Staatliche und systemkonforme Umgangsformen mit Gewalt, die auch das Justizsystem sowie die Kinder- und Jugendhilfe umfassen, scheitern demgegenüber nicht nur daran, individuelle und kollektive Gerechtigkeit zu ermöglichen, sondern sie schreiben sogar die Kreisläufe der Gewalt weiter fort.
> Transformative Justice hat somit zum Ziel, Menschen, die Gewalt erfahren haben, unmittelbare Sicherheit sowie langfristig angelegte Heilungs- und Wiedergutmachungsprozesse zur Verfügung zu stellen. Ein vorrangiger Weg, um dies zu realisieren, besteht darin, gewaltausübende Personen in und durch ihre Umfelder zur Verantwortungsübernahme zu bewegen. Diese Form der Accountability wird von den Prinzipien geleitet, dass erstens die Gewalt unmittelbar zu unterbrechen sei, dass zweitens die Verpflichtung von der grenzverletzenden Person eingeholt wird, zukünftig keine Gewalt mehr auszuüben, und drittens, dass Angebote zur Wiedergutmachung für die verübten Grenzverletzungen unterbreitet werden. Solche Accountability-Prozesse benötigen jedoch eine stete Begleitung und

einen transformativen Prozess für Personen, die sexualisierte Gewalt ausgeübt haben.«[37]

In unserem Konzept verstehen wir Community Accountability als den Gesamtprozess und Transformative Justice als den Teil des Prozesses, der auf den Umgang mit der gewaltausübenden Person fokussiert.

Gelegentlich wird Transformative Justice im Kontext von Restorative Justice diskutiert, eine alternative Gerechtigkeits- und Konfliktmediations-Methode mit Wurzeln in indigenen Gerechtigkeitspraxen in Nordamerika und Australasien und in Afrikanischen Konzepten von Ubuntu. Diese Ansätze betonen Interdependenzen, also Wechselwirkungen, Angewiesenheit und Verbindungen als eine Basis von Gerechtigkeit. Sie üben eine Kritik am traditionellen Justizsystem, das Gewalt als eine Verletzung eines Gesetzes versteht. Stattdessen versteht Restorative Justice Verbrechen eher als zwischenmenschliche Verletzung. Die Methoden der Restorative Justice wurden in den USA durch radikale, *weiß* dominierte christliche Gruppen wie den Quäkern und Mennoniten verbreitet und werden zunehmend als Ersatzverfahren in den Justizsystemen der USA, Großbritanniens und Australiens benutzt, besonders im Kontext des Jugendstrafrechts. Als Restorative-Justice-Aktivist*innen in den USA auf der Suche nach Möglichkeiten einer gemeinschaftlichen, community-basierten Verantwortungsübernahme im Fall von Gewalt waren, prüften sie Alternativen in ihren eigenen Communitys, unter anderem in indigenen Communitys. Dabei fanden sie in der Restorative Justice einige wichtige Elemente: die Abwendung von einem straforientierten Modell, das Gerechtigkeit als Vergeltung definiert, und stattdessen die Hinwendung zu und Fokussierung auf Wiedergutmachung und Bearbeitung zerbrochener Beziehungen. Transformative-Justice-Praktiker*innen haben infolge der Kritik indigener Frauen* und Feminist*innen an Restorative Justice eigene Kritikpunkte entwickelt und daraus resultierend eigene Schwerpunkte gesetzt. Dabei geht es vor allem darum, dass der Mediationsansatz der Restorative Justice den speziellen Dynamiken bei sexualisierter Gewalt und Beziehungsgewalt oft nicht gerecht wird und eine kritische Analyse von staatlicher und kolonialer

37 Kershnar, Sarah et al.: Toward Transformative Justice. A Liberatory Approach to Child Sexual Abuse and other forms of Intimate and Community Violence. A Call to Action for the Left and the Sexual and Domestic Violence Sectors. Selbstverlag 2007. S. 5. www.generationfive.org/wpcontent/uploads/2013/07/G5_Toward_Transformative_Justice-Document.pdf (30.7.2018), Übers. d. Autorinnen.

Gewalt und gesellschaftlichen Unterdrückungsverhältnissen vernachlässigt wird – mit teilweise gravierenden Konsequenzen für die Betroffenen und ihre Sicherheit. *GenerationFIVE* stellt z.B. fest, dass die Bezeichnung ›restorative‹ unterstellt, dass es darum geht, ein aufgrund eines Schadens aus dem Gleichgewicht geratenes System wiederherzustellen. Im Gegensatz hierzu argumentiert *GenerationFIVE*, dass es ein solch vermeintliches Gleichgewicht nie gegeben hat und dass es erst durch Transformation hergestellt werden müsste.

Community Accountability als kollektive Verantwortungsübernahme stellt für uns den Rahmen dar, in dem die Transformative Arbeit mit der gewaltausübenden Person stattfindet und der zu ihrem Gelingen beiträgt. Die Arbeit mit der gewaltausübenden Person in Hinblick auf ihre*seine Verantwortungsübernahme und Verhaltensänderung bezieht sich auf einen gemeinschaftlichen Prozess, der primär die Unterstützung der betroffenen Person übernimmt und als übergeordneten Rahmen die Auseinandersetzung des gesamten Umfeldes umfasst.

Leitfaden für die Praxis

V. Arbeitsstrukturen und Kommunikation

Wir verstehen Transformative Arbeit mit gewaltausübenden Personen als einen Veränderungs- und Reflektionsprozess, bei dem die gewaltausübende Person von sich aus Verantwortung für ihr*sein Handeln übernehmen und sich aktiv verändern möchte. Wir denken, solche Prozesse sind am erfolgreichsten, wenn sie von dem Umfeld der gewaltausübenden Person unterstützt werden. Unserer Meinung nach sollte im Idealfall die Transformative Arbeit mit gewaltausübenden Personen in einen größeren Rahmen von Präventions-, Unterstützungs- und politischer Arbeit eingebettet sein. Die Kooperation und Verantwortungsübernahme zwischen den beteiligten Gruppen und Einzelpersonen ist ausschlaggebend für ein Gelingen der Arbeit. Jede Transformative Arbeit gestaltet sich unterschiedlich. Die jeweiligen Abläufe, Schwerpunkte und der Austausch im Transformativen Arbeitsprozess werden immer situativ entwickelt und geplant. Was wir hier anbieten, ist ein Leitfaden, bzw. eine Grundstruktur, in der alle vier Bereiche des Ansatzes der kollektiven Verantwortungsübernahme zusammenwirken: Unterstützung, Verantwortungsübernahme, Prävention/Aufarbeitung in der Community und politische Veränderungen (siehe Kapitel IV.3, Abschnitt »Community Accountability als kollektive Verantwortungsübernahme und Transformative Justice als Transformative Gerechtigkeit«).

Wir raten dazu, wenn die Kapazitäten es zulassen, diese verschiedenen Aufgaben auf mehrere kleinere Gruppen zu verteilen, die durch klare sowie verbindliche Kommunikationskanäle miteinander verbunden sind. Eine solche Aufteilung der verschiedenen Aufgaben, Rollen und Verantwortungsbereiche soll dazu dienen, diesen komplexen Prozess möglichst klar zu strukturieren und für die beteiligten Personen überschaubar zu machen.

Die Aufteilung in die vier Bereiche hat zudem den Vorteil, dass Personen, die sich nicht vorstellen können, in die Unterstützungsarbeit oder in die Transformative Arbeit konkret miteinbezogen zu werden, sich in der Präventions- oder Bildungsarbeit engagieren und damit die mit einer Gewalthandlung verbundenen Aspekte losgelöst von der konkreten Situation thematisieren können. Darüber hinaus können sie die Verantwortung für eine Auseinandersetzung im Umfeld oder der Community übernehmen, indem sie die Strukturen und Bedingungen innerhalb der Community hinterfragen und reflektieren, welche zu der Gewaltausübung beigetragen haben, also inwiefern ihr*sein (Nicht-)Verhalten die verübte Gewalt begünstigt, ausgeblendet oder toleriert hat.

Dabei ist es wichtig, dass die Gruppen ihre Kapazitäten gut einschätzen und ggf. Prioritäten setzen, um sich nicht zu überfordern. Sind die Kapazitäten einer Community beschränkt, sollte grundlegend darauf geachtet werden, dass die geplante Transformative Arbeit nie auf Kosten der Unterstützungsarbeit mit einer betroffenen Person stattfindet, also weniger Personen oder Kapazitäten als notwendig für ihn*sie zur Verfügung stehen. Denn auch wenn der Ansatz der Community Accountability die vier verschiedenen Bereiche umfasst, so steht die Unterstützungsarbeit im Zentrum und stellt den Ausgangspunkt für die Gestaltung der anderen Bereiche dar. Gemäß des Ansatzes der Definitionsmacht und unseres Verständnisses von Community Accountability müssen die Perspektiven und Erfahrungen der Personen und Communitys im Zentrum stehen, die von Unterdrückungsverhältnissen und Gewalt negativ betroffen sind. Darüber hinaus kann es darum gehen, dass alle Beteiligten in der Community (Unterstützer*innen und Umfeld) sich in der Gruppe reflektieren und fortbilden, um einen achtsamen und machtsensiblen Umgang miteinander zu entwickeln.

Die folgenden Vorschläge für eine inhaltliche Gewichtung und zeitliche Abfolge können je nach Situation, Gesamtzusammenhang und Bedürfnissen der beteiligten Personen und vor allem der betroffenen Personen sehr unterschiedlich ausgestaltet werden, insbesondere in Hinblick auf die Reihenfolge und die Länge des Prozesses. Wir beschreiben hier einen Idealfall, in dem eine gemeinschaftliche Verantwortungsübernahme bzw. ein gemeinschaftlicher Umgang nach einer Gewaltsituation von einer betroffenen Person und ihren Unterstützer*innen angestoßen wird. Da der Umgang mit Gewalt auf viele Menschen jedoch erschöpfend oder überfordernd wirkt, wird ein solcher Prozess der Auseinandersetzung selten in vollem Umfang durchgeführt oder mitgemacht. Wenn ihr an einer Transformativen Arbeit in Bezug auf einen konkreten Gewaltfall interessiert seid, ihr jedoch keinen Kontakt zu der betroffenen Person bzw. ihren*seinen Unterstützer*innen habt, empfehlen wir, dass ihr zusätzlich zu diesem auch das folgende Kapitel, »Kommunikation mit der betroffenen Person und Unterstützer*innen« lest.

1. Austausch und Planung im Vorfeld

Es wäre wünschenswert, wenn sich Umfelder bereits bevor es dazu kommt, dass eine konkrete Gewaltausübung bekannt wird, über Folgendes sprechen und sich darüber verständigen:

- Welches Verständnis haben wir von verschiedenen Formen von Gewalt und Diskriminierung? Aus welchen Kontexten beziehen wir unser Wissen und unsere Erfahrungen über Gewalt und Diskriminierung in der Gesellschaft? Was wollen wir noch lernen?
- Was motiviert uns als Umfeld, gegen sexualisierte Gewalt aktiv zu werden (auf politischer, historischer, emotionaler, ethischer oder spiritueller Ebene)? Welche Werte/Praxen/Traditionen gibt es bereits in unserem Umfeld, welche zu einem nicht gewalttätigen Miteinander beitragen und welche wir stärken können? Wie können wir Verantwortung füreinander und für ein nicht gewaltättiges Miteinander im Alltag umsetzen?
- Wie schaffen wir Raum, damit betroffene Personen ihre Geschichten erzählen können? Gibt es Leute im Umfeld, die dafür ansprechbar wären?
- Wie gehen wir mit einer sexualisierten Gewalthandlung konkret um?
- Wie können wir bereits im Vorfeld sexualisierte Gewalt minimieren oder verhindern – auf Partys, im öffentlichen Raum (z.B. in der U-Bahn), in problematischen Beziehungen, zwischen Freund*innen, zwischen Chef*in und Mitarbeiter*in am Arbeitsplatz? (Welche Formen von sexualisierter Gewalt in einem Umfeld passieren könnten, hängt auch von dem Umfeld und den Machtverhältnissen in diesem ab.)
- Welche Ressourcen und Kapazitäten gibt es bereits in der Community, welche stehen sowohl für die Unterstützungsarbeit, als auch für die Transformative Arbeit zur Verfügung? Mit welchen weiteren Gruppen, Unterstützer*innen, Trainer*innen oder Verbündeten können wir uns vernetzen, um die notwendigen Ressourcen zu entwickeln?
- Wer könnte nach einer Gewalthandlung Unterstützung oder Begleitung für die betroffene Person anbieten? Welche Skills müssen diese Personen erwerben, um auf eine solche Arbeit vorbereitet zu sein?
- Wie könnte die Kommunikation im Umfeld und zwischen den involvierten Personen nach einer Gewalthandlung gestaltet werden?

- Wie können wir mit einer gewaltausübenden Person umgehen? Ist ein Prozess der Transformativen Arbeit eine Möglichkeit? Welche Ängste und Gefühle haben wir dazu? Welche Skills und Erfahrungen müssen erworben werden, um Transformative Arbeit anbieten zu können?

2. Unterstützungsarbeit nach einer Gewalthandlung

Nach einer kürzlich ausgeübten Gewalthandlung oder der Benennung einer länger zurückliegenden Gewalthandlung steht die Unterstützung der betroffenen Person an erster Stelle. Diese wird prioritär organisiert. Die Sicherheit und die Selbstbestimmung der betroffenen Personen stellen den Kern eines jeden Prozesses einer kollektiven Verantwortungsübernahme dar. Anregungen und weitere Informationen für solch eine Unterstützungsarbeit finden sich in den Büchern *Antisexistische Awareness* und *Antisexismus_reloaded*[38] sowie in den Broschüren *Unterstützung geben* von LesMigraS aus Berlin und *Wegbegleitung* des AstA der Universität Hamburg.[39] Die Broschüre von LesMigraS beispielsweise legt den Schwerpunkt darauf, wie Unterstützung durch das Umfeld aussehen kann. Unterstützung kann von Freundeskreisen, von selbstorganisierten Gruppen, in Selbsthilfegruppen, vom Umfeld oder von professionellen Einrichtungen oder Therapeut*innen gegeben werden. Wir empfehlen eine breite Unterstützungsstrategie, in der verschiedene Unterstützungsangebote zusammengebracht werden, sodass sie einander ergänzen. Kollektive Unterstützung versucht, gemeinsam betroffenen Personen mehr Möglichkeiten zu schaffen, als diese alleine hätten. Teil der Unterstützung ist es, dass die betroffene Person und die Unterstützer*innen sich gemeinsam darüber klar werden, wer kontaktiert werden soll, was angestoßen werden

38 Ann Wiesental: Antisexistische Awareness. Ein Handbuch. Münster: Unrast 2017. re.ACTion (Hg): Antisexismus_reloaded. Zum Umgang mit sexualisierter Gewalt – ein Handbuch für die antisexistische Praxis. 3 Aufl. Münster: Unrast 2007.

39 LesMigraS Antigewalt- und Antidiskriminierungsbereich der Lesbenberatung Berlin e.V.: Unterstützung geben. Handlungsmöglichkeiten im Umgang mit Gewalt und Diskriminierung. Selbstverlag 2011. https://lesmigras.de/tl_files/lesmigras/Tapesh/LM_Broschuere_Tapesh_UnterstuetzungGeben.pdf.
Drei Broschüren von Navina Nicke: Aufbruch. Information für Betroffene von sexualisierter Gewalt; Wegbegleitung. Information zur Unterstützung von Betroffenen von sexualisierter Gewalt; Kompass. Gegen sexualisierter Gewalt – für einen besseren Alltag! 2. Aufl. Selbstverlag 2018. http://unterstuetzerinneninfo.blogsport.de/.

soll und welche Schritte unternommen werden sollen. Einige Wünsche können sich an Freund*innen und Unterstützer*innen richten, anderen an die gewaltausübende Person oder auch an Menschen aus dem Umfeld (die z.B. die Gewalt begünstigt haben).

Dabei ist zu berücksichtigen, dass betroffene Personen meist etwas Zeit benötigen, um sich ihrer Bedürfnisse bewusst zu werden oder um klare Forderungen zu formulieren, ebenso können sich Forderungen mit der Zeit ändern oder weiterentwickeln. Manchmal haben betroffene Personen nach Gewalt-Situationen/-Erfahrungen Erinnerungslücken, sie verdrängen Teile des Erlebten oder spalten diese ab oder die Wahrnehmung und Einschätzung der Gewaltsituation verändern sich mit der Zeit. Deswegen kann sich die Benennung der Gewalt durch die betroffene Person, ihre*seine Definition, auch nach Jahren immer wieder verändern. Es gibt hier kein richtig oder falsch, die eine Definition ist nicht richtiger als eine ältere oder neuere Definition, alle Definitionen sind zu ihrer Zeit richtig.

Es folgt ein Arbeitsblatt, das dabei helfen soll, die Unterstützung von betroffenen Personen kollektiv zu organisieren. Die betroffene Person schreibt in der mittlere Spalte auf, welchen Unterstützungsbedarf sie*er hat, und in der linken Spalte kann sie*er dazu wichtige Details oder Bedingungen ausführen. Zuletzt können Personen aus dem Umfeld überlegen, was sie beitragen können und auf der rechten Seite ihre eigenen Details und Bedingungen zu ihren Angebote eintragen.

Das Arbeitsblatt hilft Menschen dabei, mit Freund*innen, ihrer Familie oder Genoss*innen über ihre Bedürfnisse zu reden und gemeinsam kollektive Strategien zu entwickeln, wie sie mit ihrer jeweiligen Lage umgehen können. Gemeinsam zu handeln hat Vorteile: Alle sind informiert und haben den Überblick. Die Unterstützer*innen fühlen sich weniger alleine; alle können ihre Grenzen und ihre eigenen Bedürfnisse besser äußern, wenn sie wissen, dass es mehrere Leute mit mehreren Unterstützungsangeboten gibt. Die Arbeit wird auf mehreren Schultern verteilt.

Tabelle 1[40]

angefragt		angeboten	
Details & Bedingungen	**Unterstützung**	**Details & Bedingungen**	**Wer?**
Komm mit mir zu Wildwasser…	Zu Terminen begleiten	donnerstags habe ich frei	M.
	Zuhören		
	Übernachtungsmöglichkeit	Gästezimmer	Jo
	Essen vorbereiten		
Hilfe mit Papiere	Übersetzung		
	Umarmen und Körperkontakt		
	Kinderbetreuung	Nur am Wochenende	R.
	beim Umzug helfen		
Ausflug	Spaß haben!		
	Hilfe mit Finanzen/einen Plan machen		
	Hilfe mit Lebensplanung		
Mit meiner Vermieterin sprechen	Kommunikation mit anderen Menschen/Gruppen übernehmen		
	Geld ausleihen		
	mich an Termine und Absprachen erinnern und dass ich mich daran halte		

40 inspiriert und adaptiert von der »A little help from my friends Support Planning Checklist« In: Burke, Connie; Selma Al-Aswad Dillsi, Selma; Crager, Meg (Northwest Network of Bi, Trans, Lesbian, and Gay Survivors of Abuse): It Takes a Village, People! Advocacy, Friends & Family, & LGBT Survivors of Abuse. Und von einem ähnlichen, informellen Tool von LesMigraS, Antidiskriminierungs-und Antigewaltbereich der Lesbenberatung Berlin e.V., das intern genutzt wird.

3. Wen vom Umfeld einbeziehen?

Die betroffene Person und ihre*seine Unterstützer*innen können entscheiden, wer sich mit dem Geschehenen, der Gewaltgeschichte, deren Effekten und den Bedürfnissen und Forderungen der betroffenen Person auseinandersetzen soll. Wenn der Wunsch besteht, das Umfeld und/oder die gewaltausübende Person zu involvieren, kann dieses Anliegen in unterschiedlichen Formen an diese herangetragen werden – sei es als Teil des gemeinschaftlichen Prozesses mithilfe einer Tranformative-Arbeit-Gruppe (TA-Gruppe) oder mithilfe eines Treffens mit Personen aus der Unterstützungsgruppe oder in Form einer Konfrontation bzw. Ansprache an die gewaltausübende Person.

Das Benennen von Gewalt, das Brechen des Schweigens durch die betroffene Person und die beginnende Unterstützungsarbeit werden meist nicht im Vorhinein geplant und finden somit nicht geordnet gemäß eines Leitfadens statt, sondern erfolgen oft spontan und in Unklarheit darüber, was denn jetzt genau zu tun ist. Wenn in einem Umfeld Gewalt bekannt wird oder wenn über stattgefundene Gewalt gesprochen wird, kann es Gerüchte geben und Leute können über sehr unterschiedliche Informationen zu dem Stattgefundenen verfügen. Oft haben einige den Eindruck, dringend etwas tun zu müssen, während andere selbst in eine Krise geraten können. Oft fühlen sich Menschen aus dem Umfeld in dieser chaotischen Zeit unter Druck, sich schnell zu positionieren oder Loyalität zu der einen oder anderen Person auszudrücken, was zu Polarisierungen führen kann. Manchmal wird die betroffene Person aus dem Umfeld ausgeschlossen, weil manche nicht wissen, wie sie mit ihm*ihr umgehen sollen, was sie sagen oder für sie*ihn tun sollen. Wir empfehlen, dass sich jede*r zunächst einmal selbst orientiert und sich der eigenen emanzipatorischen Werte bewusst wird. Es braucht sowohl Zeit, Geduld, Bescheidenheit, Empathie und Großzügigkeit auf allen Seiten, um achtsam mit der Situation umzugehen, als auch die Fähigkeit, Ambivalenzen und Unklarheiten auszuhalten. Es hilft, wenn Strategien entwickelt werden, um Dringlichkeit zu mildern oder zu deeskalieren. Das kann auch bedeuten, Zwischenlösungen zu schaffen, solange noch nicht klar ist, was die betroffene Person genau will und braucht, und damit Raum für einen langfristigen Prozess, der mit der Zeit erst langsam entwickelt wird, entstehen kann.

Zunächst muss von der Unterstützungsgruppe und der betroffenen Person entschieden werden, wer in den Prozess einbezogen werden soll und wie. Es könnte Fragen geben wie:

- Was wünscht sich die betroffene Person bezüglich Anonymität und Privatsphäre und wie können wir dies am besten umsetzen?
- Wem vertrauen wir möglicherweise private Informationen über die Gewaltsituation an?
- Wer sollte nicht involviert oder informiert werden (z.B. Vermieter*in) und wie können wir das erreichen?
- Gibt es Bekannte/Genoss*innen/Freund*innen/Familie, die der gewaltausübenden Person nahestehen und denen wir als Verbündete vertrauen können?
- Gibt es Leute im Umfeld, die Wissen über sexualisierte Gewalt haben und Bildungsarbeit im Umfeld machen können? Gibt es Leute im Umfeld mit Erfahrung zu Transformativer Arbeit oder Skills, die dafür hilfreich wären?
- Gibt es möglicherweise andere betroffene Personen oder Co-Betroffene, die wir zu dem Prozess einladen sollten? Wenn das so ist, wie können wir unterschiedliche Betroffenheiten und Bedürfnisse sensibel berücksichtigen und einbinden?
- Wer soll zusammenkommen und in welchen Konstellationen, um über die Gewalt zu reden (z.B. möchte die betroffene Person dabei sein oder möchte er*sie sich lieber vertreten lassen oder soll die gewaltausübende Person dabei sein, usw.)?
- Wie laden wir diese Leute zu einem Gespräch ein? Und wer kann solche Gespräche, wenn nötig, moderieren?

Meist bildet ein Umfeld oder eine Community zunächst keine klare Gruppe im Sinne einer klar abgegrenzten Gemeinschaft, die sich als verantwortlich füreinander versteht. Oft kommen solche Umfelder erst in Krisenmomenten nach einer Gewalthandlung zusammen und versuchen dann unter Druck und emotionaler Belastung, sich als verantwortliche Gemeinschaft herauszubilden. Daher kann der Austausch mit den verschiedenen Gruppen in einem Prozess der Community Accountability stabilisierend auf das

Umfeld wirken und neue Energien für einen gemeinschaftlichen Prozess freisetzen.

Die Unterstützungsgruppe und die betroffene Person können sich zusammen überlegen, was sie sich von einem Umgang mit dem Umfeld erwarten und welchen Umgang sie sich mit der gewaltausübenden Person wünschen. Eventuell stellen sie fest, dass zunächst Zwischenlösungen angestrebt werden müssen, weil die Situation heikel oder unklar ist. Möglicherweise sind noch nicht alle Informationen oder Wünsche bekannt – die betroffene Person hat vielleicht die Gewalt noch nicht benannt oder ihre*seine Forderungen noch nicht formuliert. Die gewaltausübende Person kann möglicherweise noch nicht alles nachvollziehen, insbesondere wenn die Gewalt unbewusst oder unabsichtlich ausgeübt wurde. Eine Zwischenlösung kann z.B. aus einer Trennung von Räumen oder Gruppen bestehen, um damit der betroffenen Person Raum zu geben, ihre*seine Bedürfnisse zu klären, und einen weiteren Prozess zu ermöglichen. Weitere Schritte sollten danach möglichst klar vereinbart und kommuniziert werden.

4. Einen gemeinschaftlichen Prozess anstoßen

Wenn es zu einem gemeinschaftlichen Prozess kommt, dann setzt sich z.B. die betroffene Person und/oder die Unterstützungsgruppe mit dem Umfeld und ggf. mit der TA-Gruppe zusammen und sie besprechen das weitere Vorgehen. Es könnte folgendes passieren:

- Es wird im Umfeld/in der Community nach Verbündeten für die kollektive Verantwortungsübernahme gesucht.
- Es werden Personen gesucht, die dazu bereit sind, sich in einer der Gruppen (Unterstützungsgruppe, TA-Gruppe und Umfeldarbeit) zu engagieren.
- Es wird eine TA-Gruppe gegründet.
- Es werden grundlegende Überlegungen dazu angestellt, wie die komplexen zwischenmenschlichen Beziehungen und Machtverhältnisse in dem Umfeld mitgedacht werden können und wie Personen für den Prozess sensibilisiert sowie in ihn eingebunden werden können.
- Es werden die Prioritäten, die Zeitabfolge und die Ziele eines gemeinschaftlichen Prozesses gemeinsam besprochen.

– Darüber hinaus werden die Prioritäten, die Zeitabfolge und die Ziele eines möglichen TA-Prozesses gemeinsam besprochen.

An dieser Stelle möchten wir hervorheben, dass unser Konzept der Transformativen Arbeit mit gewaltausübenden Personen für den Fall gedacht ist, dass gewaltausübende Personen freiwillig Verantwortung übernehmen möchten. Falls das nicht der Fall ist, findet ihr Gedanken von uns dazu in Kapitel VIII.

Wenn es in dem Umfeld Bereitschaft und Kapazitäten für einen gemeinschaftlichen Prozess gibt, kann es sinnvoll sein, dass eine Ansprechperson bzw. Ansprechgruppe gezielt die Verantwortung dafür übernimmt, eine gute und tragfähige Struktur für den Prozess zu entwickeln. Die Facilitators/Strukturbeauftragten sollten im besten Fall das Vertrauen aller beteiligten Parteien haben, das ist möglicherweise einfacher, wenn sie von außerhalb des direkten Umfeldes kommen. Sie können den Prozess z.B. moderieren und sich um den Fluss von Informationen kümmern, dafür sorgen, dass klare Absprachen getroffen werden und dass eine notwendige oder angemessene Transparenz zwischen den involvierten Personen/Gruppen und dem weiteren Umfeld/der Community geschaffen wird. Oft ist es herausfordernd und arbeitsaufwändig, die Kommunikation immer wieder aufs Neue herzustellen und aufrechtzuerhalten, weshalb es sinnvoll ist, dass eine Gruppe sich gezielt dieser Aufgabe annimmt. Des Weiteren könnte eine Verantwortung dieser Strukturbeauftragten darin bestehen, Supervisor*innen sowohl für den gemeinschaftlichen Prozess im Allgemeinen als auch für die TA-Gruppe im Besonderen zu finden oder Konflikte zwischen verschiedenen Parteien zu moderieren. Bei einer solchen Moderation ist es wichtig, dass diese Gruppe betroffenenparteilich und im intersektionalen Sinne parteilich mit Personen ist, die durch verschiedene Machtverhältnisse negativ betroffen sind. Daher sollte sie ihre Rolle nicht als eine ›neutrale‹ oder vermittelnde sondern als solidarische Instanz verstehen. Die Diskurse einer vermeintlichen Neutralität und Objektivität sind historisch innerhalb des Justizsystems und auch darüber hinaus oft benutzt worden, um Erfahrungen von marginalisierten Menschen, wie z.B. Frauen of Color, abzuweisen und auszublenden. Dies kann vor allem die Narrative und die Emotionen von marginalisierten Personen betreffen, die nicht als legitim angesehen werden und somit in ›neutralen‹ moderierten Prozessen nicht berücksichtigt werden. Wir arbeiten daher mit Parteilichkeit und Solidarität anstelle von Neutralität, die mit einem anderen Verständnis von Gerechtigkeit verknüpft sind.[41]

5. Zusammensetzung der TA-Gruppe

Wenn die gewaltausübende Person Verantwortung übernimmt und sich einen Transformativen Arbeitsprozess wünscht und es die Kapazitäten dafür gibt, dann sollte eine TA-Gruppe gebildet werden. Personen, die Interesse daran haben, mit der gewaltausübenden Person zu arbeiten, sollten längerfristig Zeit dafür einplanen. Wenn das Umfeld/die Community eher klein ist, können die einzelnen Gruppen auch aus nur zwei Personen bestehen, somit auch die TA-Gruppe. Es sollte vermieden werden, einen Verantwortungsbereich mit nur einer Person zu besetzen. Die Dynamiken und Prozesse sind zu komplex und umfangreich, um von einer Person alleine bewältigt werden zu können. Zudem ist es sinnvoll, immer mindestens eine weitere Person zu haben, mit der sich ausgetauscht, der Prozess reflektiert und bei dem*der Feedback eingeholt werden kann. Auch wenn sich die Personen/Gruppen noch nicht so gut auskennen, ist es im Zweifelsfall besser, etwas zu tun, als nichts zu tun und damit Verantwortung nicht zu übernehmen oder mit einem Schweigen den gewaltvollen Normalzustand zu stabilisieren. Solange sich um einen verantwortungsvollen Umgang bemüht wird, können auch Fehler in Kauf genommen werden, wenn diese dann reflektiert und Wiederholungen vermieden werden.

Die Personen, die diese Arbeit machen möchten, sollten sich im Klaren sein, dass es sich dabei um emotionale Arbeit handelt, welche die Aufarbeitung von Schmerz, schlechten Gefühlen und Trauma umfasst, und es daher nicht ausreicht, nur vom Kopf her die Verhältnisse verstanden zu haben. Personen, die Interesse und Kapazitäten haben, die gewaltausübende Personen in ihrer*seiner Transformation und Verantwortungsübernahme zu unterstützen, sollten sich einige Fragen stellen:

- Warum möchte ich die Transformative Arbeit begleiten?
- Was möchte ich dabei über mich selbst und über die Techniken der Arbeit lernen?

41 Für weitere Gedanken zu die Rolle von Facilitators/Strukturbeauftragten siehe »4.G. Working Together. How Do We Work Together as a Team?« des Creative Interventions Toolkits. http://www.creativeinterventions.org/tools/toolkit/. Abschnitt 4.G-1 – 4.G-37.

- An welchen Punkten muss ich für mich selbst noch arbeiten? Was könnte der Prozess bei mir auslösen, welche eigenen Erfahrungen können angetriggert werden? Wie kann ich Unterstützung und Selbstsorge für mich selbst organisieren?
- Welche Skills und Ressourcen habe ich und welche brauche ich? An welchen Stellen könnte ich möglicherweise die gewaltausübende Person schonen und vor ihrer*seiner Verantwortungsübernahme schützen, Ausreden der Person mittragen, die betroffene Person oder ihre*seine Unterstützer*innen verurteilen oder die Solidarität mit der betroffenen Person aus dem Auge verlieren?
- Wo setzte ich meine Grenzen für diese Arbeit?

Wir empfehlen, auch das Kapitel XII zur Haltung der TA-Gruppe zu lesen und dann zu entscheiden, ob du bereit bist, diese Haltung einzunehmen.

Wenn es nur wenige Menschen im Umfeld gibt, die sich die Transformative Arbeit vorstellen können, kann auch eine bereits existierende TA-Gruppe kontaktiert werden, um einen TA-Prozess zu beginnen.

In jedem Fall ist es sehr sinnvoll, sich um Unterstützung von außen zu bemühen und sich mit anderen Gruppen zu vernetzen. Diese Unterstützung kann sowohl selbstorganisiert als auch professionell sein, z.B. in Form von Beratungsstellen und Institutionen, die in einem professionellen Rahmen gewaltausübende Personen auf ihrem*seinem Weg der Veränderung begleiten. Die unterstützenden Gruppen können eine beratende Funktion einnehmen. Unsere bisherige Erfahrung zeigt, dass es für TA-Gruppen, die ausschließlich aus Menschen aus dem nahen Umfeld bestehen, schwerer ist, die nötige Distanz gegenüber der gewaltausübenden Person zu wahren, sich nicht innerhalb des Umfeldes aufzureiben und sich nicht in interne Konflikte verwickeln zu lassen. Die Unterstützung von außen kann auch durch Weiterbildungen oder Workshops erfolgen, um die bestehenden Ressourcen und Kapazitäten des Umfelds zu erweitern. Sich bereits frühzeitig um eine geeignete Supervision zu kümmern, die nicht zwangsläufig durch professionelle Supervisor*innen erfolgen muss, kann eine entscheidende Voraussetzung für einen gelingenden Prozess darstellen. In der Vor- und Nachbereitung von einzelnen Treffen, die so ggf. durch eine Supervision begleitet werden, können dabei auch regelmäßig die Auswirkungen der verschiedenen gesellschaftlichen Positionierungen, Privilegien und auch Diskriminierungserfahrungen der Personen aus der TA-Gruppe thematisiert und reflektiert werden. Wenn das Umfeld eher sozial homogen ist und die gewaltausübende Person Lebenserfahrungen und/oder Unterdrückungserfahrungen hat, welche durch das Umfeld nicht geteilt werden, kann in der Supervision deutlich werden, dass hier eine Leerstelle in der TA-Gruppe besteht und gezielt zu Gruppen und Kontexten, die solche Erfahrungen teilen, Kontakt aufgebaut werden sollte.

Wenn Personen von außen die Transformativen Arbeit übernehmen, sollten sie das Umfeld der gewaltausübenden Person besonders gut einbinden. Dadurch können sich vielfältige Möglichkeiten für den TA-Prozess ergeben, die einer außenstehenden Gruppe erst einmal nicht direkt zugänglich sind. Befreundete und vertraute Personen sprechen z.B. eine ähnliche Sprache, sodass auch Kritik, Fragen und Anregungen noch einmal anders kommuniziert und gehört werden können. Außerdem bietet eine enge Kooperation mit dem Umfeld die Möglichkeit, ein Feedback zur Arbeit sowie zu deren Auswirkungen sowohl auf die gewaltausübende Person als auch auf das Umfeld selbst zu erhalten. So kann im Prozess der Transformativen Arbeit immer situativ auf bestimmte Entwicklungen bei der gewaltausübenden Person und auch im Umfeld reagiert werden.

Wenn sich die Gruppe, die mit der gewaltausübenden Person arbeitet, direkt aus dem Umfeld heraus organisiert, sollte insbesondere auf ein ausgewogenes Verhältnis von Nähe und Distanz zur gewaltausübenden Person geachtet werden, damit eine parteiliche Haltung gegenüber der betroffenen Person immer im Vordergrund steht. Es kann daher hilfreich sein, wenn die Personen nicht alle aus einem Freund*innenkreis kommen, sondern aus verschiedenen Umfeldern, Freund*innenkreisen und/oder Gruppen und Organisationen, in denen sich die gewaltausübende Person engagiert. Zwar können Nähe und Freund*innenschaft das notwendige Vertrauen der gewaltausübenden Person und damit ihre*seine Offenheit für die Transformative Arbeit befördern. Zugleich können sie es jedoch erschweren, Grenzen zu setzen und aufrechtzuerhalten oder die eigenen Kapazitäten realistisch einzuschätzen. Wie bereits erwähnt, ist auch die Gefahr größer, sich aufzureiben oder in interne Konflikte des Umfelds verwickelt zu werden. Über die TA-Gruppe hinaus ist es wichtig, dass die gewaltausübende Person Menschen hat, mit denen er*sie sich austauschen kann und denen er*sie sich anvertrauen kann, weil er*sie die Veränderungen nicht völlig alleine vollziehen kann. Die gewaltausübende Person braucht einen Ort, um Zweifel, Schwierigkeiten und Ängste anzusprechen, wie: »Neulich wollte ich wieder die Betroffene anrufen, ich hab es dann aber doch gelassen und bin joggen gegangen.« Auch das Umfeld sollte immer mal wieder nachfragen: »Hältst du die Schutzraumforderungen weiterhin ein? Hast du manchmal den Impuls, sie zu übergehen und was tust du dann, wie gehst du damit um?«. Damit würde sich das Umfeld um einen verantwortungsvollen Umgang bemühen, in dem die Forderung nach Verantwortungsübernahme vor der Schonung der gewaltausübenden Person steht. Dazu gehört auch, die Person ggf. zu konfrontieren: »Ich hab dich in der letzten Zeit ein paar Mal Sprüche klopfen hören, die abwertend gegenüber den Unterstützer*innen sind. Was soll das?«. Dies kann einen wichtigen Beitrag darstellen, damit die gewaltausübende Person nicht wieder in alte Muster verfällt. Für das Umfeld ist es jedoch nicht immer einfach, einerseits ein offenes Ohr zu haben und zu signalisieren: »Du kannst mich bezüglich deiner Ängste und Schwierigkeiten ansprechen«, und andererseits auch kritische Nachfragen zu stellen. Die Personen des Umfelds sollten dabei ihre eigenen Grenzen achten und sich nicht zu sehr verausgaben. Auch hier ist es ratsam, dass sie sich Personen und Orte für eine emotionale Entlastung suchen. Das Umfeld ist ein wichtiger Bestandteil dafür, eine Veränderung über längere Zeit zu begünstigen. Die Transformative Arbeit wird irgendwann aufhören, das Umfeld bleibt.

VI. Kommunikation mit der betroffenen Person und den Unterstützer*innen

Der Prozess, den wir bisher beschrieben haben, stellt den Fall vor, dass die betroffene Person die Auseinandersetzung anstößt und es auch die Möglichkeit gibt, im Austausch mit der betroffenen Person den Prozess betroffenen-orientiert zu strukturieren. Allerdings ist das aus verschiedenen Gründen nicht immer der Fall, z.B. wenn die betroffene Person woanders wohnt, die Transformative Arbeit durch die gewaltausübende Person initiiert wurde, das Umfeld keine Lust auf einen gemeinschaftlichen Prozess hat oder es keine Kommunikationswege zu der betroffenen Person gibt. In diesem Kapitel beschreiben wir mögliche Umgangsweisen oder Kommunikationswege für den Fall, dass die betroffene Person nicht von Anfang an einbezogen wurde oder werden konnte. Wir beschreiben, was zu tun ist, wenn keine Zusammenarbeit mit der betroffenen Person möglich ist oder wenn keine Definition der Gewalt von der betroffenen Person vorliegt, und an welchem Punkt der TA-Prozess beendet oder verändert werden sollte.

1. Kontaktaufnahme

Nachdem sich die TA-Gruppe gebildet hat, sollte sie zeitnah Kontakt mit den Unterstützer*innen bzw. der betroffenen Person aufnehmen. Hier empfehlen wir, eine vertraute und erfahrene Person bzw. Personen als Facilitator/Strukturbeauftragte (mehr dazu, siehe Kapitel V.4, »Einen gemeinschaftlichen Prozess anstoßen«) dazuzuholen, die die Kommunikation zwischen den zwei Gruppen herstellen und moderieren kann. Die Kontaktaufnahme sollte inhaltlich klären, ob ein Kontakt oder kontinuierlicher Austausch und Zusammenarbeit gewünscht sind, ob es schon eine Definition oder Benennung der stattgefundenen Gewalt durch die betroffene Person gibt, ob es Wünsche oder Forderungen gibt, die die TA-Gruppe kennen sollte, und welche Wünsche oder Forderungen die Unterstützer*innen und die betroffene Person an die Transformative Arbeit haben. Auf der zwischenmenschlichen Ebene sollte die Kontaktaufnahme darauf ausgerichtet sein, Vertrauen zwischen den zwei Gruppen herzustellen und Solidarität mit der betroffenen Person zu zeigen. Beide Gruppen haben wichtige Perspektiven, zu denen die anderen keinen unmittelbaren Zugang haben können. Daher braucht es eine rücksichtsvolle Zusammenarbeit.

Wenn es mehrere betroffene Personen gibt und diese unterschiedliche Interessen und Prioritäten haben, wäre es hilfreich, einen sensiblen Konsens für alle betroffenen Personen zu finden.

Bei einer Zusammenarbeit mit der betroffenen Person und den Unterstützer*innen ist es wichtig, dass die betroffene Person (mit den Unterstützer*innen) bestimmt, was er*sie will und was nicht. Das beinhaltet z.B. die Art und den zeitlichen Rahmen der Zusammenarbeit, ob sie z.B. jede Woche oder alle drei Monate über den Stand der Arbeit informiert werden wollen, ob sie für Rückfragen zur Verfügung stehen, ob sie auch für konkrete Rückfragen, die die Gewaltsituation betreffen, zur Verfügung stehen, ob sie sich vorstellen können, den Ablauf der Gewaltsituation aufzuschreiben, ob sie sich vorstellen können, jede Gewalthandlung der gewaltausübenden Person konkret zu beschreiben – oder nicht. Wie immer gilt auch hier: Die betroffene Person/die Unterstützer*innen legen fest, wie viel sie preisgeben wollen und worauf sie sich einlassen wollen.

Dies ist insbesondere deswegen wichtig, weil das Erleben der Gewalt eine krasse Ohnmachterfahrung bedeutet und eine solche Ohnmacht nicht wiederholt werden soll. Die Handlungs- und Entscheidungsmacht liegt daher bei der betroffenen Person und den Unterstützer*innen.

2. Im Zentrum: Betroffenenperspektive und Kooperation mit den Unterstützer*innen

Die TA-Gruppe muss viele verschiedene Beziehungen verantwortungsvoll ausbalancieren: gegenüber der(n) betroffene(n) Person(en), den Unterstützer*innen, den Personen, die in den Prozess involviert sind, und gegenüber der gewaltausübenden Person. Weil die meisten Umfelder von unterschiedlichen Machtverhältnissen betroffen sind, muss es zudem einen verantwortlichen Umgang mit den verschiedenen Machtverhältnissen geben.

Die zentralen Ausgangspunkte für die Transformative Arbeit sind die Perspektive, Bedürfnisse, Interessen und Forderungen der betroffenen Person(en). Diese Grundlage sollte sich die TA-Gruppe immer wieder bewusst machen und die Arbeit immer wieder darauf beziehen. Diesen Fokus nicht zu verlieren, ist eine große Herausforderung für die TA-Gruppe. Weiter unten beschreiben wir Hilfsmittel, die es erleichtern, sich diesen Fokus immer wieder ins Bewusstsein zu rufen, wie z.B. mittels Supervision und Dokumentation. Für den Bezug auf die Betroffeneninteressen ist eine enge Kooperation mit den Unterstützer*innen der betroffenen Person hilfreich. Diese kann die TA-Gruppe auch zurückholen, wenn sie sich von den Betroffeneninteressen entfernen sollte. Im Kapitel XIII finden sich Ratschläge bei möglichen negativen Entwicklungen der Arbeit.

3. Definition, Forderungen und Zustimmung der betroffenen Person einholen

Zu Beginn der Transformativen Arbeit sollte die TA-Gruppe die Definition und die Forderungen der betroffenen Person erfragen. In einem gemeinschaftlichen Prozess des Umfeldes werden manchmal auch weitere Forderungen entwickelt, die in die Transformative Arbeit einfließen.

Bei der Kontaktaufnahme und dem Erfragen der Definition und der Forderungen ist ein äußerst sensibles Vorgehen erforderlich, da ein hohes Verletzungspotenzial vorhanden sein könnte. Hierbei ist es wichtig, verschiedene Aspekte auszubalancieren: Auf der einen Seite, zu gucken, wo die betroffene Person und die Unterstützer*innen gerade stehen, was ihnen wichtig ist und was sie wollen. Auf der anderen Seite auszuloten, inwieweit eine Zusammenarbeit gewünscht und möglich ist und ob die betroffene Person und die Unterstützer*innen bereit sind, Informationen zu geben, die für die TA-Gruppe hilfreich dafür sein können, die stattgefundene Gewalt einzuschätzen. Es kann sowohl sein, dass die Unterstützer*innen und betroffene Person sich stark in den TA-Prozess einbringen wollen, als auch anders herum, dass sie eher auf Distanz zum TA-Prozess gehen möchten und keine weitere emotionale Arbeit in Bezug auf die gewaltausübende Person leisten wollen. Diese Bedürfnisse sollen respektiert und der TA-Prozess entsprechend angepasst werden. Die TA-Gruppe einigt sich zunächst auf einen zeitlichen Rahmen für die Arbeit, welcher aber flexibel gehalten werden sollte, falls sich mit der Zeit Bedürfnisse ändern. Zudem sollte der Prozess ergebnisoffen gedacht werden: Es kann kein bestimmtes Ergebnis versprochen werden.

Es kann sein, dass es Forderungen oder Wünsche seitens der betroffenen Person gibt, die mit dem Ansatz der Transformativen Arbeit nicht vereinbar sind. Vielleicht sind sie unrealistisch, z.B. die gewaltausübende Person soll ihren*seinen Eltern von der Gewalt erzählen, jedoch hat die Person keinen Zugang mehr zu den Eltern. Vielleicht sind die Wünsche auch nicht mit den Werten der Transformativen Arbeit vereinbar, deren Hauptziel es ist, dass kein weiterer Schaden erzeugt wird. Um bei dem Beispiel zu bleiben: Vielleicht würde ein Gespräch mit den Eltern bedeuten, dass die Person gezwungen wird, sich zu outen oder sich mit eigenen Erfahrungen sexualisierter Gewalt in der Kindheit auseinandersetzen. In so einem Fall sollte ein wohlwollendes Gespräch mit den Unterstützer*innen und der betroffenen Person gesucht werden, in dem diese Grenzen ehrlich benannt werden (was nicht unbedingt mit einer Beurteilung der Wünsche oder Forderungen einhergehen muss). Es kann nach Wegen gesucht werden, um den hinter der Forderung stehenden Bedürfnissen über andere, realistischere Weisen gerecht zu werden.

Es ist eine gute Voraussetzung für die Transformative Arbeit, wenn die betroffene Person ihre*seine Zustimmung zu der Arbeit gibt: »Ich habe Kenntnis von eurer Arbeit und finde es sinnvoll, dass sie stattfindet.« Die Zustimmung der betroffenen Person gibt der TA-Gruppe Sicherheit für ihre Arbeit. Die betroffene Person sollte die Möglichkeit haben, den einzelnen Personen, die der TA-Gruppe angehören, zuzustimmen. Sieht die betroffene Person Gründe für potenzielle Konflikte oder Verletzungen in Bezug auf eine oder mehrere bestimmte Personen aus der TA-Gruppe oder in Bezug auf die Zusammensetzung und Konstellation, wird dies berücksichtigt und die Zusammensetzung entsprechend geändert.

4. Wunsch nach Mitmachen klären

Fand eine Kontaktaufnahme statt und hat die betroffene Person ihre*seine Zustimmung zur Transformativen Arbeit gegeben, so ist zu klären, wie die betroffene Person und die Unterstützer*innen in den TA-Prozess einbezogen werden wollen. Wir empfehlen hierzu ebenfalls Kapitel VII (zur Evaluation der Möglichkeiten, Gefahren und Kapazitäten bevor ein TA-Prozess beginnt) und Kapitel IX (zu den Schritten zur Planung und Organisation des TA-Prozesses) zu lesen.

Die betroffene Person und die Unterstützer*innen sollen über die weiteren geplanten Schritte informiert und ihr Feedback dazu eingeholt werden. So kann gefragt werden:

- Wie aktiv möchten die betroffene Person und die Unterstützer*innen sich bei den verschiedenen vorgesehenen Schritten einbringen?
- Möchten sie Vorschläge machen oder lieber Vorschläge von der TA-Gruppe bekommen?
- Möchten sie während der verschiedenen Schritte auf dem Laufenden gehalten werden oder lieber nachher die Resultate mitgeteilt bekommen?
- In welcher Form und mit welcher Regelmäßigkeit soll kommuniziert werden?
- Wünscht die betroffene Person keine Zusammenarbeit, aber begrüßt den Prozess?

Die Intensität des Austauschs kann sich mit der Zeit ändern und es sollten immer wieder Kommunikationskanäle für solche Änderungen offengehalten werden.

Obwohl es die Möglichkeiten der TA-Gruppe begrenzt, haben eine betroffene Person und deren Unterstützer*innen das gute Recht, nichts mehr mit der gewaltausübenden Person zu tun haben zu wollen, nichts mehr von ihm*ihr hören oder mitkriegen zu wollen. Wenn die betroffene Person/die Unterstützer*innen eine Zusammenarbeit ablehnen, ist das absolut zu akzeptieren.

5. Es liegt keine Definition der betroffenen Person vor

Es kann sein, dass keine Definition vorliegt, entweder weil es keine Definition von der betroffenen Person gibt, er*sie diese nicht mitteilen möchte oder weil die betroffene Person nicht bekannt oder erreichbar ist. Wenn dem so ist, verfügt die TA-Gruppe über keine bekannte Betroffenenperspektive und keine parteiliche Beschreibung oder Benennung der Gewaltsituation. Die gewaltausübende Person kann demnach auf sehr unterschiedliche Weise und mit unterschiedlicher Häufigkeit Gewalt ausgeübt haben, ohne dass dies in Erfahrung gebracht werden könnte. Es gibt hier keinen Anhaltspunkt: Die Beschreibung durch die gewaltausübende Person selbst ist kein ausreichender Bezugspunkt. Das meint nicht, dass die gewaltausübende Person bewusst lügt oder die Gewaltsituation bewusst falsch beschreibt. Doch die Perspektive der gewaltausübenden Person ist von derjenigen der betroffenen Person verschieden und die gewaltausübende Person kann nie wissen, was die betroffene Person in und durch die Gewaltsituation erfahren und erlebt hat – also was für die betroffene Person stattgefunden hat.

Transformative Arbeit ohne die Zusammenarbeit mit der betroffenen Person/den Unterstützer*innen bedarf besonderer Vorsicht und Aufmerksamkeit, da eine wichtige Perspektive wegfällt.

Wenn keine Definition und/oder Zustimmung vorliegt, ist die Arbeit in Bezug auf die spezifische Gewaltsituation eingeschränkt und die TA-Gruppe muss überlegen, inwiefern sie überhaupt mit der Person zusammenarbeiten kann. Es könnte dann sinnvoller sein, nur eine generelle Auseinandersetzung zu führen, z.B. über Verhaltensmuster, zukünftiges Verhalten, Unterdrückungsverhältnisse und die gesellschaftliche Positionierung der gewaltausübenden Person, Geschlechterrollen und Sexualität, Kommunikation in sexuellen Situationen. In dieser Situation ist eine regelmäßige Supervision der TA-Gruppe umso wichtiger, um eine parteiliche Perspektive beizubehalten.

6. Stopp!

Wenn die TA-Gruppe es zulässt, dass die gewaltausübende Person Rechtfertigungen oder Entschuldigungen benutzt, um der Verantwortung auszuweichen, dann ist ein Stopp angesagt. Wenn die politische und emanzipatorische Perspektive in der Arbeit verloren geht, ist ein Stopp angesagt. Wenn die Perspektive der betroffenen Seite, wenn Verletzung, Wut, Ohnmacht und Betroffenheit nicht genug transportiert werden können, ist ein Stopp angesagt: Die Arbeit muss grundlegend überprüft werden und eine Neuorientierung der Arbeit ist erforderlich (siehe auch Kapitel XIII, »Grenzen und Herausforderungen der TA-Arbeit«).

Wenn die betroffene Person/die Unterstützer*innen die TA-Gruppe ablehnen und nicht für gut befinden, sollte die Gruppe ihre Arbeit ebenfalls beenden. Vielleicht übersieht die Gruppe selbst wesentliche Aspekte und versteht nicht, warum ihre Arbeit aus der Betroffenenperspektive für nicht sinnvoll erachtet wird. Vielleicht findet die Gruppe dann andere betroffenenparteiliche Personen, die ihnen das erklären können. Es ist in jedem Fall nicht die Aufgabe der betroffenen Person oder der Unterstützer*innen, ihnen ihre Kritik/Vorbehalte zu erklären, wenn sie das nicht wollen.

VII. Einschätzen der Möglichkeiten, Gefahren und Kapazitäten

In diesem Kapitel bieten wir einige Fragestellungen an, mit denen sich die verschiedenen beteiligten Einzelpersonen und Gruppen auseinandersetzen können, um zu entscheiden, ob und wie Transformative Arbeit in der jeweiligen Situation angebracht ist. Hierzu orientieren wir uns an dem von *GenerationFIVE* erarbeiteten Fragenkatalog, den wir in den Ausführungen dieses Kapitels durch eigene Fragen und Kommentare ergänzt haben.[42]

Diese Einschätzung/Evaluation erfolgt erst dann, wenn sich im Umfeld im Zuge der kollektiven Verantwortungsübernahme die verschiedenen Gruppen bereits gebildet haben und diese eine Klarheit hinsichtlich ihrer Arbeit entwickeln konnten sowie eine grundlegende Situation der Sicherheit und des Empowerments für die betroffene Person gewährleistet ist. An diesem Punkt des Prozesses kann dem Bedürfnis der gewaltausübenden Person nach Verantwortungsübernahme und Veränderung oder dem Bedürfnis des Umfelds, mit der gewaltausübenden Person zu arbeiten bzw. sie*ihn zu konfrontieren, nachgegangen werden. Wir unterstützen das von *GenerationFIVE* erarbeitete Modell, demzufolge es nun notwendig ist, dass alle involvierten Personen kollektiv die spezifischen Möglichkeiten, Gefahren und Kapazitäten evaluieren, die sich aus der Arbeit mit der gewaltausübenden Person und ihrem*ihrem Umfeld ergeben können. An dieser Einschätzung oder Evaluation muss sich die betroffene Person oder die Unterstützungsgruppe nicht beteiligen, wenn er*sie das nicht will. In der Evaluation geht es darum, dass alle beteiligten Personen dazu eingeladen werden, bereits vor der konkreten Arbeit mit der gewaltausübenden Person über die Form und Angemessenheit der Transformativen Arbeit hinsichtlich der konkreten Situation nachzudenken. Damit sollen negative Dynamiken,

42 Kershnar, Sarah et al.: »3.5 Conducting assessment: Level of concern, opportunity, and capacity« In: Toward Transformative Justice. A Liberatory Approach to Child Sexual Abuse and other forms of Intimate and Community Violence. A Call to Action for the Left and the Sexual and Domestic Violence Sectors. Selbstverlag 2007. www.generationfive.org/wpcontent/uploads/2013/07/G5_Toward_Transformative_Justice-Document.pdf (30.7.2018). S. 39-42.

auf die wir in Kapitel VIII ausführlicher zu sprechen kommen, vorgebeugt werden: Nicht jede gewaltausübende Person ist per se bereit oder in der emotionalen Verfassung, sich an einem TA-Prozess zu beteiligen. Zudem können bestimmte Gewaltdynamiken derartig schwerwiegend sein, dass sie das Vermögen einer selbstorganisierten Gruppe, verantwortlich daran zu arbeiten, übersteigen können. Am Ende der Evaluation und möglicherweise nach einem ersten oder mehreren Treffen mit der gewaltausübenden Person geht es darum, eine Entscheidung seitens aller Involvierten zu treffen, wie der Umgang mit der gewaltausübenden Person aussehen kann und soll.

Durch die Auseinandersetzung mit den folgenden Fragen kann festgestellt werden, ob für die spezifischen Herausforderungen genügend Raum, Kapazitäten und Potenzial seitens aller involvierten Personen zur Verfügung steht, um den Prozess angemessen zu entwerfen, zu gestalten und auch fortwährend anzupassen. So kann ein tragfähiges Fundament für die anstehende Arbeit mit einer gewaltausübenden Person geschaffen werden.

1. Verständnis der Gewalt

Es ist wichtig, dass sich alle am Prozess beteiligten Personen dafür Zeit nehmen, sich bezüglich der Gewaltmuster und -dynamiken der gewaltausübenden Person sowie über Interventionsmöglichkeiten anlässlich der konkreten Situation informieren.

Mögliche Fragen zu Gewaltdynamiken und -mustern

- Handelt es sich um eine oder mehrere Gewaltsituationen? Welche Formen von Gewalt wurden wie/wann/wo angewandt?
- Informationen über die Gewaltsituation sollten zusammengetragen werden. Die Definition/Beschreibungen der betroffenen Person stehen dabei im Zentrum. Andere aus dem Umfeld können auch Informationen beitragen.
- In welche umfassenderen Dynamiken ist die aktuelle Situation sexualisierter Gewalt eingeschrieben?
- Bei Gewalt in partnerschaftlichen Beziehungen kommt es häufig vor, dass mehrere Formen von Gewalt, wie z.B. psychologische, finanzielle, emotionale, physische oder eben auch sexualisierte, zusammenhängen. Ist das hier der Fall?

- Hat die gewaltausübende Person eine längere Geschichte mit übergriffigem Verhalten bzw. Gewaltdynamiken, mit Manipulation oder dem Vermeiden von Verantwortungsübernahme?
- Wurde die gewaltausübende Person schon einmal mit einem Gewaltvorwurf konfrontiert oder wurde er*sie schon einmal dazu aufgefordert, sich damit auseinanderzusetzen, sich zu reflektieren und zu verändern?
- Gibt es weitere betroffene Personen, vielleicht auch in der Vergangenheit, oder gar Unterstützungsgruppen? Gibt es zurückliegende Gewalt, die nicht öffentlich gemacht wurde?
- Können eventuell ehemalige oder aktuelle Beziehungspartner*innen etwas beitragen und wie können sie sensibel in einen Prozess einbezogen werden?

Wenn die TA-Gruppe Informationen sammelt und Fragen im Umfeld der gewaltausübenden Person stellt, um sich ein Bild zu verschaffen, sollte sie dabei sehr behutsam vorgehen. Zum einen, um die Wünsche der betroffenen Person zu respektieren und ihre*seine Privatsphäre und ggf. den Wunsch nach Anonymität zu respektieren. Zum anderen, damit nicht Gerüchte gefördert werden und damit die gewaltausübende Person nicht abgeschreckt wird, kein Misstrauen entsteht und die Transformative Arbeit mit der gewaltausübenden Person nicht erschwert wird.

Die TA-Gruppe sollte sich hierbei auf mögliche Manipulationsversuche und auf Verantwortungsvermeidung durch die gewaltausübende Person vorbereiten, damit sie sowohl während der Evaluation als auch während der Transformativen Arbeit angemessen darauf reagieren kann. Das Netzwerk *INCITE!* hat eine ausführliche Liste solcher Verhaltensweisen zur Vermeidung der Verantwortungsübernahme seitens gewaltausübender Personen in linken politischen Bewegungen erarbeitet. Diese kann der TA-Gruppe dazu dienen, diese Strategien zu identifizieren und zu thematisieren. Wir haben diese Liste ins Deutsche übersetzt und sie mit unseren Vorstellungen eines verantwortlichen Verhaltens als Kontrastfolie zu diesen Vermeidungsstrategien ergänzt.

Tabelle 2[43]

Wie die Abwehr von Verantwortungsübernahme aussehen kann	Wie Verantwortungsübernahme aussehen kann
1) Verleugnung und Relativierung	**1) Annahme und Anerkennung**
Schweigen und Verleugnung: *»Ich habe nichts gemacht.« / »Was soll ich gemacht haben?«*	Entschuldigung: *»Es tut mir leid, dass ich dich verletzt habe.«*
Relativierung: *»Ich habe das nicht gewollt.« / »Ich werde es nie wieder tun.« / »Es war doch nur eine Kleinigkeit. So schlimm war es doch gar nicht.«*	Anerkennung der Auswirkungen: *»Ich sehe, dass du sehr verletzt bist durch das, was passiert ist.«*
Betonung, dass es nicht absichtlich war: *»Ich habe das nicht gewollt. Es ist nicht mein Fehler, wenn ich nicht wusste, dass ich deine Grenzen verletze.«*	Verantwortungsübernahme für unbeabsichtigte Handlungen: *»Ich möchte, dass du weißt, dass ich dich nicht verletzen wollte und dass ich nicht wusste, dass ich deine Grenzen verletzt habe, als es passiert ist.« / »Ich wusste nicht, dass diese Wörter dich belästigt haben. Ich denke, dass ich mich damit auseinandersetzen muss.« / »Ich möchte mir darüber bewusst werden, wie ich andere Personen beeinträchtige, damit ich eine andere Person nicht wieder unabsichtlich verletze.«*
Sexismus relativieren und verharmlosen, indem Sexismus als individuell, persönlich, privat / als Angelegenheit der Mittelklasse, der Bourgeoisie, *weißer* Feminist*innen oder als trennend / als sekundär zur ›wirklichen‹ Arbeit dargestellt wird: *»Lass uns auf unsere Arbeit fokussieren und nicht auf diese persönlichen Probleme.« / »Wir haben keine Zeit dafür.«*	Anerkennung, dass der Kampf gegen sexualisierte Gewalt zentral ist für jede politische Arbeit: *»Wir müssen uns damit auseinandersetzen und darauf fokussieren. Wenn wir die Sicherheit und die Gleichberechtigung nicht innerhalb unserer Gruppe gewährleisten können, wie können wir dann versuchen, die Welt außerhalb unserer Gruppe zu verändern?«*
Verharmlosung von Sexismus und sexualisierter Gewalt als ›normal‹: *»Wir befinden uns inmitten eines Kampfes und wir haben gerade ganz andere Probleme.« / »Das war keine sexualisierte Gewalt, sondern einfach nur ein Flirt.«*	Ernstnehmen von sexualisierter Gewalt

43 Der Text in der linken Kolumne »Wie die Abwehr von Verantwortungsübernahme aussehen kann« ist eine Übersetzung (an manchen Stellen mit veränderten Überteln) von dem Abschnitt »Tools for Maintaining Gender Oppression: Denial, Minimizing, Victim-Blaming, Counter-Organizing« In: INCITE! Women, Gender Non-Conforming, and Trans* People of Color Against Violence: COMMUNITY

2) Schuldzuweisung an die Betroffenen	**2) Respekt gegenüber der betroffenen Person und den Verbündeten**
Verleumdung und Schuldzuweisung an die betroffene Person: *»Du wolltest das doch.« / »Du hast doch nicht Nein gesagt.« / »Du hast es doch genossen.« / »Du hast mich doch dazu gebracht, dass ich es mache.« / »Sie ist doch eh eine Schlampe. Sie hat es verdient.« / »Glaubt ihr nicht. Ihr wisst doch, wie labil und unzurechnungsfähig sie ist.« / »Sie hat noch nie etwas für unsere Gruppe getan und nun möchte sie einfach etwas Aufmerksamkeit.«*	Trotz unterschiedlicher Wahrnehmungen: *»Wir stimmen zwar nicht in allem überein, aber ich respektiere ihre*seine Wahrnehmung und erkenne an, dass ich die betroffene Person sehr verletzt habe.« / »Ich habe zwar eine andere Wahrnehmung, wie alles zwischen uns abgelaufen ist, aber ich kann versuchen, Verantwortung dafür zu übernehmen.«*
Verleumdung und Schuldzuweisung an die Personen, die sich gegen Sexismus und sexualisierte Gewalt einsetzen: *»Das ist doch alles nur ein Versuch, mich aus der Gruppe rauszuschmeißen.« / »Diese Frauen sind doch alle männerhassende Lesben, Kontroll-Fanatikerinnen und die Szene-PC-Polizei.« / »Sie zerstören die Einheit der Gruppe. Sie sind Gegnerinnen der Bewegung und wollen sie doch nur spalten.«*	Einstehen für die betroffene Person: *»Hey, ich weiß, dass du mich gegenüber anderen Personen verteidigen möchtest, indem du Quatsch über die betroffene Person erzählst. Das brauchst du aber nicht zu machen. Denn er*sie hat schon genug Scheiße durchgemacht und braucht gerade unsere Unterstützung und nicht unsere Abwertung.«*
Sich selbst als die zentrale betroffene Person durch Täter*innen-Opfer-Umkehr darstellen: *»Ich bin ausschlaggebend für die Gruppe. Ihr könnt nicht ohne mich weiterarbeiten. Ich werde hier unschuldig angeklagt.« / »Ich werde durch diesen Prozess misshandelt.«*	Wertschätzung der Personen, die die Gewaltausübung zum Thema gemacht haben: *»Es ist wirklich sehr schwer für mich, damit umzugehen, und manchmal bin ich auch wütend darüber, dass intime Teile meines Lebens veröffentlicht werden. Aber ich verstehe, dass das, was ich getan habe, viele Menschen verletzt hat und dass wir uns damit gemeinsam als Gruppe auseinandersetzen müssen.«*
	Ausdruck von Gefühlen, wie z.B. Wut, Verletzung, Ohnmacht, Angst und Scham, aber auf eine Weise, welche diese Gefühle nicht mit denen von anderen Personen vergleicht oder gleichsetzt.

ACCOUNTABILITY WITHIN THE PEOPLE OF COLOR PROGRESSIVE MOVEMENT-Report. Selbstverlag 20014. S. 8-12. Wir als Gruppe (RESPONS) haben uns Zitate ausgedacht, die diese von INCITE! genannten Strategien gut erklären und als Ergänzung dienen. Der Text in der rechten Kolumne wurde von uns geschrieben.

3) Gegen-Mobilisierung gegen die betroffene Person	**3) Organisation der Transformativen Arbeit in Kooperation mit der betroffenen Person**
Drohungen: *»Ich werde dich bei der Polizei anzeigen.« / »Ich werde dich schlagen.« / »Ich werde dafür sorgen, dass du abgeschoben wirst.« / »Ich werde deinen Ruf und dein Ansehen ruinieren.« / »Ich werde deiner Familie sagen, dass du homosexuell lebst.« / »Ich werde zu deinem Arbeitsplatz kommen und eine Szene machen.« / »Ich werde dich verklagen.«*	Anerkennung der Bedürfnisse und Forderungen der betroffenen Person, wie z.B. Vereinbarungen zu Safer Spaces: *»Ich möchte selbstverständlich nicht aus dem Hausprojekt ausziehen, aber wenn es das ist, was du gerade brauchst, dann werde ich das machen.«*
Isolation: *»Zu wem willst du noch gehen? Du hast keine Freund*innen mehr.« / »Du bist die einzige Person, die mich versteht. Du kannst mich nicht verlassen. Gehe nicht zu deinen Freund*innen!«*	Vergewisserung, dass die betroffene Person weiterhin Kontakt und Zugang zu für ihn*sie wichtigen Personen und Orten hat: *»Ich weiß, dass es uns beiden wichtig ist, in Trans*-Räumen zu sein. Wie können wir sicherstellen, dass du dich dort weiterhin wohlfühlst? Können wir es arrangieren, dass du dich sicher fühlen kannst, wenn du weißt, dass ich nicht dort sein werde, wenn du da bist?«*
Entschuldigen: *»Ich habe das nicht gewollt.« / »Ich habe es nicht absichtlich gemacht. Mehr kann ich nicht tun.«* Sowie starke Abwehr, wenn die gewaltausübende Person zu mehr aufgefordert wird: *»Ich habe mich doch schon entschuldigt.« / »Habe ich nicht schon genug getan und gelitten?«*	Verstehen, dass eine Entschuldigung nicht das Ende eines Auseinandersetzungsprozesses darstellt, sondern eher den Anfang.
Manipulation: Weinen, um Zustimmung und Unterstützung zu bekommen / Reue vortäuschen / sich mit der betroffenen Person als Zeichen des ›guten Willens‹ treffen, um dann das Treffen dafür zu nutzen, ihn*sie auszufragen oder einzuschüchtern.	Ausdruck von Reue und Wunsch nach Transformation.

4) Innerhalb einer Gruppe	4) Innerhalb einer Gruppe
Belästigen, erniedrigen, anprangern, lästern, Gerüchte verbreiten und Ausschließen von Personen, die Sexismus und sexualisierte Gewalt zum Thema machen	Transparentmachen der Kommunikation, sodass kein Reden hinter vorgehaltener Hand notwendig bzw. möglich ist, sowie Nutzen einer möglichst gewaltfreien Kommunikation, um Gedanken und Bedürfnisse auszudrücken, ohne dabei Drohungen, Druck oder Bewertungen zu gebrauchen.
Zentrale und anerkannte Personen auf die eigene Seite bringen, um sich zu verteidigen und um sich gegen die Verantwortungsübernahme abzuschirmen: *»Ich kenne ihn*sie seit Jahren.« / »Das ist skandalös.« / »Er*Sie ist eine nette Person und hätte das niemals tun können.«*	Ehrlichkeit gegenüber anderen Personen, sodass sie über die Gewalthandlung Bescheid wissen und dass es einen Accountability-Prozess gibt, sowie Einsatz dafür, dass andere Personen verstehen, dass potenziell zwar jede Person sexualisierte Gewalt ausüben kann, dass aber jetzt ihre Unterstützung für den eigenen Accountability-Prozess benötigt wird, indem sie nicht einfach ein Verteidigungsverhalten an den Tag legen oder andere Personen beschuldigen.
Sich für die Gruppe aufopfern, um das eigene Ansehen zu verbessern und eigene Bedürfnisse durchsetzen zu können. Abwerten der Arbeit der betroffenen Person oder ihrer*seiner Verbündeten durch deren Isolierung und Anzweifeln ihrer*seiner Glaubwürdigkeit: *»Sie haben immer eine andere Meinung als der Rest der Gruppe, ist dir das schon einmal aufgefallen?« / »Sie machen nie etwas anderes, als die Gruppe zu kritisieren.«*	Aufgabe von zentralen Positionen in der Gruppe, wie z.B. verschiedene Aufgabenbereiche mit viel Außenwirkung oder Entscheidungsbefugnis, um dadurch auch eigene Energien und Kapazitäten für den Accountability-Prozess freizusetzen.

5) Innerhalb eines Accountability-Prozesses	**5) Innerhalb eines Accountability-Prozesses**
Manipulation des Engagements der Koordinator*innen des Accountability-Prozesses und deren Überzeugung, dass Veränderung möglich ist.	Ehrliches Thematisieren von Fragen, Ängsten, Widerständen und Emotionen.
Kontinuierliches Hinterfragen der Berechtigung der Forderungen der betroffenen Person und des Accountability-Prozesses: *»Ist das wirklich so wichtig? Ich verstehe nicht, warum wir so viel Energie da reinstecken müssen.« / »Dieser Prozess ist die reinste Inquisition.«*	Respektvoller Umgang mit allen Personen und ihren Bedürfnissen, sodass auch die eigene Person und die eigenen Bedürfnisse respektvoll behandelt werden.
Andere Personen der Gewalt und Diskriminierung beschuldigen, um die Aufmerksamkeit von sich selbst abzulenken: *»Aber diese Person ist doch auch rassistisch, wenn sie das sagt. Warum werde ich jetzt angeklagt?« / »Die Gewalt ging von beiden aus.«*	Beim Thematisieren der Gewalt- und Unterdrückungserfahrungen von anderen Personen und der eigenen geschieht dies auf eine Weise, durch die die eigene Auseinandersetzung mit dem Accountability-Prozess komplexer wird und nicht, indem der Fokus verschoben wird oder es eher der eigenen Entlastung dient. Andere Aspekte von Gewalt- und Unterdrückungserfahrungen können einen eigenen, spezifischen und getrennten Raum für eine tiefergehende und faire Auseinandersetzung benötigen.
Ausflüchte suchen, um nicht die Verantwortung übernehmen zu müssen: *»Aber in meiner Kindheit habe ich auch viel Scheiße erlebt.« / »Aber ich habe doch auch Gewalt erlebt.« / »Ich bin überarbeitet, gestresst und stehe kurz vor dem Burnout von dem ganzen Arbeiten für die Sache.«*	Eigene Gewalt- und Unterdrückungserfahrungen können als Motivation für den Accountability-Prozess dienen, indem sie immer an das eigene Engagement für ein Überwinden von Gewaltverhältnissen aufgrund des eigenen Wissens um deren drastische Auswirkungen erinnern; d.h. der Accountability-Prozess kann auch dazu dienen, Heilung für die eigenen Verletzungen zu erfahren.
Verlassen einer Gruppe, sobald die Forderung nach Verantwortungsübernahme besteht.	Es ist wichtig, an dem Accountability-Prozess dranzubleiben, auch wenn er langwierig und schmerzvoll ist!
Nutzen von Verzögerungstaktiken bis alle ausgelaugt sind: *»Es tut mir leid, aber ich habe gerade keine Zeit für einen Accountability-Prozess. Vielleicht im nächsten Monat?«*	Der Accountability-Prozess sollte als ein wichtiger Teil der eigenen politischen Arbeit und des Engagements angesehen werden.

6) Und es kann noch schlimmer kommen: wiederholte Gewaltausübungen	6) Und es kann noch transformativer werden: von einer gewaltausübenden Person zu einem*r Verbündeten
Personen, die wiederholt Gewalt ausüben, suchen sich gezielt Personen, von denen sie annehmen, dass sie sich nicht wehren, wie z.B. marginalisierte und verletzungsoffenere Personen oder Personen, die weniger Ansehen in einer Community haben.	Personen, die Verantwortung übernommen und ihre Verhaltensweisen verändert haben, können andere gewaltausübende Personen dazu ermutigen und dabei unterstützen, selbst mit einem Accountability-Prozess zu beginnen.
Diese gewaltausübenden Personen fragen andere Personen oder Gruppen, damit diese sie decken und verteidigen.	Diese Personen sind hinsichtlich ihres Accountability-Prozesses offen und ehrlich gegenüber ihrer Community und verstecken sich nicht.
Sie stellen sich als Mentor*innen von jüngeren oder weniger erfahrenen Personen der Gruppe oder Organisation dar, um diese Beziehungen auszunutzen und Gewalt an ihnen zu verüben oder um sie als potenzielle Kollaborateur*innen vorzubereiten, indem sie bestimmte Verhaltens- und Sichtweisen übernehmen.	Sie begleiten andere gewaltausübende Personen bei ihrem Accountability-Prozess. Sie verhalten sich weiterhin verantwortungsvoll gegenüber der betroffenen Person und gegenüber Einzelpersonen und Gruppen, die sich gegen Sexismus und sexualisierte Gewalt engagieren.
Sie streben nach zentralen Positionen mit viel Einfluss und Entscheidungsmacht in Gruppen und Organisationen, um Kontrolle über andere Personen ausüben zu können und um die eigenen Gewalthandlungen verdecken und fortsetzen zu können.	Sie sind offen und ehrlich mit potenziellen Intimpartner*innen hinsichtlich ihrer Gewalthandlungen. Sie halten sich weiterhin an die Forderungen der betroffenen Person und die getroffenen Vereinbarungen im Accountability-Prozess, wie z.B. hinsichtlich des Konsums von Alkohol und anderen Drogen. Sie nutzen alles, was im Bereich ihrer Einflussmöglichkeit liegt, um Community Accountability voranzubringen und um Gewalt zu überwinden.

2. Einschätzung der Situation im Umfeld der gewaltausübenden Person

Ein weiterer wichtiger Schritt in Richtung eines communityweiten Umgangs ist, die Situation im Umfeld, in der die Gewalt stattgefunden hat oder stattfindet, kennenzulernen. Hierbei geht es vor allem darum, der gewaltausübenden Person nahestehende Personen ausfindig zu machen, die dabei unterstützen können, dass die gewaltausübende Person Verantwortung für ihre*seine Handlungen übernimmt. Eine Einschätzung des Umfelds umfasst dabei auch, zu berücksichtigen, wie die gewaltausübende Person in gesellschaftlichen und zwischenmenschlichen Machtverhältnissen positioniert ist.

Konkrete Gewalt und bestehende Machtdynamiken im Umfeld

- Welche besonderen Machtdynamiken liegen im Umfeld der gewaltausübenden Person vor?
- Welche Macht und welchen Einfluss hat die gewaltausübende Person auf andere Personen?
- Wer kann dazu bewegt werden, die Verantwortungsübernahme und die Transformation von gewaltvollem Verhalten zu unterstützen?
- Welche Risiken gehen diese Personen ein, wenn sie versuchen, die gewaltausübende Person zur Verantwortungsübernahme zu bewegen?

Weiteres Umfeld und gesellschaftliche Positionen

- Wie ist die gewaltausübende Person gesellschaftlich positioniert?
- Wie können gesellschaftliche Privilegierungen oder Benachteiligungen von der gewaltausübenden Person als Vermeidungsstrategie genutzt werden?
- Wie ist die gewaltausübende Person institutionell verankert und in zwischenmenschliche Beziehungen eingebunden? Ist er*sie in leitenden Positionen oder ist er*sie eher isoliert und marginalisiert?
- Über welches allgemeine Ansehen verfügt er*sie in dem jeweiligen Umfeld? Ist er*sie in bestimmten Gruppen hoch angesehen und stark involviert oder ist er*sie eher wenig mit anderen Menschen verbunden?
- Wie kann dieses Ansehen oder ihr*sein Eingebundensein durch die TA-Gruppe konstruktiv für den Prozess der Verantwortungsübernahme genutzt werden?

- Wie kann dieses Ansehen oder ihr*sein Eingebundensein auch durch die gewaltausübende Person als eine Ressource für die eigene Transformation oder auch als Vermeidungsstrategie genutzt werden?
- Ist die gewaltausübende Person abhängig von anderen Personen, z.B. aufgrund der finanziellen Situation, wegen notwendiger Kinderbetreuung oder des Aufenthaltsstatus?
- Wie kann die TA-Gruppe achtsam mit möglichen Formen der Marginalisierung und Abhängigkeit der gewaltausübenden Person umgehen, damit zu deren Abbau beigetragen wird und sie in der Arbeit nicht als Druckmittel eingesetzt werden?

Suche nach Unterstützung

- Wo kann die TA-Gruppe wahrscheinlich Personen finden, die einen Verantwortungsübernahme-Prozess mittragen würden? (Personen, die der gewaltausübenden Person nahestehen und gleichzeitig über eine emanzipatorische Haltung und über ein tiefgehendes Verständnis von Gewaltdynamiken verfügen, bringen gute Voraussetzungen mit, um die Person fürsorglich und konsequent dabei zu unterstützen, Verantwortung zu übernehmen.)
- Welche Personen neigen wahrscheinlich eher dazu, die gewaltausübende Person vor Kritik zu schützen und Rechtfertigungen vorzubringen, wodurch es zu einer politischen Abwehr gegenüber der Unterstützungs- und der TA-Gruppe kommen kann? Oder wodurch Vermeidungsstrategien (un)bewusst verstärkt werden könnten?
- Welche Schritte kann die TA-Gruppe unternehmen, um für die konstruktive Arbeit Unterstützung zu erfahren und eine mögliche Abwehr zu minimieren?

Die Suche nach Verbündeten und die Identifizierung möglicher Hindernisse bedeutet, dass zunächst geschaut wird, welche Unterstützer*innen und Ressourcen in der Community bereits zur Verfügung stehen (Verbündete). Es geht jedoch auch darum, zu schauen, wer oder welche Beziehungen einer Intervention im Wege stehen oder sie sogar verhindern (Hindernisse). Außerdem bedeutet dies, sich mit den Personen zu beschäftigen, die ›auf der Kippe stehen‹ – also mit den Personen, die durch ein wenig Begleitung oder Unterstützung bessere Verbündete werden könnten. Diese Personen können für den TA-Prozess zwar zunächst hinderlich sein, aber nichtsdestotrotz über das Potenzial verfügen, Verbündete zu werden. Im Verlauf der Interventionen gegen Gewalt können Verbündete sehr unterschiedliche Rollen in der Community übernehmen. Sie können den von Gewalt betroffenen Personen ihre Unterstützung (praktisch, emotional etc.) zur Verfügung stellen; sie können zu dem TA-Prozess der gewaltausübenden Person konstruktiv beitragen; sie können andere Verbündete unterstützen, die tiefer in die Interventionen involviert sind oder ein größeres Risiko eingehen; und sie können die Interventionsgruppe in logistischer und zwischenmenschlicher Hinsicht unterstützen. Dieser Ansatz basiert auf der Annahme, dass – anstatt alleine zu arbeiten – gerade das kollektive Zusammenarbeiten mehr Unterstützung, Kraft, Ressourcen und gute Ideen mit sich bringt. Insgesamt beruht dieser Ansatz somit auf der Idee, dass Gemeinschaften eine Verantwortung darin haben, Gewalt gemeinsam zu beenden, und dass sie davon auch direkt profitieren, indem sie sichere und lebendige Communitys entstehen lassen.

Hilfreiche Fragen können hierzu z.B. sein:

- Wer kann durch ein wenig Unterstützung ein*e Verbündete*r werden?
- Welche Unterstützung benötigt er*sie dabei und wer kann ihm*ihr diese zur Verfügung stellen?
- Wer wirkt auf den ersten Blick wie ein*e potenziell gute*r Verbündete*r, kann aber für die Interventionen auch Probleme und Herausforderungen verursachen?
- Wer in der Community verfügt bereits über hilfreiche Fähigkeiten, wie z.B. Kommunikationstechniken, analytisches Denken in komplexen Situationen, Kompetenzen in der emotionalen Unterstützung, Networking oder auch Ressourcen, wie z.B. einen Rückzugsort, Auto, Moderationsmaterial etc.?

Anregungen hierzu kann die TA-Gruppe dem Kapitel »Mapping Allies & Barriers« des *Creative Interventions Toolkits* entnehmen, in dem Schritt für Schritt konkrete Empfehlungen für den Prozess, Verbündete im Umfeld zu finden und mit ihnen eine konstruktive Zusammenarbeit zu entwickeln, aufgelistet sind:[44]

44 »4.C. Mapping Allies & Barriers« des Creative Interventions Toolkits. http://www.creativeinterventions.org/tools/toolkit/. Abschnitt 4.C-1 – 4.C-35.

Tabelle 3

Verbündete von Accountability-Prozessen können Personen sein, die …	Personen, die für den Accountability- und Transformationsprozess hinderlich sind und dennoch die Intervention auf einem anderen Weg unterstützen können, können Personen sein, die …
der betroffenen Person nahe stehen.	in keiner oder lediglich in einer negativen Beziehung zu der gewaltausübenden Person stehen.
die gewaltausübende Person als einen Menschen ansehen, der grundlegend Respekt und Mitgefühl verdient.	Wut, Ekel, Zorn oder Verachtung gegenüber der gewaltausübenden Person bis zu dem Punkt empfinden, dass ihr Zugang zu der gewaltausübenden Person maßgeblich durch eine Bewertung, Kritik und Härte etc. geprägt ist.
selbst dann die schädlichen Auswirkungen der Gewalt verstehen, wenn sie mit der Wut, einer Verteidigungshaltung, den Tränen oder dem emotionalen Zusammenbruch der gewaltausübenden Person konfrontiert sind.	die schädlichen Auswirkungen der Gewalt minimieren oder verleugnen – und zwar gerade dann, wenn sie mit Anzeichen der Wut, einer Verteidigungshaltung, den Tränen oder dem emotionalen Zusammenbruch der gewaltausübenden Person konfrontiert sind.
klar und genau in ihrer Kommunikation sein können.	(1) durch die Reaktionen anderer Personen leicht aus dem Konzept gebracht werden können, (2) zu enormen Verallgemeinerungen neigen und (3) in ihrer Kommunikation unklar und ungenau sind.
ein Gefühl dafür haben, wann es an der Zeit ist, sich zurückzuhalten, um einer anderen Person den Raum oder die Zeit zu geben, um neue Informationen zu verarbeiten.	andere Personen harsch kritisieren, ihre Kritik um jeden Preis anbringen und dabei nicht merken, wenn (1) die andere Person nicht dazu in der Lage ist, mehr zu hören; oder wenn (2) ihre Kommunikation dem eigentlichen Ziel entgegensteht.
sich Unterstützung organisieren können, um einen Umgang damit zu finden, wenn sie von der gewaltausübenden Person abgelehnt oder zum (vielleicht neuen) Ziel ihrer*seiner Wut und Kritik werden.	wenn sie von der gewaltausübenden Person abgelehnt oder angegriffen werden, (1) mit einer Wut reagieren, durch die die Situation eskaliert; (2) sich nicht um Unterstützung kümmern und somit letztlich unfähig dazu sind, den Versuchen der gewaltausübenden Person, sich der Verantwortung zu entziehen, etwas entgegenzusetzen; oder (3) den Einschüchterungsversuchen, der Kritik oder anderen Formen der Vergeltung durch die gewaltausübende Person nachgeben.

ein Verständnis und Mitgefühl für die Emotionen und Erfahrungen der gewaltausübenden Person entwickeln können, ohne dabei der Billigung oder Unterstützung der ausgeübten Gewalt anheimzufallen.	ein Verständnis und Mitgefühl für die Emotionen und Erfahrungen der gewaltausübenden Person entwickeln und dies (1) mit einer Rechtfertigung der verübten Gewalt sowie (2) mit einer verstärkten Hinterfragung und Kritik des vermeintlich unangemessenen Verhaltens der betroffenen Person und ihrer*seiner vermeintlich ungenügenden Versuche, die Gewalt zu beenden, verknüpfen.
die gewaltausübende Person dazu motivieren können, sich gegenwärtig weder in der Community zu engagieren noch unabgesprochen eine Veröffentlichung vorzunehmen, sondern ihn*sie stattdessen dazu ermutigen, sich nicht zurückzuziehen und sich nicht von allen abzuwenden, sondern sich auf eine positive Veränderung einzulassen.	die die gewaltausübende Person lediglich dazu motivieren, ›die Wahrheit zu sagen‹, und es ihm*ihr dabei völlig selbst überlassen, herauszufinden, wie eine positive Veränderung erreicht werden kann.
einschätzen können, dass das Verhalten, das die gewaltausübende Person ihnen gegenüber zeigt – also in einer Situation der Ruhe und gegenüber Personen, die nicht Ziel ihres*seines kontrollierenden und gewaltvollen Verhaltens sind –, nicht widerspiegelt, wie sich die gewaltausübende Person in anderen Situationen verhält.	eine positive Verbindung oder einen konstruktiven Moment mit der gewaltausübenden Person erleben und somit zu dem Schluss kommen, dass aufgrund dieser Erfahrung das Verhalten der gewaltausübenden Person gar nicht ›so schlimm‹ gewesen sein kann.
klar und regelmäßig mit anderen Personen der Interventionsgruppe kommunizieren können – und zwar gerade auch dann, wenn es Meinungsverschiedenheiten oder einen Konflikt in der Gruppe gibt.	Meinungsverschiedenheiten oder einen Konflikt vermeiden, indem sie sich gegenüber der Kommunikation mit den anderen Personen der Interventionsgruppe verschließen und so die Intervention potenziell sabotieren.

3. Einschätzung der Gefahren und Risiken

Vor dem Beginn des konkreten TA-Prozesses ist es wichtig, die möglichen Risiken für alle beteiligten Personen, insbesondere für die betroffene Person, aber auch für die Unterstützer*innen und die Personen, die die Transformative Arbeit machen, einzuschätzen. Damit sind vor allem die physischen, emotionalen, beziehungsrelevanten und ökonomischen Gefahren gemeint.

Bezüglich der unmittelbaren Gefahren für die beteiligten Personen im Prozess könnten folgende Fragen hilfreich sein:

- Folgt aus den bisher in Erfahrung gebrachten Details aus den Beschreibungen der konkreten Gewaltsituation oder der Geschichte der gewaltausübenden Person, dass er*sie vorsätzlich und/oder wiederholt Übergriffe begeht?
- Kann er*sie seine*ihre Privilegien oder ihr*sein Ansehen in der Community dazu nutzen, um anderen am Prozess beteiligten Personen zu schaden?
- Ist die betroffene Person weiterhin in einer Beziehungsform mit der gewaltausübenden Person und wenn ja, welche Gefahren ergeben sich für sie*ihn hieraus?
- Wenn die betroffene Person in keiner direkten Beziehung mehr mit der gewaltausübenden Person steht, ist zu fragen: Ist die gewaltausübende Person bekannt dafür, eine Tendenz zum Stalking, zu physischen oder psychischen Angriffen zu haben? Benutzt er*sie Waffen?
- Bestehen konkrete Drohungen physischer Übergriffe seitens der gewaltausübenden Person?
- Weist die gewaltausübende Person suizidale Tendenzen auf?
- Besteht die Gefahr, dass Abhängigkeiten, Verletzbarkeiten oder private Informationen der betroffenen Person ausgenutzt werden könnten, um sie*ihn einzuschüchtern oder zu bestrafen? So wäre es z.B. denkbar, dass einer betroffenen Person gedroht werden könnte, als queer oder trans* positionierte Person geoutet zu werden, wenn er*sie die verübte Gewalt thematisiert und Forderungen aufstellt. Geprüft werden sollte auch, ob er*sie den Aufenthaltsstatus, die Arbeitsstelle oder Karrieremöglichkeiten, Sozialleistungen oder die Wohnung verlieren könnte.
- Besteht die Möglichkeit, dass die gewaltausübende Person die Personen, die die Transformative Arbeit machen, bedroht, ihnen schadet oder sie stalkt, wenn der TA-Prozess scheitert?

Wir raten, die gewaltausübende Person nur zu konfrontieren oder ihr*ihm einen TA-Prozess nahezulegen, wenn diese Fragen diskutiert worden sind und ein Sicherheitsplan für alle beteiligten Personen entworfen worden ist.[45]

45 Anregungen hierzu kann die TA-Gruppe dem Kapitel »4.B. Staying Safe« des Creative Interventions Toolkits entnehmen. http://www.creativeinterventions.org/tools/toolkit/. Abschnitt 4.B-1 – 4.B-44.

4. Form und Grenzen der Transformativen Arbeit

Ein weiterer Aspekt der Evaluation betrifft die Entscheidung darüber, ob die konkrete Gewaltsituation angemessen von der TA-Gruppe bearbeitet werden kann oder nicht. Wenn die gewaltausübende Person vorsätzlich massive sexualisierte Gewalt ausgeübt hat und davon auszugehen ist, dass er*sie das wieder tun könnte, kann es sein, dass eine selbstorganisierte TA-Gruppe nicht der richtige Weg ist, um die gewaltausübende Person angemessen zu konfrontieren, zu kontrollieren und zu begleiten und die Sicherheit für alle Beteiligten zu gewährleisten, da sie nicht die notwendigen Ressourcen dafür hat. Bei dieser Einschätzung geht es nicht darum, die erfahrene Gewalt zu hierarchisieren, also nicht die eine Gewalt als schlimmer einzustufen als eine andere. Wie verletzend oder traumatisierend die stattgefundene Gewalt war, kann nur die betroffene Person beurteilen. Die Form der Transformativen Arbeit sollte aber an die ausgeübte Gewalt, das Verhalten und die Absichten der gewaltausübenden Person angepasst werden. Hier fließt auch ein, wie schwerwiegend die entsprechenden Verhaltensweisen der gewaltausübenden Person von der TA-Gruppe eingeschätzt werden, denn die Arbeit an den bestehenden Gewaltmustern beansprucht der jeweiligen Situation entsprechend einen anderen Rahmen und mehr Kapazitäten und Ressourcen, sodass der Intensitätsgrad der erforderlichen TA-Arbeit unterschiedlich hoch sein kann. Dies hat nicht zuletzt auch mit der Bereitschaft der gewaltausübenden Person zu tun, ihr*sein gewaltvolles Verhalten zu verlernen und aktiv Verantwortung zu übernehmen.

Unser Konzept bezieht sich dabei vor allem auf Verhaltensweisen, die unbeabsichtigt stattfanden, wie z.B. unbewusste und unabsichtliche Gewalthandlungen, die durch eine Arbeit an den Themen Zustimmung (Konsens), achtsame Sexualität, gesellschaftliche Machtverhältnisse sowie neuen und weniger gewaltvollen Handlungsmöglichkeiten problematisiert, hinterfragt und schließlich verändert werden können. Unser Konzept ist vor allem hierauf ausgerichtet und für gewaltausübende Personen gedacht, die eine Bereitschaft mitbringen, sich mit dem Geschehenen auseinanderzusetzen, und sie sich verändern wollen. Es richtet sich an gewaltausübende Personen, die keine aktuelle Gefahr darstellen.

Unser Konzept richtet sich hingegen nicht an Personen, die absichtlich und/oder geplant Gewalt ausgeübt haben.

Bei einem sexuellen Angriff, dem Gebrauch von physischer Gewalt, dem Ignorieren von offensichtlichen verbalen Aufforderungen, mit bestimmten Handlungen aufzuhören, gepaart mit dem Ausbleiben von Reue und Empathie, ist es möglich, dass die gewaltausübende Person bewusst und wiederholt Übergriffe begeht. Tief verwurzelte Muster von Manipulation, Machtausübung, Täter*innen-Opfer-Umkehrungen, Vermeidung von Verantwortung und Lügen können Hinweise darauf sein, dass die Probleme, mit denen die gewaltausübende Person gerade kämpft, die Kapazitäten einer selbstorganisierten TA-Gruppe übersteigen könnten. Dasselbe gilt für Gewaltdynamiken wie z.B. Beziehungsgewalt, die möglicherweise mehrere Formen der Gewalt umfassen und bereits über einen längeren Zeitraum stattfinden. Wir sind der Überzeugung, dass solche Muster geplanter oder bewusster Gewaltausübung sowohl die Kapazitäten einer TA-Gruppe als auch die Möglichkeiten des hier vorgeschlagenen Konzepts und seine möglichen Methoden übersteigt. Personen, die wiederholt Gewalt ausüben, benötigen wahrscheinlich eher die Erfahrungen, Möglichkeiten und Ressourcen von Professionellen, die mit solchen Situationen angemessen umgehen können. Wir hoffen jedoch, dass durch den Aufbau von TA-Gruppen und entsprechenden Netzwerken innerhalb unserer Umfelder die erforderlichen Erfahrungen, Fähigkeiten und Kapazitäten entstehen, durch die in Zukunft auch die Bearbeitung und Transformation von schwerwiegenderen Mustern der Gewalt möglich sein wird.

5. Einschätzung der Kapazitäten der TA-Gruppe

Einige Muster der gewaltausübenden Person können, auch wenn sie grundsätzlich im Rahmen der Transformativen Arbeit bearbeitet werden können, mehr Zeit und Energie beanspruchen, als sie der TA-Gruppe zur Verfügung stehen. Es können auch Situationen entstehen, in denen Ressourcen notwendig sind oder angefragt werden, die ihr womöglich nicht leisten könnt oder nicht leisten möchtet, etwa wenn ihr Methoden anleiten sollt, die ihr nicht beherrscht, z.B. zum Erlernen von Umgangsweisen mit Wut. Überfordernd oder unangemessen können euch auch Anfragen erscheinen, die drauf ausgerichtet sind, die Grundlage oder den Rahmen für die Transformative Arbeit überhaupt erst zu ermöglichen, wie z.B. der Wunsch oder die Notwendigkeit für die gewaltausübende Person, einen Job oder eine Wohnung zu finden oder einen Drogenentzug zu begleiten, damit er*sie sich überhaupt auf die Transformative Arbeit einlassen kann. Daher sollte die TA-Gruppe sorgfältig sowohl vor der konkreten Arbeit als auch immer wieder im Laufe des Prozesses ihre Kapazitäten und die Frage, für welche Aufgaben sie sich überhaupt zuständig fühlt, überprüfen.

6. Auswertung

Die betroffene Person kann nach der Evaluation zusammen mit den Unterstützer*innen und ggf. dem Umfeld und/oder der TA-Gruppe die Entscheidung treffen, wie der weitere Umgang mit der gewaltausübenden Person aussehen soll. Wenn es sowohl von der betroffenen wie von der gewaltausübenden Person Bereitschaft für einen TA-Prozess gibt, könnt ihr im Kapitel IX bezüglich weiterer organisatorischer Schritte weiterlesen. Falls bei der Evaluation keine Möglichkeit für die Verantwortungsübernahme und Veränderung durch die gewaltausübende Person zu erkennen war, müssen andere Schritte in Erwägung gezogen werden, diese führen wir im nun folgenden Kapitel aus.

VIII. Umgang mit der gewaltausübenden Person, wenn keine Transformative Arbeit möglich ist

1. Wechsel von der Transformativen Arbeit zur Schadensbegrenzung

Nicht jede gewaltausübende Person ist dazu bereit oder in der Lage, sich auf einen TA-Prozess einzulassen. Ein Festhalten an der Idee der Transformativen Arbeit kann zu einem Verlust von Zeit und Energie führen, wenn die gewaltausübende Person nicht wirklich daran interessiert oder dazu fähig ist, z.B. ihre*seine Ängste, Traumata und emotionalen Widerstände in Bezug auf eine Beteiligung am TA-Prozess zu überwinden. Wenn die betroffene Person und die Unterstützer*innen oder die TA-Gruppe nach ersten Treffen mit der gewaltausübenden Person die Entscheidung treffen, dass eine Transformative Arbeit nicht sinnvoll ist, kann ein Wechsel der Strategie hin zu einer Schadensbegrenzung stattfinden. Dann würden im gemeinschaftlichen Prozess der Verantwortungsübernahme die Kräfte nicht länger für die Transformative Arbeit mit der gewaltausübenden Person, sondern für die Eingrenzung ihrer*seiner Möglichkeiten, anderen Personen Schaden zuzufügen, eingesetzt werden. Dann stehen der Schutz und die Sicherheit der betroffenen Person und weiterer Personen im Zentrum.

Schadensbegrenzung kann zunächst darin bestehen, dass die betroffene Person und die Unterstützungsgruppe die Öffentlichkeit über die sexualisierte Gewalt informieren. Eventuell entscheiden sie sich auch dafür, nur einzelne Personen gezielt anzusprechen oder zu warnen, wie z.B. (zukünftige) Partner*innen der gewaltausübenden Person. Weitere Möglichkeiten der Schadensbegrenzung bestehen darin, gezielt zu intervenieren, wenn ein erhöhtes Risiko erneuter Gewaltausübung besteht, etwa auf Partys oder bei anderen Gelegenheiten, z.B. wenn die gewaltausübende Person Alkohol oder andere Drogen konsumiert, oder wenn die gewaltausübende Person andere Personen dazu ermutigt, Alkohol oder Drogen zu konsumieren, um sie verletzungsoffener zu machen. Solch eine Schadensbegrenzung betrifft selbstverständlich auch die Verminderung von Risiken für die betroffene Person selbst. Zum gemeinschaftlichen Prozess der Verantwortungsübernahme gehört, dass die betroffene Person zusammen mit der Unterstützungsgruppe überlegt, wer solche Aufgaben übernehmen könnte: die Unterstützungsgruppe selbst, andere Personen aus dem Umfeld oder eine extra dafür gebildete Gruppe, die sich für den Umgang mit der gewaltausübenden Person zuständig fühlt. Diese würde dann den Schwerpunkt auf die Einhaltung von Forderungen hinsichtlich der Sicherheit der betroffenen Person setzen und ggf. die gewaltausübende Person konfrontieren, wenn er*sie diese Forderungen nicht akzeptiert. Dies stellt unserem Verständnis nach keine Transformative Arbeit mehr im engeren Sinne dar, auch wenn daraus transformative Effekte für die gewaltausübende Person resultieren können.

2. Druck als Strategie

Die involvierten Personen können auch zu der Entscheidung kommen, den Druck auf die gewaltausübende Person zu erhöhen, damit er*sie die Forderungen der betroffenen Person anerkennt. Mit *GenerationFIVE* sind wir der Ansicht, dass sich Gruppen darauf vorbereiten sollten, die Strategie zu verändern und den Druck gegenüber der gewaltausübenden Person zu erhöhen, wenn diese die Wünsche und Forderungen der betroffenen Person nicht respektiert. Hierzu sind verschiedene Interventionsmöglichkeiten vorstellbar, die auch auf die persönlichen Beziehungen und das Ansehen der gewaltausübenden Person in der jeweiligen Community betreffen können: Von der Veröffentlichung über die Forderung nach einer räumlichen Trennung, sprich, dass die gewaltausübende Person die Räume verlässt, in denen die betroffene Person sich bewegt, über den Ausschluss der gewaltausübenden Person aus Gruppen und Zusammenhängen bis hin zur konsequenten Konfrontation der gewaltausübenden Person durch das Umfeld.

Wir verstehen solche Interventionen nicht als Strafe oder als Sanktion, sondern als Schutzmaßnahmen und als politische Strategien. Die Strategien und deren Konsequenzen stehen u.a. in Zusammenhang mit den Bedürfnissen nach Sicherheit, Selbstbestimmung und Gerechtigkeit für die betroffene Person, die unter den Konsequenzen und Einschränkungen infolge der Gewalt, die ihm*ihr angetan wurde, leidet. Insbesondere, wenn die betroffene Person bisher zu der Gewalt geschwiegen hat, kann das zur Folge haben, dass er*sie die gewaltausübende Person in ihren*seinen Räumen und Kontexten duldete, obwohl er*sie sich unwohl oder ohnmächtig fühlte. Die betroffene Person kann aus verschiedenen Gründen schweigen: weil er*sie die Gewalt leugnet, um zu überleben, oder weil er*sie darauf hofft, dass die gewaltausübende Person sich ändert, möglicherweise auch aus Angst oder aus Großzügigkeit. Mit ihrem*seinem Schweigen schützt die betroffene Person die gewaltausübende Person vor möglichen Konsequenzen und verhindert eventuell eine Verbesserung ihrer*seiner eigenen Lage. Doch er*sie kann sich jederzeit entscheiden, ihr*sein Schweigen zu brechen, sich selbst zu schützen und sich ihre*seine Räume (zurück) zu nehmen.

3. Anwenden von Gewalt

In manchen Situationen ist es sinnvoll, über drastischere Maßnahmen nachzudenken, bis hin zum Einschalten von zivilgesellschaftlichen oder staatlichen Institutionen (vor allem durch eine Strafanzeige). Auch die Anwendung von Gewalt zur Verteidigung oder Gegenwehr wird manchmal in Erwägung gezogen. Wir erkennen an, dass Gewalt ein Mittel sein kann, um sich zu wehren und Widerstand zu leisten, und dass insbesondere in der feministischen Bewegung Militanz immer wieder ein wichtiges Mittel war und ist. Wir beurteilen die unmittelbare Selbstverteidigung von betroffenen Personen nicht, da viele betroffenen Personen keine andere Möglichkeiten haben und unser Ansatz versucht, ihnen weitere Möglichkeiten anzubieten.

Das hier vorgeschlagenen Modell sieht keinerlei Gewaltanwendung vor. Gewalt ist in unseren Augen kein Mittel der Transformativen Arbeit. Wir können von daher im Hinblick auf eine mögliche Gewaltanwendung lediglich empfehlen, dass, wie bei jeder Strategie, Personen, die diesen Schritt erwägen, zunächst sorgfältig über die Angemessenheit und die Konsequenzen nachdenken. Eine sinnvolle Anregung für eine Diskussion bezüglich der Anwendung von Gewalt stellen die Ausführungen von *GenerationFIVE* dar. Sie argumentieren, dass dann, wenn die Anwendung von Gewalt als unvermeidbar erscheint, noch immer am Prinzip der geringsten notwendigen Gewalt festgehalten werden sollte.[46] Für uns betreffen Strategien der Schadensbegrenzung auch die gewaltausübende Person selbst. Ein Kernprinzip des Community-Accountability-Ansatzes ist, dass ein Umgang

46 Kershnar, Sarah et al.: Toward Transformative Justice. A Liberatory Approach to Child Sexual Abuse and other forms of Intimate and Community Violence. A Call to Action for the Left and the Sexual and Domestic Violence Sectors. Selbstverlag 2007. S. 7. www.generationfive.org/wpcontent/uploads/2013/07/G5_Toward_Transformative_Justice-Document.pdf (30.7.2018).

mit Gewalt keine weitere Gewalt befördern soll. So warnt *GenerationFIVE* vor einer ›Selbstjustiz‹, die oft Formen von Macht und Dominanz reproduziert, anstatt diese abzubauen.[47] Wir wollen die Gewaltfähigkeit der gewaltausübenden Person beschränken, aber der Person selbst nicht schaden – soweit wie möglich. Insofern sollten die Ergebnisse der Evaluationsphase im Hinblick auf mögliche Verletzlichkeiten der gewaltausübenden Person bei allen Interventionsstrategien mitgedacht werden.

4. Umgang mit staatlichen Behörden

Wir haben bereits geklärt, dass staatliche Behörden zu Gewalt beitragen können (siehe Kapitel IV.3, Abschnitt »*Accountability*/Verantwortungsübernahme im Kontext von sexualisierter Gewalt«). Community Accountability wurde von Menschen entwickelt, die aus ihrer gesellschaftlich marginalisierten Position heraus staatliche Behörden immer wieder als weitere Gefahr und Gewalt erfahren und daher diesen Behörden kritisch gegenüberstehen. Auch wir betrachten staatliche Gewalt prinzipiell als kritisch und wissen, dass Polizeigewalt und das Rechtssystem oft zu weiteren Retraumatisierungen führen können und im besten Fall betroffenen Personen nur wenig Heilung und Gerechtigkeit ermöglicht. Gleichzeitig sehen wir eine Bandbreite an staatlich finanzierten Möglichkeiten, da manche Institutionen oder Träger aus sozialen Bewegungen (Frauen*bewegung, Anti-Psychatrie-Bewegung) entstanden sind. Wir möchten mit der Ausarbeitung dieses Konzepts neue Wege eröffnen und alternative Möglichkeiten anbieten. Zugleich erkennen wir an, dass begrenzte Ressourcen und Kapazitäten dazu führen können, dass Alternativen zwar gedacht, aber noch nicht umgesetzt werden können. Das Umfeld kommt dabei oft zu kurz und für viele betroffene Personen gibt es wenige weitere Möglichkeiten für Unterstützung, Heilung und Gerechtigkeit. Einer unserer Grundsätze lautet, dass betroffenen Personen mehr Möglichkeiten angeboten werden sollen, statt weniger. In keinem Fall sollten Konzepte der Transformative Justice und der Community Accountability unsolidarisch oder paternalistisch dazu genutzt werden, die Handlungsoptionen von betroffenen Personen einzuschränken oder sie davon abzuhalten, staatliche Ressourcen zu nutzen. Wir kritisieren betroffene Personen, die staatliche Schritte in Anspruch nehmen, nicht. Betroffene Personen sollten sich vor diesem Schritt jedoch

47 Ebd.

gut und umfassend beraten lassen, da er psychisch sehr belastend sein kann, da sie eventuell in einer unangenehmen Atmosphäre eine Menge Fragen beantworten müssen und es keine Garantie auf Erfolg gibt. Der Entscheidung, staatliche Institutionen wie Polizei, Psychiatrie oder Jugendhilfe zu nutzen, sollte eine umfassende Einschätzung der Konsequenzen für alle beteiligen Personen und des erweiterten Umfeldes vorausgehen. Mögliche Konsequenzen wären, dass das Umfeld kriminalisiert wird oder Jugendämter damit drohen, Kinder in Obhut zu nehmen, oder die Polizei bestimmte Räume auf- oder durchsucht.

IX. Organisation und Planung der Transformativen Arbeit

In diesem Kapitel erläutern wir zunächst, was im Vorfeld eines TA-Prozesses mit der gewaltausübenden Person zu klären ist. Anschließend stellen wir vor, wie ein konkreter Plan für diesen Prozess entwickelt werden kann und wie die Arbeit der TA-Gruppe grundlegend aussehen kann. Zuletzt gehen wir darauf ein, in welchem organisatorischen Rahmen die Transformative Arbeit stattfinden sollte.

1. Bedingungen und Absprachen

Erste Klärungen mit der gewaltausübenden Person

Obwohl für ein Gelingen der Transformativen Arbeit diverse Grundlagen von der gewaltausübenden Person akzeptiert und bejaht werden müssen, wollen wir als TA-Gruppe nicht abschreckend wirken, indem wir zu viele Grundlagen gleich an den Anfang der Kontaktaufnahme stellen. Deswegen haben wir eine Art ›Vor-Prozess‹ vor die eigentliche Zusammenarbeit gestellt, sodass sich alle Beteiligten erst einmal aufeinander einlassen können und sich erst danach für eine gemeinsame Zusammenarbeit entscheiden.

Für die gewaltausübende Personen ist es z.T. nicht einfach, Personen zu finden, mit denen er*sie ernsthaft und offen über ihren*seinen Veränderungswunsch sprechen kann. Das ist z.B. dann der Fall, wenn ihr*sein Umfeld/Kollektiv Sexismus und Gewalt verharmlost oder nicht an einer ernsthaften Aufarbeitung interessiert ist oder das Thema insgesamt gescheut wird, weil es unbequem erscheint. Ein Sprechen über die eigenen Taten ist noch dazu oft mit Scham verbunden, nicht nur bei der gewaltausübenden Person, sondern auch bei jenen, denen er*sie davon erzählen möchte. Abwehr und Verharmlosung sind nicht nur typische Reaktionen der gewaltausübenden Personen, sondern auch des Umfeldes/Kollektivs. Daher ist es schwer, als gewaltausübende Person Menschen zu finden, die den eigenen Wunsch nach Reflexion, Auseinandersetzung und Veränderung ernst nehmen und sich dafür Zeit nehmen, kontinuierlich immer mal wieder als Austauschpersonen zur Verfügung zu stehen. Die TA-Gruppe sollte einen eben solchen Ort schaffen, wo es möglich ist, offen zu sprechen und die eigenen Handlungen zu reflektieren.

Die Transformative Arbeit findet auf der Basis verschiedener Grundlagen statt, die im Vor-Prozess vermittelt werden sollten. Darüber hinaus soll in diesem Vor-Prozess geklärt werden, ob die gewaltausübende Person dazu bereit ist, sich auf die Transformative Arbeit einzulassen und ob sich die TA-Gruppe diese Arbeit mit ihm*ihr vorstellen kann. Alle Beteiligten sollten sich für diesen Vor-Prozess ausreichend Zeit nehmen.

Die Definition und die Forderungen der betroffenen Person anerkennen

Wesentlich für die Transformative Arbeit ist, dass die gewaltausübende Person die Definition und die Forderungen der betroffenen Person anerkennt. Konkret bedeutet dies, dass der gesamte TA-Prozess an der Definition sowie den Interessen und Forderungen der betroffenen Person ausgerichtet wird. Darauf bezieht sich immer wieder zentral die Auseinandersetzung in der Transformativen Arbeit. Diese Grundlage sollte die gewaltausübende Person akzeptieren. Dies schließt nicht aus, dass es für die gewaltausübende Person einzelne Punkte gibt, an denen er*sie Widerstände hat, oder dass er*sie bestimmte Aspekte nicht versteht – daran gilt es u.a. in der Transformativen Arbeit zu arbeiten. Doch es sollte bei der gewaltausübenden Person die Bereitschaft geben, daran zu arbeiten, dahin zu gelangen, dass die Definition und Interessen der betroffenen Person nachvollzogen und akzeptiert werden und auf dieser Grundlage der weitere Prozess gestaltet wird.

Schutz und Selbstbestimmung für die betroffene Person

Als einer der ersten Punkte sollten die Aspekte Schutz und Selbstbestimmung der betroffenen Person thematisiert werden. Eine Möglichkeit ist es, mit der gewaltausübenden Person darüber zu sprechen, was Schutz und Selbstbestimmung alles beinhalten, warum diese so wichtig sind und was diese einschränken oder angreifen. Die erörterten Aspekte sollten in die ›Vereinbarung‹ (IX.3) aufgenommen werden, die die gewaltausübende Person unterschreiben kann. Es können dort Punkte und Anliegen, die die betroffene Person selbst formuliert hat, aufgenommen werden. Darüber hinaus könnte für die ›Vereinbarung‹ z.B. formuliert werden: »Er*Sie wird den Schutz und die Selbstbestimmung der betroffenen Person nicht gefährden, weder selbst, noch durch Bekannte, noch durch üble Nachrede.

Er*Sie wird sich nicht direkt, unabgesprochen und persönlich an die betroffene Person richten, auch nicht für Nachfragen oder Entschuldigungen.«

Es ist ein häufiger Impuls von gewaltausübenden Personen, nochmal mit der betroffenen Person sprechen zu wollen, etwas ›klarstellen‹ oder ›geraderücken‹ zu wollen, sich zu entschuldigen oder die betroffene Person zu beschenken, um etwas wiedergutzumachen. All diese Impulse sind meistens nicht hilfreich und stellen oft Grenzüberschreitungen dar oder setzen die betroffene Person unter Druck, besonders in Beziehungen/ehemaligen Liebesbeziehungen können sie Teil eines Abhängigkeits-/Dominanzmusters sein. Die betroffene Person wird in diesen Fällen wieder an die Tat erinnert und mit der gewaltausübenden Person konfrontiert, ohne dass das ihre*seine Entscheidung war. Die Entscheidungsmacht wird ihm*ihr somit aus der Hand genommen und es wird unvermittelt und ohne Zustimmung in ihr*sein Leben eingegriffen. Es ist wichtig, dass die Entscheidungsmacht über eine Kontaktaufnahme bei der betroffenen Person liegt. Daher sollte bezüglich des Schutzes und der Selbstbestimmung mit der gewaltausübenden Person auch über ›gut gemeinte‹ Kontaktversuche gesprochen und eine entsprechende Formulierung in die ›Vereinbarung‹ aufgenommen werden.

Aktives »Ja«

Zu Beginn der Arbeit steht darüber hinaus ein aktives »Ja« der gewaltausübenden Person zu Verantwortungsübernahme, Veränderung und der Transformativen Arbeit. Es gibt auch Ansätze der Transformativen Arbeit oder Täter*innenarbeit, die ohne den Wunsch der gewaltausübenden Person oder gegen deren Widerstand durch Druck des sozialen Umfeldes oder von staatlichen Institutionen erwirkt wird. Wir halten eine solche Arbeit für in gleichem Maße wichtig und denken nicht, dass die Arbeit dann weniger bringt oder unsinnig ist. Druck auszuüben erachten wir als ein legitimes Mittel und z.T. als sinnvoll und notwendig. Wir haben uns dennoch dafür entschieden, diese grundsätzliche Entscheidung für die Arbeit an sich selbst zur Bedingung für die Aufnahme der Transformativen Arbeit zu machen. Zum einen, weil die Arbeit für uns sehr zeitaufwändig, emotional belastend und intensiv ist und wir diesen Prozess nur dann eingehen wollen, wenn er auch wirklich gewünscht ist. Zum anderen, weil im Laufe des Prozesses wahrscheinlich zahlreiche Widerstände bei der gewaltausübenden Person auftreten werden und diese dann noch zu einem grundlegenden Widerstand dazukommen würden. Zuletzt, weil die Gefahr, dass die gewaltausübende Person die Arbeit abbricht, grundsätzlich schon sehr hoch ist und sie ohne sein*ihr aktives »Ja« wahrscheinlich noch höher wäre. Grundsätzlich gilt, dass wir unsere Zeit und Energie möglichst erfolgreich einsetzen wollen und dafür ist die Bereitschaft der gewaltausübenden Person notwendig.

Des Weiteren gehen wir davon aus, dass der Prozess qualitativ gewinnt, wenn die gewaltausübende Person ihn aktiv mitgestaltet und sich mit Ideen und Überlegungen einbringt, statt in einer Erwartungshaltung passiv die Vorschläge der TA-Gruppe abzuwarten.

Transformation ist möglich, benötigt aber Unterstützung

Gewalttätiges Verhalten ist in unseren Augen ein erlerntes, ansozialiertes Verhalten, das verlernt werden kann. Wir glauben, dass Menschen die Fähigkeit haben, ihre eigenen gewalttätigen Tendenzen und Gewalthandlungen zu erkennen und zu unterbrechen sowie andere Verhaltensweisen einzuüben, um ihre Bedürfnisse in gewaltfreien und konsensualen Weisen mitzuteilen.

Für die gewaltausübende Person wird es wahrscheinlich nicht einfach sein, zu erkennen, dass er*sie einen solchen Veränderungsprozess eingehen sollte. Viele Menschen erwarten und denken von sich, alles allein hinzukriegen, reflektiert zu sein und auch Probleme erfolgreich bearbeiten zu können. Gerade in der männlichen Sozialisation wird einem beigebracht, stark zu sein und alles mit sich alleine abzumachen. Das Eingeständnis »Ich habe zu Diskriminierung, Grenzüberschreitung oder Gewalt gegriffen« schreckt viele zunächst ab oder sie wehren es ab. In der Transformativen Arbeit wird diese kritische Selbsterkenntnis vermutlich eine längere Zeit beanspruchen: Sich einzugestehen, dass die Handlung kein Ausrutscher war, dass die Handlungsweise ihre eigene Geschichte hat, vielleicht mit Mustern, die sich in dem Leben der gewaltausübenden Person über lange Zeit entwickelt haben. Diese zu verändern, bedarf einiger Arbeit und es ist nicht mit einem einmaligen darüber Nachdenken getan. Stattdessen ist davon auszugehen, dass die Arbeit nur dann erfolgversprechend ist, wenn sie nicht allein, sondern unterstützt, z.B. durch die TA-Gruppe, stattfindet. Wenn eine*r denkt, er*sie brauche gar keine Hilfe, wird er*sie sich wohl kaum für die Anregungen und Anstöße der TA-Gruppe öffnen. Zu erkennen, dass jemand Hilfe braucht, weil ein Veränderungsprozess notwendig ist, ist daher ein wichtiger Schritt, um sich auf die Transformative Arbeit einlassen zu können.

Eigene Ressourcen und Motivation

Die gewaltausübende Person benötigt für die Transformative Arbeit Ressourcen und Kapazitäten, da die Arbeit anstrengend sein wird und Kraft kostet. Es wird an vielen Punkten darum gehen, das eigene Verhalten zu verändern und umzulernen. Das kann auch beinhalten, auf alte bekannte Muster, die mit dem diskriminierenden, grenzüberschreitenden oder gewalttätigen Verhalten zusammenhingen, nicht mehr zurückzugreifen. Es geht darum herauszuarbeiten, über welche Ressourcen und Kapazitäten die gewaltausübende Person bereits verfügt, die ihm*ihr Stärke und Sicherheit geben, ohne dass er*sie auf Diskriminierung, Grenzüberschreitung und Gewalt zurückgreifen muss. Diese sind oft bereits ausreichend vorhanden, sodass es nicht unbedingt darum gehen muss, weitere Ressourcen und Kapazitäten aufzubauen. Es ist von Vorteil, wenn die gewaltausübende Person einen Zugang zur eigenen Stärke und Sicherheit findet.

Es ist wichtig, dass sich die gewaltausübende Person seine*ihre eigene Motivation verdeutlicht: »Warum habe ich ein Interesse an Transformativer Arbeit? Damit mein Umfeld mich nicht scheiße findet, damit die Betroffene mir irgendwann verzeiht, weil ich selbst heilen will, weil ich mir wieder vertrauen will, weil ich nicht unter Schuld leiden möchte, weil ich für Emanzipation kämpfen möchte, weil ich respektvolle Beziehungen und konsensualen Sex haben will, weil ich keine Person mehr verletzen will, weil ich nicht mehr will, dass mein Umfeld gespalten und konfliktreich ist, weil ich will, dass meine Freund*innen, Familie, Genoss*innen und Mitarbeiter*innen mir wieder vertrauen, weil ich irgendwann mal ein*e feministische*r Verbündete*r sein möchte, weil ich sexualisierte Gewalt beenden will, weil ich bei Gewalt intervenieren will?« Die Motivation prägt den Arbeitsprozess, aber auch die Abwehrstrategien, weiterhin hat sie Einfluss darauf, was der Person leichtfällt und wo Blockaden oder Tabus auftauchen.

Stabilisierung der Lebenssituation der gewaltausübenden Person

Ein Ziel der Transformative Justice ist, die Bedingungen von Gewalt zu begreifen und zu verändern. Für einige gewaltausübende Menschen gehören Obdachlosigkeit, Arbeitslosigkeit oder andere Schwierigkeiten zu den Bedingungen, die Gewaltdynamiken begünstigen und auslösen. Hier soll geschaut werden, welche Hindernisse einem TA-Prozess im Weg stehen und mit wessen Hilfe diese angegangen werden können. Für den Prozess benötigt die Person Stabilität in ihrer*seiner Lebenssituation und diese sollte wenn möglich im Voraus oder als Teil des Prozesses geschaffen werden.

Alkohol und Drogen

Wenn die gewaltausübende Person ein Alkohol- oder Drogenproblem hat, kann es sinnvoll sein, dass er*sie sich erst mal diesem Problem widmet und z.B. einen Entzug macht. Es ist schwer möglich, bei der Person einen Veränderungsprozess zu begleiten, wenn diese ein Suchtproblem hat und damit nicht frei in ihren*seinen Entscheidungen ist und seine*ihre Wahrnehmung durch Drogen beeinflusst wird. Eine Sucht bindet immer auch die Aufmerksamkeit der Person und macht eine Reflexion schwer möglich, da ein Suchtproblem immer schon damit verbunden ist, sich etwas vorzumachen und die eigene Situation zu verleugnen.

Eigene Gewalt-, Trauma- und Diskriminierungserfahrungen

Vielleicht wusste die gewaltausübende Person bereits vorher davon und/oder merkt es durch die Transformative Arbeit, dass er*sie selbst eigene Diskriminierungs- und Gewalterfahrungen verarbeiten muss und auch dafür Hilfe braucht. Solche Erfahrungen können in der Arbeit thematisiert werden, um Gewaltzyklen benennen und unterbrechen zu können. Diese Reflexion kann dabei helfen, empathisch mit der betroffenen Personen zu werden und eine emanzipatorische Anti-Gewalt-Perspektive zu stärken. Allerdings denken wir, dass die eigene Heilung einen gesonderten Raum bekommen sollte, wo nur daran gearbeitet werden kann, z.B. durch eine Therapie, gesonderte Unterstützung oder andere Angebote, da sie im TA-Prozess nicht das Hauptziel oder im Fokus ist.

Institutionelle Beratung/Therapie/Unterstützung

Es kann sinnvoll sein, die Transformative Arbeit noch durch die Beratung bei einer Beratungsstelle (z.B. *Männer gegen Männergewalt*) oder durch eine Therapie oder Selbsthilfegruppe zu unterstützen. Auch die hauptsächliche Transformative Arbeit kann in diesem Rahmen stattfinden. Bei einer herkömmlichen Therapie ist zu beachten, dass diese meist keine Transformative Arbeit/Anti-Gewalt-Arbeit ersetzt, da es in einer Therapie um die Person, die Therapie macht, um ihre*seine Probleme, ihre*seine Familiengeschichte geht; ein konfrontatives Arbeiten in Bezug auf das eigene grenzüberschreitende oder gewalttätige Verhalten findet dort meist nicht statt.

2. Rahmenstruktur

Supervision

Zu Beginn sollte sich die TA-Gruppe konkret dazu Gedanken machen, wie sie sich in ihrer Arbeit fortlaufend Unterstützung holen kann. Für uns ist klar: Ohne Supervision geht es nicht! Eine TA-Gruppe wird die Arbeit nicht alleine überblicken können und benötigt den Blick von außen, um auf Schwierigkeiten und Fallstricke aufmerksam gemacht zu werden. Der Blick von außen muss nicht unbedingt von einer professionellen Supervision geleistet werden, die oft kostspielig ist. Eine Supervision kann prinzipiell auch selbstorganisiert erfolgen. In der Supervision kann u.a. thematisiert werden, wie die Transformative Arbeit gegenwärtig funktioniert, welche Schritte im Prozess bereits gegangen worden sind und worin die nächsten bestehen könnten. Des Weiteren kann es darum gehen, sich mit den Herausforderungen, Baustellen und Widrigkeiten im Prozess auseinanderzusetzen, um eine klarere Perspektive für die kommenden Treffen zu entwickeln. Dabei ist auch zu berücksichtigen, wie es den einzelnen Personen in der TA-Gruppe emotional geht, ob sie auf ihre Grenzen achten, wie sie sich Entlastung organisieren, inwiefern belastende Gruppendynamiken und Konflikte bestehen und wie sich die unterschiedlichen Privilegien oder Marginalisierungserfahrungen auf den Prozess auswirken. Es kann auch besprochen werden, wie die Ressourcen und Kapazitäten der TA-Gruppe weiter ausgebaut werden können. Dies kann z.B. den Umgang mit eigenen Gewalterfahrungen sowie die damit verbundene Selbstfürsorge oder den ressourcenschonenden Umgang mit eigenen Triggern betreffen. Es kann dabei aber auch um Skills, wie z.B. Methoden und Kommunikationstechniken gehen, welche die TA-Gruppe in der Transformativen Arbeit anwenden möchte. Grundlegend gibt es den Anspruch an die Supervision, ein gewisses Korrektiv sowie ein Ort des Feedbacks und der Entlastung hinsichtlich der sich entfaltenden Dynamiken in der konkreten Arbeit zu sein.

Dokumentation

Eine weitere Form der Unterstützung der Arbeit stellt für uns die kontinuierliche Dokumentation des Arbeitsprozesses dar. Für die Evaluation, wie und in welche Richtung sich die Arbeit entwickelt, kann es wichtig sein, Protokolle zu schreiben. Vorformulierte Berichtsbögen, die die TA-Gruppe nach jedem Treffen ausfüllt, können dies enorm erleichtern. Aspekte einer solchen Dokumentation könnten sein: Thema des Treffens, neue Schritte, aufgetretene Fragen, Herausforderungen, Abwehrhaltungen und getroffene Verabredungen. Die Supervision sollte ebenfalls dokumentiert werden. Es bietet sich auch an, alle drei oder sechs Monate längere Berichte mit diesen Inhalten zu verfassen:

- weitere Ziele
- Beschreibung des Prozesses und der bereits erfolgten Schritte
- geplante weitere Schritte
- auftretende Gewaltmuster und wie sie bearbeitet worden sind
- Dokumentation von eingetretenen Veränderungen
- unterstützende Faktoren für den Veränderungsprozess
- Rückschritte, Schwierigkeiten und Knackpunkte
- Verhältnis zwischen der gewaltausübenden Person und der TA-Gruppe.

Zur Transparenz wird die Dokumentation sowohl der gewaltausübenden Person als auch der betroffenen Person und ihren*seinen Unterstützer*innen sowie weiteren Personen aus dem Umfeld zugänglich gemacht, falls dies gewünscht sein sollte. Diesbezüglich wird mit der gewaltausübenden Person besprochen, gegenüber wem was transparent gemacht wird und was nicht. Nicht transparent gemacht werden z.B. Details aus der eigenen Geschichte der gewaltausübenden Person, die nur für die Transformative Arbeit wichtig sind. Es sollte dabei immer konkret abgewogen werden, was notwendigerweise transparent gemacht werden muss, da es z.B. das Sicherheitsbedürfnis der betroffenen und auch anderer Personen direkt betrifft, und was die Privatsphäre der gewaltausübenden Person zu sehr verletzt.

Kommunikationsstruktur

Die Kommunikation mit der betroffenen Person und den Unterstützer*innen sowie mit dem Umfeld über die Aufnahme der Transformativen Arbeit sollte bereits im Vorfeld stattgefunden haben (siehe Kapitel V.3 und VI). Falls das noch nicht geschehen ist, da der Prozess der gemeinschaftlichen Verantwortungsübernahme zunächst chaotisch ablief, ist spätestens jetzt der Zeitpunkt, die Kommunikation mit allen beteiligten Personen aufzunehmen und sich über die Kommunikationskanäle und -rhythmen zu verständigen.

Wichtige Fragen hierbei sind:

- Wie wird kommuniziert?
- Wer kümmert sich konkret um diese Kommunikation?
- Wer sollte und möchte über regelmäßige Treffen informiert werden?
- In welcher Form und in welchem Umfang wollen die Beteiligten Berichte bekommen?
- Wie bekommt die TA-Gruppe Feedback und Informationen aus dem Umfeld über mögliche Änderungen oder weitere Gewalttendenzen der gewaltausübenden Person?
- Wie bekommt die TA-Gruppe Feedback und Informationen von der betroffenen Person und den Unterstützer*innen? Wie teilen sie der TA-Gruppe mögliche negative Entwicklungen oder Leerstellen bezüglich des TA-Prozesses mit?
- Wie wird die Kommunikation mit weiteren Involvierten aufgebaut, z.B. auch mit den Supervisor*innen oder Gruppen/Einzelpersonen, die eine beratende Funktion haben?

Die Frage, wer über was informiert wird und wie viel Transparenz nötig ist, kann sehr heikel sein. Wichtigster Orientierungspunkt ist das Wohl und Interesse der betroffenen Person(en). Ihre*seine Anonymität muss gewahrt werden, wenn er*sie das wünscht und ihre*seine Bedürfnisse bestimmen das Maß der Transparenz. Die Bedürfnisse der Privatsphäre der gewaltausübenden Person müssen jedoch auch mitgedacht werden. Im Laufe des TA-Prozesses kann die gewaltausübende Person sich darin üben, anderen Menschen und Gruppen gegenüber ihre*seine Geschichte der Gewalthandlungen transparent zu machen. Auch mit dem Umfeld muss regelmäßig kommuniziert werden. Andernfalls kann der Eindruck entstehen, dass alles gut läuft und die gewaltausübende Person sich verantwortungsvoll mit ihren*seinen Mustern der Gewalt auseinandersetzt, auch wenn das gar nicht der Fall ist. Im Extremfall kann es sogar dazu kommen, dass das Umfeld nicht darüber in Kenntnis gesetzt wird, dass die Transformative Arbeit abgebrochen wurde. Aber auch der umgekehrte Fall ist vorstellbar: Die TA-Gruppe erfährt nicht davon, dass es im Umfeld zu erneuten Grenzverletzungen oder Gewalthandlungen durch die gewaltausübende Person gekommen ist. Der Kommunikation mit dem Umfeld kommt somit eine wichtige Bedeutung zu.

3. Planung und Ablauf der Arbeit

Vereinbarung unterschreiben

Ein Vorschlag von uns ist, dass die TA-Gruppe nach dem Vorprozess, wenn sich darauf geeinigt wurde, miteinander zu arbeiten, eine Vereinbarung aufsetzt, welche die gewaltausübende Person unterschreibt. Die Vereinbarung könnte den Rahmen und die Grundvoraussetzungen der Arbeit beinhalten, u.a. die Erklärung, dass er*sie sich auf die Transformative Arbeit einlässt. Die Vereinbarung könnte folgende Punkte enthalten:

1) Absatz zum Schutz und zur Selbstbestimmung der betroffenen Person.
2) Grundsätzliche Einwilligung in die Transformative Arbeit, d.h. aktive Bejahung der Arbeit. »Ja« zu einem längeren Prozess, der u.a. mit einer Zeitangabe konkretisiert werden kann, z.B. ein halbes Jahr lang wöchentlich miteinander zu arbeiten, um dann nach einer Evaluation weiterzusehen.
3) Teilnahme an den Treffen und Absagen nur wegen Krankheit, zwingenden Terminen oder Urlaub. Absatz zur Verantwortungsübernahme, z.B.: »Ich übernehme die volle Verantwortung für die von mir ausgeübte Gewalt. Ich werde alles dafür tun, mein Handeln zu verändern und meine vergangenen Handlungen aufzuarbeiten. Ich werde alles dafür tun, in Zukunft nicht wieder Gewalt (oder sexualisierte Gewalt) auszuüben.«
4) Absatz zur Anerkennung der Definition der Betroffenen, z.B.: »Ich erkenne die Definition und die Forderungen der betroffenen Person an und werde sie umsetzen.«
5) Absatz zu Transparenz & Kommunikation mit anderen, z.B.: »Ich werde auf Verlangen den Prozess meiner Arbeit transparent machen, bzw. stimme dem zu, dass die TA-Gruppe dies tut.«

Wir sehen das Unterschreiben dieser Vereinbarung nicht in allen Punkten als eine notwendige Grundvoraussetzung der Transformativen Arbeit an. Es kann auch ein Teil der Arbeit sein, diese Grundvoraussetzungen erst miteinander zu erarbeiten, also z.B. zu Beginn nur einzelne Punkte und im Laufe der Arbeit weitere Punkte zu unterschreiben. Es ist auf jeden Fall nicht sinnvoll, wenn die gewaltausübende Person etwas unterschreibt ohne dahinterzustehen. Eine andere Möglichkeit ist es, eher Absichtserklärungen zu formulieren. Mindestens eine solche sollte in jedem Fall unterschrieben werden, um Ernsthaftigkeit und Verbindlichkeit herzustellen. Es wird damit eine Handlung vollzogen, welche nachhaltiger wirkt als eine rein mündlich vorgebrachte Zustimmung.

Plan der Transformativen Arbeit

Die TA-Gruppe kann, bevor die konkrete Arbeit beginnt, einen Ablaufplan erarbeiten, der während des Prozesses als Orientierung dienen soll. Im Laufe der Zeit sollte er aber auch immer wieder verändert werden können, je nach dem, was sich während des Prozesses ergibt. Der Plan kann konkrete Ziele enthalten, die angestrebt werden, oder Schritte formulieren, die alle miteinander durchlaufen möchten. Die gewaltausübende Person sollte in die Erarbeitung des Plans miteinbezogen werden, damit er*sie ein Gefühl dafür entwickelt, wo es hingehen kann.

Der Plan kann enthalten:

1) Häufigkeit und Länge der Treffen: z.B. alle zwei Wochen für 2 Stunden. Es ist davon abzuraten, die Treffen von Mal zu Mal zu vereinbaren, da so ein Abbruch des Prozesses für die gewaltausübende Person leichter ist, indem er*sie einfach keinen neuen Termin mehr ausmacht.
2) Kommunikationswege: Die Kommunikationswege zwischen der TA-Gruppe und der gewaltausübenden Person, zwischen der TA-Gruppe und der Unterstützungsgruppe/betroffenen Person und zwischen der TA-Gruppe und dem Umfeld sollten geklärt werden (siehe IX.2, Abschnitt »Kommunikationsstruktur«).
3) Dauer der Transformativen Arbeit: Es ist schwierig, im Voraus einzuschätzen, wie lang der Prozess dauern könnte. Um die Kapazitäten der TA-Gruppe nicht zu überanspruchen und der gewaltausübenden Person eine Perspektive zu geben, halten wir es für sinnvoll, einen festen Zeitraum zu verabreden. *Support New York* hat zum Beispiel Erfolg mit Transformativen Arbeitsprozessen, die zwei Jahre dauern. Immer wieder Zwischenbilanz zu ziehen, kann helfen, den weiteren Bedarf einzuschätzen. Wenn die involvierten Personen das Gefühl haben, dass Veränderungsschritte gelingen, kann die TA-Gruppe auch entscheiden, sich seltener zu treffen. (Siehe Kapitel XIV, »Erfolgreicher Abschluss der Arbeit« für weitere Ideen bezüglich der letzten Phase eines Prozesses).
4) Etappen, konkrete Schritte oder Ziele, die miteinander angestrebt werden:

(a) Die Grundlagen der Transformativen Arbeit werden verstanden und bejaht.

(b) Im Sinne einer ersten Annäherung an das eigene Gewaltverhalten schreibt die gewaltausübende Person verschiedene Aspekte des Geschehenen aus der eigenen Perspektive auf. Das Ziel dabei ist, im weiteren Prozess mit dieser Perspektive kritisch arbeiten zu können. Ein Vorschlag wäre, dass diese Beschreibung erst einmal in einem verschlossenen Briefumschlag beiseitegelegt wird, um auf sie zu einem späteren Zeitpunkt der Arbeit zurückkommen zu können. Hieran können Veränderungen in der Perspektive und Wahrnehmung der gewaltausübenden Person sichtbar gemacht und thematisiert werden.

(c) Die gewaltausübende Person setzt sich mit den Forderungen und Wünschen der betroffenen Person auseinander und akzeptiert diese. Hierzu kann z.B. besprochen werden, wie die gewaltausübende Person konkret die Forderungen gerade umsetzt bzw. umsetzen könnte. In dem Fall, dass die gewaltausübende Person die Forderungen nicht oder nur teilweise umsetzt, kann die TA-Gruppe mit ihm*ihr an den bestehenden Widerständen oder Unklarheiten arbeiten, damit letztendlich der Schutz der betroffenen Person gewährleistet ist. Weiterhin soll eine Awareness der gewaltausübenden Person zu den Themenkomplexen gesellschaftliche Unterdrückungsverhältnisse und der eigenen Positionierung in ihnen erarbeitet werden. Auch wenn der Fokus dabei zunächst auf Geschlechterverhältnissen, Sexismus, sexualisierter Gewalt und dem Zustimmungskonzept liegt, werden zugleich auch deren Zusammenwirken mit anderen Unterdrückungsverhältnissen, wie z.B. Rassismus, Klassismus und Ableismus thematisiert. Insgesamt wird bei der gewaltausübenden Person ein intersektionales Verständnis von Gesellschaftlichkeit und Gewalt entwickelt, auf das in dem ganzen Prozess aufgebaut werden kann.

(d) Die gewaltausübende Person setzt sich mit der Perspektive und der Definition – also der Benennung und Beschreibung der Gewalthandlung – der betroffenen Person auseinander. Er*sie lernt, diese zu verstehen und zu akzeptieren.

(e) Die gewaltausübende Person beginnt, die eigenen Denk-, Fühl- und Verhaltensmuster der Macht und Gewalt durchzuarbeiten. Hier geht es darum, herauszuarbeiten, wie und in welchen Situationen die gewaltausübende Person Grenzverletzungen begeht und wie er*sie sein*ihr Verhalten konkret verändern kann. Außerdem setzt sich die gewaltausübende Person mit den eigenen sozialen Privilegien auseinander und lernt zu verstehen, wie diese die Gewalt begünstigen oder überhaupt erst ermöglichen. In diesem Zuge kann es jedoch auch darum gehen, dass die gewaltausübende Person eigene Unterdrückungs- oder Gewalterfahrungen aufarbeitet und sich mit Rahmenbedingungen auseinandersetzt, durch welche die aktive Verantwortungsübernahme eingeschränkt werden kann, wie z.B. eine finanzielle Notlage, Obdachlosigkeit oder der Umgang mit Alkohol und Drogen.

(f) Ein nächster Schritt besteht darin, sich einem konkreten Vorfall bzw. einer konkreten Situation von Gewalt zu widmen. Diese Situation kann in dem Prozess Stück für Stück durchgegangen werden, um die jeweilige Gewaltdynamik herauszuarbeiten und nachvollziehbar zu machen. Hierdurch soll ein Perspektivenwechsel der gewaltausübenden Person von der eigenen Perspektive zu der der betroffenen Person angebahnt werden. Wenn die gewaltausübende Person noch zu viele Widerstände hat, die eigenen konkreten Gewalthandlungen anzuschauen, können zuvor auch Beispiele durchgearbeitet werden, die andere betroffene Personen öffentlich gemacht und beschrieben haben, sodass erst an anderen Vorfällen gelernt wird, bevor sich den eigenen Handlungen zugewandt wird.

(g) Im Anschluss können darüber hinaus noch weitere Situationen und Gewaltmuster durch- bzw. herausgearbeitet werden.

(h) Die gewaltausübende Person eignet sich neue bzw. alternative Verhaltensweisen und Handlungsmöglichkeiten an, damit es nicht zu weiteren Gewaltsituationen kommt.

(i) Die gewaltausübende Person sorgt für die notwendige Transparenz in ihrem Umfeld; d.h. er*sie teilt von sich aus mit, dass er*sie Gewalt ausgeübt hat und dass er*sie die Gewalt im Rahmen eines Transformativen Arbeitsprozesses aufarbeitet.

(j) Die gewaltausübende Person sorgt in einer angemessenen Form für Wiedergutmachung gegenüber der betroffenen Person.

(k) Die gewaltausübende Person lernt, den Prozess der Transformativen Arbeit als einen lebenslangen Lernprozess zu verstehen, und entwickelt für sich das Bedürfnis und die Perspektive, diesen Lernprozess kontinuierlich fortzusetzen.

(l) Die gewaltausübende Person übernimmt Verantwortung in der eigenen Community und engagiert sich als Verbündete*r gegen Gewalt und Unterdrückung. Er*sie kann jedoch erst als Verbündete*r handeln, wenn er*sie einen gewissen Reflexionsprozess durchlaufen hat.

5) Verschiedene Verantwortlichkeiten und Arbeitsaufgaben vergeben: Wer kümmert sich um die Organisation des Raumes für das Treffen? Wer schreibt die Dokumentation?

6) Die TA-Gruppe sollte festlegen, in welchen zeitlichen Abständen sie Supervision machen, wie sie die Treffen dokumentieren und wie oft sie sich mit der Unterstützungsgruppe treffen will.

X. Lernen an Wendepunkten – Mögliche Schritte der Transformativen Arbeit

Im Folgenden führen wir verschiedene mögliche (Lern-)Schritte auf, die für die Planung und Durchführung eines TA-Prozesses eine grobe Orientierung darstellen können. Außerdem kann es bei der Dokumentation oder Reflexion eines konkreten Prozesses hilfreich sein, sich anhand dieser Liste immer wieder auszutauschen – sei es innerhalb der TA-Gruppe oder auch mit einer externen Begleitung/Supervision. Für uns hat diese Liste einen experimentellen Charakter; d.h. unter anderem, dass wir noch nicht alle dieser Lernschritte in der Praxis ausprobiert haben oder auf ihre Angemessenheit überprüfen konnten. Wir haben die Liste anhand unserer jeweiligen Erfahrungen aus der Unterstützungsarbeit, unserer langen Diskussionen seit 2008 in Berlin, der Erfahrungen von Aktivist*innen aus den USA und einzelnen TA-Prozessen, die Einzelne von uns begleitet haben, zusammengetragen. Anstatt einen klaren Fahrplan für einen TA-Prozess vorzugeben, lädt die Liste eher zu einem Experimentieren mit den einzelnen Schritten ein. Würden wir die Liste in fünf Jahren noch einmal zusammenstellen, würde sie bestimmt ganz anders aussehen. Daher ist es wichtig zu berücksichtigen, dass diese Auflistung weder alle möglichen Schritte umfasst, noch eine feste Reihenfolge vorgibt. Dazu sind die konkreten Prozesse mit gewaltausübenden Personen einfach zu unterschiedlich und jeweils mit individuellen Herausforderungen konfrontiert, sodass die folgenden Schritte auch immer auf die spezifische Situation angepasst werden sollten. Zudem sind einige der Lernschritte nicht nach einer einmaligen Bearbeitung bereits abgeschlossen. Vielmehr können sie sich z.T. auch auf den gesamten Prozess der Transformativen Arbeit erstrecken. So kann es immer wieder vorkommen, dass einzelne Schritte je nach Thema oder Situation von der gewaltausübenden Person mehrfach oder auch erneut durchlaufen werden müssen. Wird z.B. ein neues Thema angesprochen, kann es durchaus sein, dass die gewaltausübende Person Verhalten oder Abwehrmechanismen erneut praktiziert, die eigentlich schon als bearbeitet galten. In solchen Situationen kann es daher sinnvoll sein, dass die TA-Gruppe sich über das weitere Vorgehen austauscht. So kann die Gruppe sich fragen, ob sie die

Gründe für dieses Verhalten thematisieren oder bearbeiten möchte oder etwas ändern möchte oder ob sie zu einem anderen (Lern-)Schritt springen möchte, um den jetzigen später wieder aufzugreifen, oder ob sie bereits vertraute Lernschritte nochmal aufgreift und anhand derer das neue Thema betrachtet oder inwiefern eine eher konfrontative Haltung angeraten ist, um zu erreichen, dass die gewaltausübende Person nicht ausweicht und sich dem Lernschritt zuwendet.

Das Ziel der folgenden Schritte besteht darin, ein Lernen an Wendepunkten zu ermöglichen. Sie sollen die gewaltausübende Person dabei unterstützen, sich auf einen durchaus schmerzvollen Prozess der Veränderung einzulassen. Das Bild der Wendepunkte verdeutlicht dabei, dass die gewaltausübende Person von gewohnten Denk-, Fühl- und Handlungsweisen Abstand gewinnt und sich für neue öffnet (siehe auch Kapitel IV.1, »Social Justice * Unterdrückung * Intersektionalität * Verbündete«).

1. In die Transformative Arbeit einwilligen

Die gewaltausübende Person kann die Grundlagen und Ziele der Transformativen Arbeit nachvollziehen und macht sie zu ihrem*seinem eigenen Anliegen. Damit erklärt er*sie sich dazu bereit, mit der TA-Gruppe gemäß der vereinbarten Bedingungen zusammenzuarbeiten.

2. Umgang miteinander vereinbaren

Die TA-Gruppe sollte sich vor dem Prozess darüber Gedanken machen und dann zu Beginn desselben mit der gewaltausübenden Person darüber sprechen, wie der Umgang miteinander aussehen soll:

- Wie wollen wir miteinander sprechen?
- Wie schaffen wir einen sicheren Raum für Verletzlichkeiten?
- Wo habe ich Ängste (z.B. etwas Falsches zu sagen) und wie können wir damit umgehen?

Hier kann eventuell auch über Gesprächstechniken und über Körpersprache geredet werden. Inwiefern können bestimmte Gesten und Bewegungen einladend wirken (wie z.B. aufrechte Haltung und neutraler Gesichtsausdruck), während andere (wie mit den Augen rollen oder die Arme kreuzen) einschüchternd wirken können? Welche Fragen können dabei helfen, besonders an Punkten, in denen sich die gewaltausübende Person verletzlich macht, besser an die Gefühle heranzukommen? Statt neugierigen Fragen können unterstützende und offene Fragen gestellt werden. Hier empfehlen wir eine Sprache, die auf Allgemeinheiten, Schubladen und Beurteilungen weitmöglichst verzichtet. Wenn z.B. die TA-Gruppe der gewaltausübenden Person ein Gewaltmuster bewusst machen und es infrage stellen möchte, ist es hilfreich, anstelle kategorialer Beurteilungen und Ablehnung beispielsweise die eigenen Emotionen zu benennen, die durch das Gewaltmuster hervorgerufen werden: »Wenn du dies und jenes sagst, fühle ich mich wütend/fürchte ich, dass ...«

3. Aufschreiben der Gewalt-Situationen

Die gewaltausübende Person schreibt die Situation (oder Situationen), in der er*sie die Grenzen einer anderen Person verletzt hat, aus ihrer*seiner eigenen Perspektive auf. Wenn Erzählen leichterfällt als Schreiben, kann jemand aus der TA-Gruppe das Schreiben übernehmen. Die gewaltausübende Person kann dazu eingeladen werden, auch die Geschichte oder die Dynamik, aus der heraus sich für ihn*sie diese Situation ergab, zu beschreiben. Darüber hinaus kann diese Erzählung mit den Emotionen und Intentionen, die die gewaltausübende Person währenddessen bei sich wahrgenommen hatte, ergänzt werden. Was habe ich getan? Was waren meine Handlungen? Was ging dem voraus? Was geschah währenddessen? Gab es eine Dynamik? Welche Emotionen hatte ich damals und welche habe ich jetzt beim Aufschreiben? Was waren die Effekte meiner Handlungen für mich und für andere?

Mit diesem Schritt sind zwei Ziele verbunden. Zum einen entsteht erstes ›Material‹, anhand dessen mit der Perspektive der gewaltausübenden Person kritisch gearbeitet werden kann. Alternativ gibt es die Möglichkeit, diese Beschreibung erst einmal in einem Briefumschlag verschlossen beiseitezulegen, um zu einem späteren Zeitpunkt der Arbeit auf sie zurückzukommen. Dadurch können auch Veränderungen in der Perspektive und Wahrnehmung sichtbar gemacht und thematisiert werden. Dies kann in Zeiten, in denen die gewaltausübende Person von dem Prozess ermüdet oder sogar abgegessen ist, dazu dienen, ihn*sie zu motivieren, indem eine Veränderung deutlich wird. Genauso gut kann die Beschreibung aber auch für eine Konfrontation genutzt werden, wenn die gewünschten Schritte der Transformation ausbleiben. Dieser Text kann auch mehrmals während des Prozesses neu geschrieben werden, um Änderungen in der Perspektive und neue Erkenntnisse sichtbar zu machen.

4. Die Forderungen und Wünsche der betroffenen Person akzeptieren

Die gewaltausübende Person setzt sich mit den Forderungen und Wünschen der betroffenen Person auseinander und lernt, sie zu akzeptieren. Die TA-Gruppe bespricht mit der gewaltausübenden Person, wie er*sie gerade konkret diese Forderungen umsetzt oder umsetzen kann. Dabei kann es auch um Fragen oder Herausforderungen der gewaltausübenden Person gehen, wobei die Forderungen selbst nicht infrage gestellt werden. Dieser Schritt kann sehr wichtig dafür sein, dass die betroffene Person Schutz erhält, sich nicht sorgen muss, dass die Forderungen nicht eingehalten werden, und sich so auf die eigene Stabilisierung und das eigene Leben konzentrieren kann.

Generell besteht auch die Möglichkeit, dass die gewaltausübende Person zu Beginn der Transformativen Arbeit noch nicht alle Forderungen umsetzt, sondern dass dies erst im gemeinsamen TA-Prozess nach und nach erarbeitet wird. Das stellt allerdings einen sensiblen Balanceakt dar. Einerseits müssen elementare (Sicherheits-)Bedürfnisse der betroffenen Person gewährleistet sein und andererseits soll eine mögliche Überforderung der gewaltausübenden Person vermieden werden, die zu einem Nicht-Einlassen auf den TA-Prozess führen könnte. Hierzu sollte es auf jeden Fall eine Rücksprache mit der Unterstützer*innengruppe und ggf. der betroffenen Person geben. Damit diese darüber informiert sind, was sie von der gewaltausübenden Person in der nächsten Zeit erwarten oder nicht erwarten können und ob Schutzräume gewährleistet sind.

5. Verantwortung entdecken

Oft haben wir in der Kindheit und als junge Menschen gelernt, dass Verantwortung zu übernehmen und sich zu entschuldigen ein Zeichen von Schwäche ist. Daher ist es oftmals notwendig, ein positives Verhältnis zur Verantwortungsübernahme zu entwickeln, bevor Verantwortung übernommen werden kann. Die folgenden Fragen helfen, prägende Erfahrungen bezüglich der Verantwortungsübernahme herauszuarbeiten: [48]

- Was hast du als Kind über Verantwortung gelernt?
- Welchen Umgang hast du als Kind erfahren, wenn du dich von jemandem verletzt gefühlt hattest? Hat die andere Person darauf reagiert? Hat die Person sich entschuldigt? Wenn ja, wie?
- Wenn du dich für etwas entschuldigt hast oder dich verantwortlich gezeigt hast, wie wurde darauf reagiert?

Möglicherweise hilft es, hier an einer selbst erfahrenen konkreten Situation zu arbeiten, um verständlich zu machen, wie eine tatsächliche Verantwortungsübernahme aussehen würde – im Vergleich zu dem, was wir über Verantwortung gelernt haben. Dazu können wir auch nach positiven Erinnerungen diesbezüglich fragen: »Denke über eine Erfahrung nach, bei der dich jemand verletzt hat und sich im Anschluss so verhalten hat, dass du dies als einen verantwortlichen Umgang bezeichnen würdest.« Wenn der Person kein Beispiel dafür einfällt, gibt es auch die Möglichkeit, die gewaltausübende Person zu bitten, über eine erfahrene Situation nachzudenken, die nicht zufriedenstellend geklärt wurde, und zu schildern, wie eine ideale Verantwortungsübernahme ausgesehen hätte.

Dann fragen wir:

- Was hast die andere Person gemacht, um Verantwortung zu übernehmen?
- Was hat dir gut gefallen und geholfen, die Situation zu verarbeiten?
- Was nicht?
- Wie hast du darauf reagiert?

Aus diesen Antworten können allgemeine Kriterien entwickelt werden und die gewaltausübende Person erarbeitet eine Liste von Dingen, die eine Verantwortungsübernahme kennzeichnen. Das *Northwest Network* aus Seattle, in dem sich bi, trans*, lesbische und schwule Überlebende von Missbrauch

48 Kartman, Martina (Community Justice Project): Tools for Grounded Accountability. Präsentation bei der Abolitionist Futures. International Conference on Penal Abolition. London, Birkbeck College 2018. Adaptiert vom Northwest Network of Bi, Trans, Lesbia, and Gay Survivors of Abuse.

organisieren, erklärt, dass gewaltausübende Personen oft zwischen totaler Ablehnung von Verantwortungsübernahme und einer narzisstischen Schamspirale (»Ich bin so schuldig und mache alles falsch!«) wechseln.[49] Sie empfehlen, eine realistische Verantwortungsübernahme anzustreben – keine perfekte 10, sondern eine praktische 6. Redet darüber, wie eine 6 im Alltag aussieht und sich anfühlt, und ergänzt die Liste entsprechend.

Anschließend oder zu einem späteren Zeitpunkt kann mit dieser Liste an Vorfällen gearbeitet werden, bei denen die gewaltausübende Person selbst Verantwortung übernehmen soll – vielleicht zunächst als Übung anhand kleinerer Konflikte und daraufhin erst in Bezug auf den Gewaltvorfall, der im Zentrum des Prozesses steht. Es geht dabei darum herauszufinden, welche Ressourcen und Lernschritte die gewaltausübende Person benötigt, um eine Verantwortungsübernahme üben zu können. Hilfreich kann in diesen und den im folgenden Abschnitt beschriebenen Überlegungen auch die Tabelle 2 (siehe S. 92 ff.) sein, in der Strategien der Verantwortungsvermeidung und der Verantwortungsübernahme aufgeführt sind.

6. Abwehrmechanismen und Rechtfertigungen herausarbeiten

Es ist zu erwarten, dass die TA-Gruppe auf Rechtfertigungsmuster der gewaltausübenden Person trifft, die es zu benennen gilt. Viele Menschen haben in ihrer Sozialisation nicht die Möglichkeit erhalten, einen verantwortungsvollen Umgang mit Situationen, in denen sie andere verletzt haben, zu erlernen. Oft wird eine Auseinandersetzung mit den Gründen für das eigene verletzende Verhalten vermieden, da Schuld, Scham und Angst im Wege stehen. Die emotionale Überforderung kann so groß sein, dass das Gefühl entsteht, die gesamte Integrität einer Person sei bedroht. Umgangsweisen, die auf einen gemeinsamen Aufarbeitungs- und Wiedergutmachungsprozess ausgerichtet sind, sind kaum anzutreffen. Unserer Meinung nach ist dies in einem *weißen* und west-europäischen Kontext unter anderem mit einer individualistischen und christlichen Sozialisation verknüpft, die sowohl von einem Diskurs der individuellen Verantwortlichkeit als auch einem moralischen Schulddiskurs geprägt ist.

So übernehmen auch gewaltausübende Personen selten die volle Verantwortung für ihr Handeln. Stattdessen entwickeln sie verschiedene

49 Ebd.

Strategien, ihr gewaltvolles Handeln zu entschuldigen oder zu rechtfertigen. Diese können ganz unterschiedlich aussehen:

- »Ich konnte nicht anders.«
- »Ich hatte eine so schwere Kindheit.«
- »Ich habe selbst so viel Schlimmes erfahren.«
- »Ich hatte gute Gründe.«
- »Ich habe das ganz anders gemeint.«
- »Die andere Person wollte das so.«
- »Ich habe das für die andere Person getan.«
- »Andere/dritte Personen haben mich unter Druck gesetzt.«
- »Ich als Frau*/körperlich beeinträchtigte Person/Schwarze Person/Person of Color/homosexuelle Person erfahre in dieser Gesellschaft Gewalt. Ich übe also keine Gewalt aus.«

Diese Abwehrmechanismen können bewusst eingesetzt werden, um die betroffene Person zu delegitimieren und zu verletzen, oder aber auch unbewusst ihre Wirkung entfalten. Dies kann z.B. der Fall sein, wenn die Diskrepanz zwischen den offensichtlichen Konsequenzen der Gewalt bei der betroffenen Person und dem eigenen Selbstverständnis der gewaltausübenden Person zu groß ist. Hier würde es in der Transformativen Arbeit darum gehen, die gewaltausübende Person darin zu unterstützen, diese Erschütterung des Selbstbildes und der eigenen Integrität auszuhalten und durchzuarbeiten.

Solche Rechtfertigungsstrategien laufen im Endeffekt auf ein Abwehrverhalten hinaus, welches es der gewaltausübenden Person erschwert, die Verantwortung für das eigene gewaltvolle Handeln zu übernehmen. Hinter diesen Ausreden kann unterschiedlich viel Reales liegen, je nach Person und Situation. Auch gewaltausübende Personen erfahren gesellschaftliche Einschränkungen ihrer Selbstbestimmung, insbesondere, wenn sie selbst traumatisierende oder Unterdrückungserfahrungen machen mussten. Solche Einschränkungen sehen wir jedoch nicht als legitimen Grund, keine Verantwortung zu übernehmen. Ein Accountabilityprozess hilft der gewaltausübenden Person dabei, mehr Möglichkeiten selbstbestimmten Handelns zu entdecken, auch dort, wo zuvor keine ersichtlich waren. Eine

Bearbeitung der Rechtfertigungsmuster kann daher einen ersten Schritt hin zur Übernahme der Verantwortung durch die gewaltausübende Person bedeuten.

7. Lernen, Emotionen wahrzunehmen und sie auszudrücken

Um mit Bedürfnissen und Verhaltensweisen anders umgehen zu können, ist es in vielen Fällen sinnvoll, zu üben, Gefühle erst einmal wahrzunehmen. Gerade in der männlichen Sozialisation wird einem abtrainiert, Gefühle zu spüren. Allzu präsent sind Sätze wie: »Jungen weinen nicht, kennen keinen Schmerz und haben keine Angst.« Im Gegenteil führt die männliche Sozialisation oft dazu, Gefühle der Verletzung, Traurigkeit und/oder Frustration in Form von Ärger und Aggression auszudrücken. Daher kann ein erster Schritt für die Veränderung von Gewaltmustern darin bestehen, Emotionen neu wahrnehmen zu lernen und einen angemessenen Ausdruck zu entwickeln – und das gilt nicht nur für Personen, die männlich sozialisiert worden sind. Die binäre Geschlechtersozialisation und die damit einhergehende Unterdrückung vielfältiger Geschlechteridentitäten und -lebensweisen bedingen ein Verlernen von Empathie. Die Emotionen, die bei der gewaltausübenden Person aufgrund der Konfrontation mit den Forderungen und Wünschen der betroffenen Person entstehen, bilden einen guten Ausgangspunkt, um Veränderungsprozesse anzustoßen. Hier kann der Grundstein dafür gelegt werden, dass die erlernten Gewaltmuster und Dominanz verlernt werden. Gelingt es, die eingeschränkten emotionalen Ausdrucksmöglichkeiten zu erweitern und dies auch mit einer gesellschaftskritischen Perspektive auf den Zusammenhang von Emotionen und gesellschaftlicher Positionierung zu verbinden, dann ist bereits viel in Bewegung gekommen.

8. Vorteile gewaltfreieren Handelns erkennen

Um sich auf den Prozess der Transformation einlassen zu können, ist es hilfreich, sich vor Augen zu führen, worin der eigene Vorteil besteht, der durch diese anstrengende Arbeit gewonnen werden kann. Daher kann es sinnvoll sein, zu Beginn des Prozesses zu überlegen, welche Vorteile sich für die gewaltausübende Person aus einem Handeln ohne Gewalt ergeben, wenn er*sie gelernt hat, gewaltfrei zu kommunizieren. Gelingt das, kann dies eine positive Auswirkung auf die Motivation und die Verbindlichkeit der gewaltausübenden Person für den TA-Prozess haben. Um die Vorteile herauszuarbeiten, können folgende Fragen hilfreich sein:

- Wie könnte sich mein Leben durch die Transformative Arbeit verbessern?
- Welche neuen Möglichkeiten könnten sich mir eröffnen?
- Wie könnte sich die Transformative Arbeit auf mein nahes Umfeld auswirken?
- Welche neuen Verbindungen könnten in der Community für mich entstehen?
- Welche Schwierigkeiten, Begrenzungen und Drucksituationen könnte ich hinter mir lassen?
- Wie könnte ich durch den Prozess Scham, Schuldgefühle, Hoffnungslosigkeit und Ängste loslassen?
- Wie würde sich mein Leben verändern, wenn andere Personen und auch ich mir selbst vertrauen können?
- Wie würde sich mein Leben verändern, wenn ich nahe Beziehungen zu anderen Menschen aufbauen kann?

9. ›Brief an sich selbst‹

Da ein Veränderungsprozess durch die Transformative Arbeit anstrengend und schmerzvoll ist, kann es immer wieder auch zu Momenten der Frustration, Niedergeschlagenheit und Aussichtslosigkeit bei allen beteiligten Personen kommen. Aber gerade für die gewaltausübende Person können diese Momente im ungünstigsten Fall zu einem Abbruch der Transformativen Arbeit führen oder ihn*sie zumindest stark beeinflussen. So ungewollt diese Momente auch sind, so gehören sie dennoch zu jedem TA-Prozess dazu. Das Kollektiv *Creative Interventions* aus den USA hat in diesem Zusammenhang für sich den folgenden Umgang entwickelt: »Wir entwickeln Umgangsweisen, die zum einen flexibel auf das Ausbleiben der Verantwortungsübernahme eingehen können und zum anderen stark genug sind, um Abwehrstrategien zu widerstehen und sie letztlich auch abzubauen.«[50]

50 Creative Interventions: Creative Interventions Toolkit. A Practical Guide to Stop Interpersonal Violence (pre-release version). Selbstverlag 2012. http://www.creativeinterventions.org/tools/toolkit/ (30.7.2018). S. 1-42.

Gelingt es allen Beteiligten, diese Krisenmomente durchzustehen und die Arbeit fortzusetzen, so können diese Krisenpunkte entscheidende Wendepunkte im Lernen der gewaltausübenden Person darstellen und damit den Veränderungsprozess stärken und weiter voranbringen. Es macht Sinn, sich darüber schon im Vorhinein klarzuwerden und sich vorbereitend mögliche Umgangsformen zu überlegen. Um die Krisenmomente möglichst gar nicht erst aufkommen zu lassen, kann die TA-Gruppe mit der gewaltausübenden Person an den folgenden Fragen arbeiten:

- Was könnte mich frustrieren?
- Was erwarte ich von mir selbst?
- Was denke ich, erwarten andere Personen von mir?
- Was könnte mich enttäuschen?
- Wie gehe ich mit Druck, Frustrationen und/oder Enttäuschungen um?
- Was hilft mir in Situationen, die für mich belastend sind?
- Mit welchen Formen der Konfrontation kann ich in der Transformativen Arbeit vermutlich überhaupt nicht umgehen?
- Welche Formen der Empathie oder Nähe kann ich in der Transformativen Arbeit vermutlich überhaupt nicht annehmen?
- Was kann ich von der TA-Gruppe womöglich nicht gut hören?
- Was kann mir helfen, um nicht direkt in meine Gewaltmuster zurückzufallen?
- An welche Personen kann ich mich in Zeiten der Krise zusätzlich zur TA-Gruppe wenden?

Es kann helfen, wenn die gewaltausübende Person an sich selbst einen Brief schreibt, in dem er*sie ihre*seine Motivation für die Transformative Arbeit, die erhofften Erfolge und die eigenen Fähigkeiten für den Umgang mit Krisenmomenten festhält. Die Idee des Briefs besteht darin, dass die Person ihn in Momenten des Rückschlags lesen kann, um wieder neuen Mut und neue Kraft für den Prozess zu schöpfen.

10. Awareness bezüglich gesellschaftlicher Unterdrückungsverhältnisse und eigener Positionierung schaffen

Eine allgemeine Auseinandersetzung mit gesellschaftlichen Macht- und Unterdrückungsverhältnissen bildet die Grundlage für die spätere kritische Reflexion der eigenen gesellschaftlichen Positionierung. Hierzu kann besonders über Geschlechterverhältnisse, Sexismus, Heteronormativität, sexualisierte Gewalt und das Zustimmungskonzept (Konsens) gesprochen werden. Da (Hetero-)Sexismus immer auch im Zusammenhang mit anderen Unterdrückungsverhältnissen wie Rassismus, Klassismus, Ageism und/oder Ableismus hergestellt und wirk*mächtig* wird, ist es wichtig, dabei auch auf die vielfältigen Überschneidungen und Wechselbeziehungen zwischen verschiedenen Unterdrückungsverhältnissen und Machtstrukturen einzugehen. Dadurch soll ein allgemeines intersektionales Verständnis entwickelt werden, worauf in dem gesamten Prozess aufgebaut wird.

Die eigene Positionierung in der Gesellschaft: Privileg

Die eigene Positionierung in der Gesellschaft wird durch verschiedene Machtverhältnisse geprägt. In diesem Schritt in der Transformativen Arbeit geht es daher darum, sich bewusst zu machen, welche alltäglichen Bedeutungen und Auswirkungen die eigene gesellschaftliche Positionierung in Bezug auf Klassismus, Rassismus, Geschlechterverhältnisse (Patriarchat), Heteronormativität (Geschlechterbinarität, sexuelle Orientierung), Ageism (Alter) und Ableismus (körperliche Befähigung) hat. Auf der einen Seite ist danach zu fragen, inwiefern eine Person von diesen gesellschaftlichen Positionierungen profitiert und scheinbar selbstverständlich auf Privilegien zurückgreifen kann. Solche Privilegien können z.B. darin bestehen, sich angstfrei im öffentlichen Raum zu bewegen, ungehindert reisen oder ein Bankkonto eröffnen zu können, Anerkennung und Achtung zu erfahren oder sich um das eigene Wohlbefinden kümmern zu können, anstatt sich mit den gesellschaftlichen Machtverhältnissen auseinandersetzen und deren Konsequenzen spüren zu müssen. In den meisten Fällen werden die Privilegien von den von ihnen profitierenden Personen nicht bewusst wahrgenommen, da sie als ›normal‹ und selbstverständlich angesehen werden. Aus diesem Grund ist es für die privilegierten Personen oft nur schwer nachvollziehbar, mit welchen psychischen und physischen Belastungen sich Personen konfrontiert sehen, die von Gewalt betroffen sind, wie z.B. Angstzustände, Unsicherheiten, Selbstabwertungen, Selbstmordgedanken und (Re-)Traumatisierungen. Darüber hinaus ist ihnen selten bewusst, wie auch sie selbst durch ihre gesellschaftliche Positionierung gezeichnet sind.

Die eigene Positionierung in der Gesellschaft: Unterdrückungserfahrung

Auf der anderen Seite kommt verkomplizierend hinzu, dass eine Person in einigen Bereichen privilegiert sein und in anderen Gewalt, Diskriminierung und strukturelle Benachteiligungen erfahren kann. Diese Reflexion soll ebenfalls ein Thema der Transformativen Arbeit sein, um besser zu verstehen, wie und warum es zu Gewalthandlungen gekommen ist.

Auch wenn bei der Transformativen Arbeit die eigene Gewalterfahrung nicht im Vordergrund steht, sondern die Veränderung des eigenen gewalttätigen Handelns, so kann es dennoch wichtig sein, sie in den Prozess zu integrieren, weil beides oft zusammenhängt. Um die Muster der eigenen Gewalt- und Machtausübung hinreichend durcharbeiten zu können, bedarf es oft auch einer Anerkennung und eines Verständnisses der erlebten eigenen Gewalt- und Diskriminierungserfahrungen. Daher kann die TA-Gruppe gemeinsam mit der gewaltausübenden Person überlegen, welche möglichen Formen der Aufarbeitung sich anbieten, damit er*sie an dieser Stelle Heilung erfährt. Eine Therapie könnte ein möglicher Weg sein. Dabei sollte abgeklärt werden, inwiefern es in der Therapie eher um Themen geht, die in keinem unmittelbaren Zusammenhang mit der ausgeübten Gewalt stehen, oder ob es wichtig wäre, den*die Therapeut*in über die Gewalthandlung zu informieren. Die Entscheidung für eine Therapie sollte mit Bedacht getroffen werden. In einer Therapie stehen oft die (Kindheits-) Geschichte und Gewalterfahrungen im Vordergrund und nicht so sehr das eigene gewalttätige Handeln.

Es kann aber auch gemeinsam nach einer Form gesucht werden, die den Heilungs- und Transformationsprozess der gewaltausübenden Person miteinander verbindet. Insgesamt sollte darauf geachtet werden, dass der Heilungsprozess zu der Verantwortungsübernahme und der Aneignung neuer Fähigkeiten beiträgt. Wenn die Gewalterfahrung eher als Ausrede dient oder gegen die Gewalterfahrung der betroffenen Person ausgespielt wird, sollte die TA-Gruppe sich darum kümmern, dass der Fokus der Arbeit wieder auf die Transformation des gewaltvollen Verhaltens und die Bedürfnisse der betroffenen Person gelegt wird.

Die eigene Geschlechterpositionierung und Geschlechterrolle

Um sich bewusst zu machen, welche gesellschaftlichen Einschränkungen, Privilegien und Bestimmungen mit dem eigenen (sozialen) Geschlecht verknüpft sind, hilft es, zunächst einen biografischen Blick auf die eigene persönliche und familiäre Geschichte zu werfen. Allzu vielen wird in der Familie immer noch eine strenge und unhinterfragte Vorstellung von Zweigeschlechtlichkeit vorgelebt und vermittelt. Andere werden mit zweitgeschlechtlichen und heteronormativen Vorstellungen erst im Kindergarten oder in der Schule konfrontiert. Der Macht und den Zuschreibungen entgehen kann kaum eine Person in der Gesellschaft. So werden beispielsweise aufgrund der binären Geschlechtererziehung Mädchen* dazu angehalten, nett und freundlich zu sein, sich um das Soziale zu kümmern, darauf zu achten, dass es anderen gut geht, sowie für die Kommunikation und das Wohl anderer Personen zu sorgen. Sie bekommen Anerkennung für ihr Aussehen und definieren sich dementsprechend auch vielfach über ihr Äußeres und die Anerkennung von anderen. Sie sind in ihrem Sein oft stärker auf andere bezogen und von diesen abhängig. Kinder, die sich nicht geschlechtlich verorten wollen oder sich nicht mit dem Geschlecht identifizieren, das ihnen bei der Geburt zugewiesen wurde, werden immer wieder aufgefordert, sich in die Binarität einzuordnen. Jungen* werden z.T. immer noch dazu angehalten, stark, laut und cool zu sein, nicht zu weinen sowie Ängste und Schmerz zu ignorieren. Das führt oft dazu, dass ihnen die Wahrnehmung ihrer eigenen Gefühle abtrainiert wird. Um Anerkennung zu erfahren und den Bezug zu anderen Personen, z.B. innerhalb einer (Jungs*-)Gruppe oder Clique herzustellen, werden ihnen vor allem Techniken der Selbstbehauptung und Macht- oder gar Gewaltausübung nahegelegt. Auch wenn die Geschlechterrollen mittlerweile flexibler geworden sind und es zugelassen oder unterstützt wird, dass Kinder sich nicht geschlechtlich verorten oder dass Mädchen* Rabaukinnen* und Jungen* schwach sind, so werden sie auch nach wie vor machtvoll hergestellt. Der Blick in die eigene Geschichte kann aufzeigen, wie bei einem*einer selbst eine Geschlechterrolle ansozialisiert wurde.

Geschlechterrollen tangieren auch andere Machtverhältnisse; die Normen und Wahrnehmungen von Feminitität und Maskulinität unterscheiden sich je nach Kontext. So wurde z.B. der Begriff ›misogynoir‹ auf Englisch entwickelt (ein Kombination aus ›Misogynie‹ und ›noir‹), um gegen Schwarze Frauen* gerichteten Sexismus zu beschreiben, oder ›transmisogynoir‹ um gegen Schwarze gerichtete Transphobie zu beschreiben, welche insbesondere Schwarze trans* Frauen erfahren.[51] Um diese Dimension weiter zu bearbeiten, könnte auf den Leitfaden *Study into Action* von *Challenging Male Supremacy* zurückgegriffen werden, welches Männlichkeit in intersektionalen Zusammenhängen begreift.[52]

Marginale Geschlechterpositionierungen und Geschlechterrollen

Wer sich in einer marginalisierten Geschlechterposition befindet, kann die Erfahrung machen, Dinge zu tun oder zu erdulden, die sie*er eigentlich absolut nicht möchte, bis hin zum ›Ertragen‹ von Gewalt oder Vergewaltigung ohne aktive Gegenwehr. Die eigene Sozialisierung kann dazu beitragen, dass die übergriffige Person nicht kritisiert wird, z.B. um ihn*sie nicht zu verstimmen (typisch weibliche Sozialisation) oder um das eigene Selbstbild als stark und selbstbestimmt nicht zu erschüttern (typisch männliche Sozialisation). Hierzu wollen wir ein Beispiel nennen, das sich gezielt mit den psychologischen Dynamiken von sexualisierter Gewalt befasst. Dabei weisen wir darauf hin, dass dieses Beispiel triggern kann. Von daher raten wir, kurz zu überlegen, ob, wann und/oder wie das Beispiel gelesen werden sollte.

> »Für viele Menschen klingt es seltsam, ja sogar unglaublich, wenn eine Frau erklärt, dass sie einen Mann, der bei ihr Angst ausgelöst hat, in ihr Zimmer gelassen hat, nur um ihn nicht in Verlegenheit zu bringen oder seine Gefühle zu verletzen. Aber vor dem Hintergrund der beschriebenen Sozialisation macht diese Erklärung absolut Sinn. Es mag auch eigenartig klingen, wenn sie erklärt, dass sie ihn nicht aus ihrem Zimmer hinausgeworfen hat, nachdem sie seine Annäherungsversuche abgelehnt hat, da sie nicht wollte, dass er sich unbehaglich fühlt. Aber angesichts der beschriebenen Sozialisation macht das absolut Sinn. Und wenn sie erklärt, dass sie ihm glaubte, als er sagte, dass er nur bei ihr übernachten wollte und nichts anderes im Sinn hatte, macht es absolut Sinn. Und wenn sie erklärt, dass sie ihm sagte, als sie wach wurde und feststellte, dass er sie gerade penetrierte, dass er ein Kondom benutzen sollte, da sie nicht dachte, ihn davon abhalten zu können, aber zumindest hoffte, durch die V*er_g/e/waltigung keine Geschlechtskrankheit zu bekommen oder schwanger zu werden, macht es absolut

51 Bailey, Moya: More on the origin of misogynoir. Moyazb Tumblr. April 27, 2014. http://moyazb.tumblr.com/post/84048113369/more-on-the-origin-of-misogynoir (accessed 31.07.2018).

52 http://challengingmalesupremacy.org/our-work/study-into-action/.

Sinn. Und wenn sie nicht geschrien hat, da sie keine Szene machen wollte oder da ihr*e jüngere Cousin*e im Nachbarzimmer war und sie ihn*sie nicht damit belasten wollte, macht es absolut Sinn. Und wenn sie sich am nächsten Tag so verhält, als wäre nichts geschehen, da sie sich nicht in Verlegenheit bringen wollte, macht auch dies absolut Sinn.«[53]

11. Sich mit der Perspektive der betroffenen Person auseinandersetzen

Die gewaltausübende Person beginnt im TA-Prozess, sich mit der Definition, der Benennung und der Beschreibung der Gewaltausübung durch die betroffene Person auseinanderzusetzen. In diesem (Lern-)Schritt geht es darum, von einer ggf. bestehenden Abwehrhaltung der gewaltausübenden Person gegenüber dieser Definition zu einer Anerkennung und Akzeptanz derselben zu gelangen. Wenn die gewaltausübende Person sich auf diesen Schritt einlässt, benötigt er*sie die Offenheit und Bereitschaft dazu, sich verletzlich zu machen und sich aus der Perspektive der betroffenen Person heraus zu hinterfragen. Da dies auch mit einer enormen Erschütterung des Selbstverständnisses einhergehen kann, ist dieser (Lern-)Schritt nicht mit einer einmaligen Auseinandersetzung abgeschlossen. Es wird eher angebracht sein, immer wieder hierauf zurückzukommen und die gewaltausübende Person mit einer ausgewogenen Balance zwischen Empathie und Konfrontation zu begleiten.

Empathie für betroffene Personen wecken und stärken

Oft lassen gewaltausübende Personen nicht an sich heran, in welchem Umfang ihre Handlungen bei betroffenen und weiteren Personen aus dem Umfeld (wie z.B. bei Kindern) zu Schaden und Verletzungen geführt haben. Es ist wichtig, dass sich die gewaltausübende Person klarmacht, welche Dimension die Verletzungen haben und was für Auswirkungen diese für die betroffene und auch andere Personen im Umfeld hatten und evtl. in der Zukunft noch weiterhin haben werden. Außerdem sollte die gewaltausübende Person beginnen, ein Verständnis dafür zu entwickeln, wie individuelle Gewalthandlungen auch über die direkt betroffene Person

53 Dieses Beispiel ist modifiziert übernommen aus einem internen Dokument von Dr. Rachel C. Efron für die Sexual Violence Prevention and Response Office der Columbia University.

hinaus Wirkungen entfalten. Er*sie lernt zunehmend zu verstehen, dass sich die Gewalt auch auf das Sicherheitsgefühl aller Personen (innerhalb einer Community) auswirken kann, gerade für Personen, die sich angesichts der gesellschaftlichen Machtverhältnisse einer erhöhten Verletzlichkeit ausgesetzt sehen. Damit die gewaltausübende Person Empathie für die Erfahrungen, Definitionen und Forderungen der betroffenen Person entwickeln kann, kann es hilfreich sein, dass er*sie sich an eigene Ohnmacht- und Gewalterfahrungen erinnert, um einen Zugang zu derartigen Situationen zu bekommen. Erfahrungsberichte von betroffenen Personen in Büchern oder Filmen können ebenfalls helfen. Der Empathie sind jedoch auch Grenzen gesetzt, da ein Hineinversetzen in die Erfahrungswelt einer anderen Person niemals vollständig erfolgen kann.

Sich selbst verletzlich machen

Sich selbst verletzlich zu machen, braucht viel innere Kraft. Wer sich derart hinterfragt, macht sich verletzlich, ist dazu bereit, sich Fehler oder Schwächen einzugestehen und nimmt es in Angriff, das eigene Selbstbild und Verhalten zu verändern. Das stellt eine große Herausforderung dar. Schwächen, Ängste und Unzulänglichkeiten einzugestehen, bedeutet, die bisherige Position der Stärke und Dominanz aufzugeben und sich von der Selbstwahrnehmung, alles im Griff zu haben, zu verabschieden. Diese Veränderung der Selbstwahrnehmung ist meist mit der Angst verbunden, selbst verletzt zu werden oder Vorteile zu verlieren. Können solche Ängste zugelassen und verarbeitet werden, dann ist ein Lernen an Wendepunkten möglich. Die Ängste können dabei sogar als eine Ressource oder Motivationsquelle genutzt werden, um sich neue und alternative Verhaltensweisen anzueignen. Dies hebt hervor, wie wichtig es ist, den Ausdruck von Emotionen und den Umgang mit ihnen zu erlernen; d.h. hier kann an die vorherige Arbeit an der Wahrnehmung und Ausdrucksmöglichkeit von Emotionen angeknüpft werden. Lässt sich die gewaltausübende Person darauf ein, sich verletzlich und angreifbar zu machen, so kann dies dazu beitragen, dass er*sie neue Sicherheit und zusätzliche Fähigkeiten gewinnt, die nicht auf der Ausübung von Gewalt und Kontrolle beruhen.

Umgang mit möglichen Rückschlägen

Da die Konfrontation mit der Definition der betroffenen Person das Selbstverständnis der gewaltausübenden Person derartig erschüttern kann, dass er*sie auf die Muster der Abwehr und Rechtfertigung zurückgreift, kann es gerade an dieser Stelle im TA-Prozess auch zu Rückschlägen kommen und es können ernste Krisenmomente für die weitere Arbeit entstehen. Daher sollte die TA-Gruppe hier besonders aufmerksam für Anzeichen der Frustration, Niedergeschlagenheit und Aussichtslosigkeit bei der gewaltausübenden Person sein. Treten diese Gefühle auf, sollten sie auch bearbeiten werden. Dies kann in Form mehrerer Gespräche, in denen diese Gefühle Raum bekommen, stattfinden, es kann auch an den Brief erinnert werden, den die gewaltausübende Person an sich selbst geschrieben hat. Die TA-Gruppe kann dabei verschiedene Dinge mit der gewaltausübenden Person ausprobieren, von denen er*sie weiß, dass sie ihm*ihr gut tun, um neue Energie, Motivation und Zuversicht zu gewinnen. Um eine ausgewogene Balance zwischen Empathie und Konfrontation beizubehalten, sollte die TA-Gruppe sich dabei gezielt von externen Personen unterstützen lassen. Denn diese Momente können eine Gratwanderung darstellen, die für den weiteren Prozess entscheidend sind. So sollte sich die TA-Gruppe fragen, inwiefern es ihr gelingt, genügend Empathie für die gewaltausübende Person aufzubringen, um sie aus der möglichen Erstarrung, die sich aus einer Überforderung oder Abwehr ergeben kann, herauszubegleiten, ohne dabei den Fokus auf die Perspektiven der betroffenen Person und das Ziel der Transformativen Arbeit zu verlieren.

12. Macht- und Gewaltmuster und Privilegien durcharbeiten

Ging es im vorherigen Schritt vor allem um die Definition der betroffenen Person und die Reaktionen der gewaltausübenden Person darauf, so verschiebt sich nun der Fokus im TA-Prozess. Die Einsicht in die Perspektive der betroffenen Person dient nun als Ausgangspunkt und Ressource dafür, die macht- und gewaltvollen Muster der gewaltausübenden Person durchzuarbeiten. Hierzu wendet die TA-Gruppe sich der Bearbeitung von Situationen zu, in denen die gewaltausübende Person Grenzverletzungen begangen hat oder auch weiterhin begeht. Diese können nun gemeinsam besprochen und reflektiert werden. Durch die Aufarbeitung der damit verbundenen (Macht-)Dynamiken, Muster, Bedürfnisse und Emotionen kann die gewaltausübende Person konkret damit beginnen, das grenzverletzende Verhalten zu verändern. Diese Arbeit an den Mustern und Privilegien, die zu Grenzüberschreitungen und Gewalt führen/führten, ist ein zentraler

Schritt der Transformativen Arbeit und sie sollte kontinuierlich vertieft werden. Verhaltensmuster, mit denen z.B. bei der Erfahrung von Schmerz, Ohnmacht oder Verletzungen reagiert wird, oder die dazu dienen, eine gewisse Nähe herzustellen oder zu vermeiden, sollen genau betrachtet werden. Die Gruppe *Challenging Male Supremacy* empfiehlt, dass die TA-Gruppe und die gewaltausübende Person sich mit dem erlernten Umgang mit Nähe, emotionalem Ausdruck, Sexualität, Kommunikation in sexuellen Situationen und Begehren auseinandersetzen.[54] Fühlt sich die gewaltausübende Person z.B. ohnmächtig, kann eines ihrer*seiner Muster darin bestehen, andere Personen anzuschreien oder sie ungewollt anzufassen oder sogar zu schütteln. Ein anderes Muster kann darin bestehen, die Auseinandersetzung mit einem eigenen Schmerz oder einer Verletzung zu vermeiden, indem forsch die körperliche Nähe zu einer anderen Person hergestellt wird, ohne dabei auf deren Wünsche und Grenzen zu achten. Die Ausübung von Macht, Kontrolle und/oder Gewalt dient oftmals auch der Erzeugung von Selbstbewusstsein. Anstatt weiterhin auf solche oder ähnliche Muster zurückzugreifen, kann die gewaltausübende Person nun lernen, die eigenen Interessen und Bedürfnisse zu verwirklichen, ohne die Grenzen einer anderen Person zu verletzen. An die vorherigen Schritte der Transformativen Arbeit anschließend, besteht das Ziel dieses Schrittes darin, eine Verbindung zwischen den individuell emotionalen Erfahrungen und den Auswirkungen der eigenen Sozialisation herzustellen. Die erlernten Verhaltensmuster hängen eng mit der Sozialisation und Positionierung in der Gesellschaft zusammen. Diese Zusammenhänge zu reflektieren kann dabei helfen, die eigenen Muster zu bearbeiten. So kann der gewaltausübenden Person bewusst werden, wie die Auseinandersetzung mit abstrakten Machtverhältnissen auch ganz konkret mit den eigenen Denk-, Fühl- und Verhaltensweisen zusammenhängt.

Einen weiteren Zugang zur Arbeit an den Mustern der Gewalt kann die Thematisierung der Unterdrückungs- und Gewalterfahrungen der gewaltausübenden Personen selbst darstellen. Wenn er*sie diesbezüglich Heilung erfährt, kann er*sie eine andere Offenheit für die eigenen gewalttätigen

54 The Challenging Male Supremacy Project, (Guarav Jashnani, RJ Maccani und Alan Greig). »What Does It Feel Like When Change Finally Comes? Male Supremacy, Accountability, and Transformative Justice«. IN: *The Revolution Starts at Home: Confronting Intimate Violence Within Activist Communities*. Hrsg: Ching-In Chen, Jai Dulani, Leah Lakshmi Piepzna-Samarasinha. South End Press: Brooklyn, 2011. S. 226.

Anteile entwickeln oder sich besser dazu ins Verhältnis setzen. Die gezielte Arbeit mit den Schuld- und Schamgefühlen der gewaltausübenden Person, welche sich aus der ›Täter*innen‹-Position ergeben und eine tiefere Auseinandersetzung verhindern, kann zu einer verstärkten Verantwortungsübernahme führen. Bei der Bearbeitung der Gewaltmuster ist immer auch die gegenwärtige physische und psychische Situation der gewaltausübenden Person im Hinblick auf Faktoren wie Arbeitslosigkeit, Obdachlosigkeit, Aufenthaltsstatus, Drogenkonsum usw. zu berücksichtigen.

13. Konkrete Gewaltsituationen durcharbeiten

Die bisherigen Lernschritte der Transformativen Arbeit können anhand einer konkreten Situation, in der Gewalt ausgeübt wurde, detailliert durchgearbeitet werden. Dies ist jedoch nur möglich, wenn eine Benennung und Beschreibung der konkreten Situation durch die betroffene Person vorliegt, denn erfahrungsgemäß unterscheiden sich die Wahrnehmungen und Beschreibungen sehr stark. Wenn ein Arbeiten an konkreten Situationen möglich ist, kann hierdurch ein Perspektivenwechsel der gewaltausübenden Person erzielt werden, wodurch er*sie die Definition der betroffenen Person vertiefend anerkennen und akzeptieren kann. Für die TA-Gruppe ist es dabei wichtig, darauf zu achten, inwiefern diese konkrete Situation von einer Beziehungsdynamik oder einer Reihe von mehreren gewaltförmigen Grenzverletzungen gerahmt wird. Denn die intensive Bearbeitung einer konkreten Situation behandelt einerseits nur einen Ausschnitt der gewaltförmigen Verhaltensmuster. Andererseits kann die Anerkennung seitens der TA-Gruppe, dass die Handlung ggf. vor dem Hintergrund einer Beziehungsdynamik ausgeübt wurde, dem entgegenwirken, dass die gewaltausübende Person auf Verleugnung und Abwehr zurückgreift. Solch eine differenzierte Herangehensweise sollte sich jedoch nicht einschränkend oder relativierend auf die Haltung der TA-Gruppe auswirken, die gewaltausübende Person trägt die volle Verantwortung für das gewaltvolle Verhalten in der besprochenen Situation.

14. Weitere Situationen und Gewaltmuster durcharbeiten

Vertieft sich die Einsicht der gewaltausübenden Person bezüglich der eigenen Gewaltmuster und kommt es zu einem zunehmenden Perspektivenwechsel hin zu der Definition der betroffenen Person, kann die Verantwortungsübernahme der gewaltausübenden Person noch erweitert werden. Die TA-Gruppe kann mit ihm*ihr an weiteren Situationen arbeiten, in denen es zu Gewalthandlungen gekommen ist. Dabei kann es auch um Situationen gehen, in denen weitere Personen betroffen waren. Besteht die notwendige Offenheit der gewaltausübenden Person, können auch immer feinere und vermeintlich weniger gravierende Situationen bearbeitet werden, sodass die Fähigkeit der gewaltausübenden Person, bei sich Muster der Macht, Kontrolle und Gewalt zu erkennen, gestärkt wird.

Gewaltmuster herausarbeiten und verändern

Um sich den Mustern der Gewalt bei der gewaltausübenden Person anzunähern, kann die TA-Gruppe mit ihm*ihr an den folgenden Fragen arbeiten:

- In welchen Situationen greifst du zu Gewalt?
- Wie fühlst du dich in dieser Situationen? Was geht dir durch den Kopf und wie fühlt sich dein Körper an?
- In welchen emotionalen Zuständen genau greifst du zu Gewalt?
- Hast du in diesen Situationen noch andere Handlungsoptionen, als zu Gewalt zu greifen?
- Inwiefern kann die Gewalt auch in eine Dynamik oder Handlungskette eingeschrieben sein?
- Wie hängt die Gewalt mit deinen eigenen Verletzungen, Schmerzerfahrungen sowie Ängsten vor Kontroll- und Machtverlust zusammen?
- Wie kannst du erkennen, wann Grenzen einer anderen Person oder auch bei dir selbst überschritten werden?
- Was brauchst du, um weniger oder auch nicht mehr auf Gewalt zurückgreifen zu müssen?

Die gewaltausübende Person soll zunehmend erkennen, dass Gewalt ein inakzeptables und auch ineffektives Mittel ist, um die eigenen Bedürfnisse zu erfüllen. Hierzu kann auch an einer konkreten Situation gearbeitet werden. So kann sich damit auseinandergesetzt werden, wie der Lebensweg und vergangene Erfahrungen der gewaltausübenden Person mit der Gewaltsituation zusammenhängen. Erfolgt dies auch aus einer gesellschaftskritischen Perspektive, kann sich ein umfassendes Bild ergeben, weshalb und worin Muster der Gewalt und Dominanz bei der gewaltausübenden Person bestehen. Anhand einer konkreten Situation kann auch herausgestellt werden, wie die Gewalthandlung mit der (Beziehungs-)Dynamik mit der/den anderen Person/en verknüpft ist.

- Was ist vor der konkreten Gewaltsituation passiert?
- Wie war die Ausgangssituation?
- Was waren die Bedürfnisse der gewaltausübenden Person?
- Welche Emotionen hat die gewaltausübende Person bei sich wahrgenommen? Hat er*sie sich z.B. angegriffen, abgewertet oder in die Ecke gedrängt gefühlt?
- Welche Gefühle sind daraufhin entstanden (z.B. Wut, Aggression, Unsicherheit)?
- Welche anderen Handlungsimpulse hat er*sie wahrgenommen? (wie z.B.: »Erst wollte ich einfach wegrennen, aber dann habe ich sie*ihn geschüttelt und angeschrien.« Oder ein anderes Beispiel: »Im Grunde habe ich mir Nähe und Zuneigung gewünscht. Das finde ich sehr schwer zuzugeben und mir einzugestehen.« »Ich habe mir eingebildet, sie*er wollte auch etwas von mir. Ich habe ihre*seine Zeichen völlig fehlinterpretiert, das ist mir heute klar.«)
- Für welchen Handlungsimpuls hat sich die gewaltausübende Person entschieden?
- Hat er*sie die Nicht-Zustimmung der anderen Person wahrgenommen? Ist er*sie bewusst darüber hinweggegangen?

Es ist wichtig, in der Transformativen Arbeit viele verschiedene Situationen, in denen die gewaltausübende Person zu Gewalt gegriffen hat, genau durchzusprechen. Dabei besteht auch die Möglichkeit, die Gewaltsituation in verschiedene Sequenzen einzuteilen, indem nach Veränderungen in den Emotionen oder auch nach Entscheidungen bezüglich verschiedener Handlungsimpulse gefragt wird. Die Handlungsabläufe herauszuarbeiten und sich die (verdeckten) Handlungsmotivationen bewusst zu machen, kann dazu beitragen, in Zukunft anders handeln und sich in Situationen anders entscheiden zu können.

Wenn die TA-Gruppe mit der gewaltausübenden Person verschiedene Muster herausgearbeitet hat, geht es im Anschluss darum, sie zu verändern und andere Reaktionen, Entscheidungen und Handlungsmöglichkeiten zu entwickeln und zu erproben. Die pure Erkenntnis allein reicht nicht aus. Sondern es geht darum, ein alternatives Handeln in der Praxis ganz konkret zu erproben (z.B. Nähe herzustellen, indem die Person gefragt wird: »Kannst du mich in den Arm nehmen, darf ich mich bei dir anlehnen?«) und Beziehungen zu entwickeln, die dieses Handeln unterstützen (z.B. eine*n gute*n Freund*in um Unterstützung in kritischen Situationen bitten). Werden neue Verhaltensweisen im Alltag umgesetzt, lässt sich daran erkennen, dass eine Veränderung bei der gewaltausübenden Person tatsächlich bereits stattgefunden hat.

15. Neue Verhaltensweisen lernen und im Alltag leben

Die gewaltausübende Person eignet sich im TA-Prozess neue Verhaltensweisen und Handlungsmöglichkeiten an, um mit sich selbst und anderen Personen verantwortungsvoller umzugehen. So kann er*sie z.B. lernen, nicht mehr auf macht- und gewaltvolle Handlungsweisen zurückzugreifen, wenn er*sie Schmerz, Ohnmacht und Verletzungen erfährt, vermisst oder nicht erträgt oder eine Verbindung zu einer anderen Person herstellen möchte und dabei auf Zurückweisung oder sogar auf Abwertung stößt. Außerdem übt die Person sich darin, ihre*seine Sexualität und sexuellen Kontakte auf dem Prinzip der Zustimmung und einer sensiblen Kommunikation aufzubauen. Insgesamt wird ihm*ihr immer mehr bewusst, wie die eigenen Denk-, Fühl- und Handlungsweisen mit gesellschaftlichen Privilegien und Macht zusammenhängen.

Durch das Besprechen von vergangenen und aktuellen Situationen mit der TA-Gruppe wird deutlich, dass die gewaltausübende Person neue Umgangsformen im Denken, Fühlen und Handeln erlernt hat. Er*Sie greift nicht mehr oder stark vermindert auf diskriminierendes oder grenzverletzendes Verhalten zurück. Für die TA-Gruppe kann es gegen Ende des Prozesses Sinn machen, von außenstehenden Personen ein Feedback zu holen, um einschätzen zu können, ob es zu einer nachhaltigen Transformation bei der gewaltausübenden Person gekommen ist.

Bedürfnisse mitteilen und aushandeln

Hier geht es darum, dass die gewaltausübende Person lernt, die eigenen Bedürfnisse wahrzunehmen und zu reflektieren. In der Auseinandersetzung damit, wie er*sie bisher mit ihnen umgegangen ist und wie er*sie jetzt mit ihnen umgeht, wird der Transformationsprozess sichtbar. Gegenstand der Reflexion kann auch sein zu überprüfen, inwiefern und in welchen Situationen bisher zu Dominanz, Grenzüberschreitungen und/oder Gewalt gegriffen wurde. Die gewaltausübende Person lernt dadurch anzuerkennen, dass diese drei Muster keine akzeptablen Mittel sind, um Bedürfnisse zu erfüllen. Vielmehr entwickelt er*sie alternative Fähigkeiten, um Bedürfnisse wahrzunehmen, mitzuteilen und auszuhandeln, ohne dabei Dominanz, Grenzüberschreitungen und/oder Gewalt auszuüben. Der Fokus sollte in diesem Arbeitsschritt darauf liegen, wie ein möglichst gewaltfreier Umgang aussehen kann, wenn Wünsche und Bedürfnisse nicht erfüllt werden. Hier gilt es für die gewaltausübende Person zu lernen, Gefühle der Frustration und Enttäuschung auszuhalten und nicht in Gewalt münden zu lassen.

Zustimmung üben

In der Reflexion der eigenen, ansozialisierten dominanten Verhaltensweisen kann herausgearbeitet werden, wo diese die Grenzen anderer Menschen verletzen. Dabei ist es zentral, darauf einzugehen, inwieweit die Grenzen anderer überhaupt erkannt bzw., ob sie ignoriert werden und über sie hinweggegangen wird. Einen Gegenentwurf zu den Mustern der Gewalt und Dominanz stellt das Zustimmungskonzept dar. Da bisweilen die Grenzen von anderen Personen nicht eindeutig erkennbar oder markiert sind, zielt das Konzept der Zustimmung darauf ab, eine größere Sicherheit im Umgang mit Grenzen herzustellen. Das Konzept arbeitet damit, dass das Gegenüber gefragt werden soll, wo seine*ihre Grenzen liegen: »Sag mal, rede ich zu viel?«, »Halte ich gerade zu wenig Abstand zu dir?«, oder: »Darf ich meinen Arm um dich legen?«. Durch diese Fragen kann sowohl Klarheit geschaffen werden, welche Grenzen in der Situation gerade bestehen, als auch die Zustimmung eingeholt werden, um eine gemeinsame Nähe herzustellen oder gemeinsam aktiv zu sein. Insgesamt schulen diese Fragen also die Aufmerksamkeit für die Grenzen anderer Person.

Um zu überprüfen, inwiefern bisher Grenzen erkannt und geachtet oder überschritten wurden, kann es hilfreich sein, verschiedene konkrete Situationen aus dem eigenen Leben oder dem Alltag durchzugehen. So können

Situationen durch nachträgliches Nachfragen dahingehend überprüft und eingeschätzt werden, wie der Umgang mit den Grenzen in der jeweiligen Situation war. Wird dies als eine allgemeine Lernaufgabe verstanden und nicht als eine einmalige Auseinandersetzung, kann die Wahrnehmung von Grenzen immer feiner und detaillierter werden. Indem z.B. die kleinen Anzeichen der Körpersprache bewusster wahrgenommen werden, kann der eigene Blick dahingehend geschult werden, ob eine andere Person sich gerade im Kontakt wohl und respektiert fühlt – oder nicht. So können z.B. Zurückweichen, Luft Anhalten, leiser Werden, Hin- und Herrutschen, Arme Verschränken oder das Überspielen einer Verlegenheit oder Unsicherheit darauf hindeuten, dass es gerade im Kontakt einer Veränderung bedarf. Diese Signale zeigen an, dass eine Nachfrage an der Stelle angebracht wäre.

Doch auf solch eine geschulte Wahrnehmung sollte sich nicht einfach verlassen werden. Sie dient vor allem dazu, die Veränderung des Verhaltens zu unterstützen, aber um das Nachfragen kommt mensch und speziell eine Person, von der bereits Gewalt ausgegangen ist, nicht herum. Denn nur das Nachfragen und sich Vergewissern verschafft eine größere Sicherheit, dass im Umgang mit anderen Menschen keine Grenzen ungewollt überschritten werden.

Beim Nachfragen ist es wichtig zu bedenken, dass durch die Sozialisation bestimmten Personen vermittelt wurde, dass sie nicht »Nein« sagen sollen, sondern immer freundlich und nett zu sein haben. Dies sollte beim Fragen und dem Einschätzen einer Situation auch berücksichtigt werden, z.B. indem ein »Nein« durch die Art und Weise, wie die Frage gestellt wird, erleichtert wird: »Hast du Lust, dass ...? Wenn nicht, ist das selbstverständlich völlig ok.«, »Was magst du lieber? Was möchtest du richtig gerne?«.[55]

16. Transparenz im Umfeld schaffen

Die gewaltausübende Person macht in ihrem*seinen Umfeld ausreichend transparent, dass er*sie Gewalt ausgeübt hat und sich gegenwärtig in einem Prozess der Transformativen Arbeit befindet. Insbesondere bei neuen Bekanntschaften, Freund*innen und Beziehungspartner*innen, in denen es auch zu sexuellen Kontakten kommt, teilt er*sie der anderen Person oder

55 Als weitere Lektüre empfehlen wir das Zine »Learning Good Consent« von Cindy Crabb, auf Deutsch: »Konsens Lernen«: https://konsenslernen.noblogs.org/ (30.07.2018).

den anderen Personen mit, dass er*sie Gewalt ausgeübt hat und gerade an einer Veränderung arbeitet.

17. Für eine Entschuldigung und Wiedergutmachung sorgen

Die gewaltausübende Person entschuldigt sich bei der betroffenen Person und leistet eine Form der symbolischen oder materiellen Wiedergutmachung, wenn dies von der betroffenen Person gewünscht sein sollte.[56] Manchen betroffenen Personen wünschen sich ein Gespräch mit der oder einen Brief von der gewaltausübenden Person mit einer Entschuldigung, dies kann helfen, die Situation besser verarbeiten zu können. Ebenso kann ein Abschlussbericht von der TA-Gruppe für den Heilungsprozess der betroffenen Person hilfreich sein. Dies muss sich jedoch an den aktuellen Bedürfnissen der betroffenen Person orientieren. Hier ist eine Koordination mit den Unterstützer*innen und der betroffenen Person, und eventuell auch eine gemeinsame Vorbereitung auf ein mögliches Treffen oder für einen Brief angesagt. Die TA-Gruppe kann auch bei der Formulierung helfen, damit der Ton angemessen ist und keine Aspekte angesprochen werden, die die Grenzen der betroffenen Person erneut überschreiten könnten.

Eine Wiedergutmachung kann auch darin bestehen, dass die gewaltausübende Person einen Teil der Kosten für die Therapie oder Beratung der betroffenen Person trägt oder an soziale Projekte spendet oder gemeinnützige Arbeit übernimmt oder eigene Interessen oder Karriereoptionen zurückstellt, um stattdessen der eigenen Reflexion und gemeinnütziger Arbeit einen größeren Stellenwert einzuräumen.

18. TA-Prozess verinnerlichen und Entwickeln einer lebenslangen Perspektive

Was zu Beginn des TA-Prozesses als Ziel und als mögliches Ergebnis definiert wurde, wird nun für die gewaltausübende Person immer greifbarer. Sie überwindet zunehmend Schuld- und Schamgefühle, arbeitet alte Muster der Dominanz und Macht durch und verinnerlicht die neu erlernten Um-

56 Beispiele für Wiedergutmachungen und Formulierungsvorschläge für Entschuldigungen finden sich hier: Step 4. Make repairs for the harm. In: Creative Interventions Toolkit. A Practical Guide to Stop Interpersonal Violence (pre-release version). 2012. http://www.creative-interventions.org/tools/toolkit/ (30.07.2018). Abschnitt 4.F, S.55-57.

gangsweisen. Die Grundlagen, Werte und Prinzipien der Transformativen Arbeit werden durch die gewaltausübende Person immer mehr zu einem eigenen Anliegen und einer Einstellung, die er*sie nicht mehr missen möchte. Vielmehr richtet er*sie sein*ihr weiteres Leben darauf aus, weiterhin in seinem*ihrem Denken, Handeln und Fühlen verantwortlich zu bleiben. Dabei kann es auch sinnvoll sein, dass er*sie sich um eine Person oder Gruppe bemüht, die in gewissen Zeitabständen immer wieder bei ihm*ihr nachfragt, wie der Prozess der Verantwortungsübernahme sich weiterhin gestaltet. Außerdem lernt die gewaltausübende Person, sich und allen anderen Beteiligten an dem TA-Prozess Wertschätzung auszusprechen. Sie*er ist sich dabei sowohl ihrer*seiner Erfolge und Entwicklungen bewusst als auch der weiterhin bestehenden Baustellen, durch die das eigene und das Leben anderer Personen eingeschränkt wird. Sie*er begreift, dass der TA-Prozess nicht ein für alle Mal abgeschlossen ist, sondern vielmehr eine lebenslange Perspektive der kontinuierlichen Transformation eröffnet und ermöglicht hat.

19. Verantwortungsübernahme in der Commmunity und Handeln als Verbündete*r

Mit der Transformativen Arbeit versuchen wir nicht nur, eine Verantwortungsübernahme der gewaltausübenden Person für die individuellen Gewalthandlungen zu erzeugen, sondern auch, ein grundsätzliches Verständnis dafür zu schaffen, wie diese Handlungen und Taten mit gesellschaftlichen Machtverhältnissen zusammenhängen. Verantwortungsübernahme meint somit nicht nur nach innen eine individuelle, persönliche, reflektierende Handlung im Zwischenmenschlichen, sondern auch nach außen ein aktives Vertreten und Einstehen für Verantwortung und Veränderung in der Community und Gesellschaft. Das beginnt z.B. damit, keine rassistischen, transphoben oder sexistischen Sprüche oder abwertendes Sprechen über betroffene Personen oder Verharmlosen von Gewalt gelten zu lassen, und reicht bis hin zu dem Empowern und Schaffen von Räumen, in denen betroffene Personen sprechen können, sie gehört und gestärkt werden und ihr Erfahrungswissen anerkannt wird. Damit geht einher, Verantwortung für die eigenen Privilegien zu übernehmen und Ressourcen für Marginalisierte zur Verfügung zu stellen. Die Verflechtung von individueller und sozialer Verantwortung sollte explizit in der Arbeit thematisiert werden.

Das kann bedeuten, dass die gewaltausübende Person zunehmend auch innerhalb ihres*seines Umfelds Verantwortung übernimmt und sich aktiv gegen Gewalt und Unterdrückungsverhältnisse einsetzt. Dies kann verschiedene Formen annehmen. So kann sie*er weiterhin eine Transparenz hinsichtlich ihrer*seiner verübten Gewalt und des Transformationsprozesses schaffen, dadurch wird ein Sprechen über Sexismus, sexualisierte Gewalt, Awareness, Verantwortung und Transformative Arbeit in verschiedenen alltäglichen Situationen gestärkt und als wichtig anerkannt. Der offene Umgang mit den eigenen Gewaltausübungen enttabuisiert diese Themen und verdeutlicht, dass eine Veränderung prinzipiell möglich ist, wodurch auch andere gewaltausübende Personen zu einer eigenen transformativen Auseinandersetzung ermutigt werden. Die gewaltausübende Person kann auch, insofern dies gewünscht und er*sie dafür geeignet ist, die Transformative Arbeit von anderen gewaltausübenden Personen begleiten bzw. unterstützen und/oder mit ähnlich privilegierten Personen arbeiten, z.B. in kritischen Männergruppen. Insgesamt kann sich die gewaltausübende Person dafür einsetzen, dass in den eigenen Umfeldern weniger Gewalt präsent ist und verschiedene Personen somit angstfreier in der Community leben können.

XI. Methoden der Transformativen Arbeit

In der Transformativen Arbeit können unterschiedliche Methoden ausprobiert werden und zum Einsatz kommen. Einige davon stellen wir an dieser Stelle vor. Wir empfehlen darüber hinaus den Text von *Philly Stands Up*, »Portrait of our Practice« (Porträt unser Praxis), in dem sie beschreiben, mit welchen Methoden sie arbeiten.[57]

Das Setting

Das Setting kann verschieden gestaltet werden, ihr könnt auch Verschiedenes ausprobieren und herausfinden, wie es für euch am besten funktioniert:

- Zwei oder mehr Personen aus der TA-Gruppe treffen sich mit der gewaltausübenden Person;
- Zwei Personen leiten, bzw. begleiten den TA-Prozess und die gewaltausübende Person reflektiert sich parallel innerhalb einer Gruppe von ca. vier Personen (die gesellschaftlich ähnlich positioniert sind wie diese);
- An den Treffen der TA-Gruppe (z.B. drei Personen) mit der gewaltausübenden Person nehmen auch z.B. zwei Freund*innen oder Personen aus seinem*ihrem Umfeld teil.

Ein Setting, bei dem sich die gewaltausübende Person nicht ›alleine‹ einer TA-Gruppe gegenübersieht, kann das Einlassen und Vertrauen der gewaltausübenden Person in die Transformative Arbeit erhöhen.

Das Heft

Die gewaltausübende Person und die Personen, mit denen er*sie sich in der Gruppe reflektiert, halten schriftlich (z.B. in einem Heft) ihren Prozess fest. So können z.B. Fragen gestellt oder Themen formuliert werden und zu diesen schreiben alle etwas auf. Dadurch werden vergangene Reflexionen nicht nur nachlesbar, sondern es entsteht auch eine konzentriertere Atmosphäre während der Treffen, die eine intensivere Reflexion ermöglichen.

---

57 Peters-Golden, Jenna; Lance Kelly, Esteban (von Philly Stands Up): Portrait of Praxis. Anatomy of an Accountability Process. https://www.transformativejustice.eu/wp-content/uploads/2010/02/portrait-of-praxis.pdf (31.07.2018).

Gespräche in verschiedenen Zusammensetzungen

Um den Ablauf der Treffen abwechslungsreich zu gestalten, können Stillarbeitsphasen (Verschriftlichung von Gedanken im Heft/auf Karten/Plakaten) mit Gesprächen in verschiedenen Gruppengrößen (vom Austausch zu zweit bis zur Gruppenrunde) kombiniert werden. Damit gibt es Phasen, in denen jede*r für sich selbst nachdenkt und sich reflektiert, und solche, in denen es darum geht, anderen zuzuhören, etwas gesagt zu bekommen, Fragen zu beantworten, Fragen zu stellen und ggf. konfrontiert zu werden.

Verwendung von Medien

In der Transformativen Arbeit können politische Texte oder Erfahrungsberichte von Betroffenen von sexualisierter Gewalt oder Texte von gewaltausübenden Personen genutzt werden, um an ihnen beispielhaft zu arbeiten. Hierfür können Texte oder Ausschnitte aus Romanen gelesen oder Blogeinträge oder Filmausschnitte verwendet werden.

An dieser Stelle verweisen wir auf das Handbuch von *Support New York* für ihre Transformative Arbeit mit gewaltausübende Personen und den ›Study-into-Action‹-Leitfaden von *Challenging Male Supremacy* für eine Lese- und Diskussionsgruppe für Männer, die sich kritisch mit dem Patriarchat auseinandersetzen wollen.[58]

Erfahrungsberichte von von sexualisierter Gewalt Betroffenen

Es kann mit schriftlichen Erfahrungsberichten gearbeitet werden oder betroffene Personen können persönlich zu einem Treffen eingeladen werden, z.B. Personen, die schon länger zu diesen Themen arbeiten und bereit sind, ihre Geschichten mit einem Publikum zu teilen.

Flipchart, Brainstorming, Kärtchen

Ihr könnt den jeweiligen Themenschwerpunkt oder die Fragestellung auf einem Flipchartpapier aufschreiben. Ggf. kann die TA-Gruppe zu Themen referieren. In Form eines Brainstormings können Aspekte ergänzt werden. Als Stillarbeit kann auf Kärtchen geschrieben werden, diese können auf die Flipchart geheftet und Rubriken zugeordnet werden.

---

58 Support New York »Accountability Process Curriculum« Januar 2016: https://supportnewyork.files.wordpress.com/2018/06/curriculum.pdf. Challenging Male Supremacy's »Study-Into-Action« Leitfaden: http://challengingmalesupremacy.org/our-work/study-into-action/.

Übungen

Übungen, wie Körperübungen oder Gruppenbildungs-/Vertrauensübungen helfen den beteiligten Personen, sich aufeinander einzulassen, und können die Konzentration steigern, wenn lange am Stück gearbeitet wurde. Empfehlenswert sind Partnerübungen, Nähe- und Distanzübungen, in denen eine Person »Stop« sagt, Antiaggressionsübungen, in denen z.B. schnelle Wechsel zwischen Laufen/Schreien und Ruhe geübt werden, oder Vertrauensübungen, bei denen man mit verbundenen Augen durch den Raum geführt wird oder sich fallen lassen muss. Diese Aufzählung stellt nur eine Anregung dar, wenn ihr merkt, dass ihr gerne mit solchen Übungen arbeiten wollt, könnt ihr weitere recherchieren.[59]

Weitere Methoden

Es gibt weitere Methoden, die wir für potenziell hilfreich für eine solche Arbeit halten. Viele davon sind nicht spezifisch für diese Arbeit gedacht und haben auch Leerstellen, die wir kritisch betrachten, und müssten dann sorgfältig dementsprechend angepasst werden. Ihr könnt selbst neue Methoden entdecken, wir empfehlen aber, dass ihr nie Methoden ohne Vorbereitung ›ausprobiert‹. Am besten wäre es, wenn ihr euch zunächst von einer erfahrenen Person die Methode (und deren Grenzen und Gefahren) erklären lasst, sie dann selbst ausprobiert und erlebt und sie daraufhin zunächst in risikoarmen Situationen einübt.

Solche Methoden könnten sein:

- Antiaggressionstraining
- Selbstverteidigung und Kampfkünste
- Meditation & Bewusstseinsarbeit
- Yoga
- Gestalttherapie
- Systemtherapie
- Theater der Unterdrückten & Playback Theater
- Konfliktmediationsmethoden

---

59 Siehe die Arbeit von Dami Charf in Deutschland und *Generative Somatics* in den USA.

XII. Zur Haltung der TA-Gruppe

Wir wollen wir an dieser Stelle einige Aspekte besprechen, die als Orientierungspunkte für die Haltung der Personen der TA-Gruppe dienen können. Zudem wollen wir hier darauf eingehen, wie die TA-Gruppe in der Arbeit auf sich selbst achten und sich kritisch hinterfragen kann.

1. Spannungsverhältnisse

Zwischen Empathie und Konfrontation

Es ist wichtig, als TA-Gruppe ein ausgewogenes Verhältnis von Empathie und Konfrontation gegenüber der gewaltausübenden Person zu erlangen oder beizubehalten.[60] Zu wenig Empathie kann bewirken, dass die gewaltausübende Person dichtmacht, sich unverstanden und nur noch unter Druck gesetzt fühlt. Zu viel Empathie kann bewirken, dass keine tiefgehende Auseinandersetzung und Infragestellung stattfindet und die gewaltausübende Person nicht an entscheidenden – und herausfordernden – Aspekten ihres*seines Verhaltens arbeitet. Konfrontation bedeutet nicht, in einem strengen oder lauten Ton zu sprechen. Es geht nicht darum, wie sanft oder wie bestimmt die TA-Gruppe interveniert oder die gewaltausübende Person auf Sachen hinweist, sondern darum, dass die gewaltausübende Person auf seine*ihre Verhaltensweisen oder Haltungen hingewiesen wird, die er*sie nicht im Blick hat oder nicht erkennt oder bemerkt. Zu viel Empathie kann zu einem Verlust der Betroffenenperspektive führen und dazu, dass sich die TA-Gruppe in die Muster der gewaltausübenden Person verwickeln lässt, z.B. wenn die gewaltausübende Person ausstrahlt, dass sie*er geschont und bedauert werden muss, und die TA-Gruppe darauf einsteigt. Es kann somit auch zu einer Fokusverschiebung in der Transformativen Arbeit kommen, wenn es stärker um das Wohlbefinden der gewaltausübenden Person geht als um das eigentliche Ziel der Transformativen Arbeit.

60 Für einen hilfreichen Fragenkatalog zur Selbstreflexion siehe Creative Interventions: »Taking Accountability Tool F.4. Self-Reflection and Practice for Allies. Practice Questions.« In: Creative Interventions Toolkit. A Practical Guide to Stop Interpersonal Violence (pre-release version). 2012. http://www.creative-interventions.org/tools/toolkit/ (30.07.2018). Abschnitt 4.F, S. 78-80.

Sowohl Empathie als auch Konfrontation sind wichtige Impulse für eine Transformation und das angemessene Spannungsverhältnis zwischen diesen Polen sollte stets im Auge behalten werden.

Konfrontation

Für die gewaltausübende Person ist es wahrscheinlich unangenehm, immer wieder konfrontiert zu werden. Das kann Gedanken/Impulse wecken wie: »Ich werde kritisiert. Immer mache ich alles falsch. Die verstehen mich nicht. Das war doch nicht meine Absicht.« Es ist hilfreich, grundsätzlich über Konfrontation zu sprechen und darüber, warum sie ein wichtiger Teil der Arbeit ist. Zudem sollte sich die gewaltausübende Person bewusst machen, dass es nicht darum geht, ihn*sie zu maßregeln, sondern seiner*ihrer Sichtweise eine wichtige andere Perspektive zur Seite zu stellen – eine betroffenen-parteiliche Perspektive, eine queer*feministische Perspektive, die wichtig ist, um selbst eine andere Perspektive entwickeln zu können. Konfrontation ist nicht dazu da, die gewaltausübende Person zu ärgern oder um ihm*ihr zu schaden oder ihn*sie als ganze Person infrage zu stellen. Stattdessen ist sie ein wichtiges Mittel, um Veränderungen anzustoßen, gerade dann, wenn der Prozess zum Stillstand zu kommen droht. Mit Unangenehmem konfrontiert zu werden, kann eine Einsicht herbeiführen – was wir als »Lernen an Wendepunkten« beschreiben. Wendepunkte sind notwendig, wenn gewohnte Muster nicht mehr funktionieren oder der Wunsch besteht, sie aufzubrechen, etwa weil sie einem*r selbst oder anderen schadeten. Aus dieser Einsicht heraus können neue Perspektiven und neue Sicht- und Handlungsweisen entwickelt werden. Diese Wendepunkte sind oft Zeiten der Verunsicherung. Es gibt auch Ansätze, die beschreiben, dass Menschen sich z.T. in einer Art ›Komfortzone‹ bewegen, die ihnen bekannt und angenehm ist. Diese Vertrautheit und Behaglichkeit führen jedoch dazu, dass es kaum zu Veränderungen kommt. Die meisten Lernprozesse passieren dann, wenn Personen diese Komfortzone verlassen oder sich am Rande der Komfortzone befinden. Veränderungen sind dementsprechend erst einmal unangenehm oder verunsichernd.

Somit ist die Einschätzung der TA-Gruppe wichtig, ob gerade mehr Anstöße und Impulse angemessen sind oder nicht. Dabei sollte der gewaltausübenden Person nicht ein Zuviel an Verunsicherung zugemutet werden und wenn die gewaltausübende Person gerade in einem schmerzhaften

Prozess steckt, ist eher Empathie notwendig, damit er*sie nicht den Boden unter den Füßen verliert.

Empathie geben

Empathie für die gewaltausübende Person zu haben, bedeutet, die Gedanken, Gefühle und Handlungen der Person nachzuvollziehen. Das meint, ohne Wertung nachzuvollziehen, was bei der Person los ist oder passiert. Empathie ist der Versuch, die Gefühle und Bedürfnisse zu akzeptieren und diese nicht moralisch zu bewerten, sondern an ihnen anzuknüpfen, um neue Verbindungen zwischen den unterschiedlichen Erfahrungen und Bedürfnissen von Menschen herzustellen, in Solidarität und ohne Gewalt. Es geht darum, Differenzen nicht aufzulösen oder gleichzumachen, sondern solidarische Verbindungen herzustellen. Empathie bedeutet auch, sich in die Person hineinzuversetzen oder »in den Schuhen der anderen Person zu laufen«. Empathie ist hier nicht zu verwechseln mit Anerkennung geben. Empathie für eine Person zu haben und ihre Handlungen klar abzulehnen, kann zusammengehen. Anerkennung, Lob und Wertschätzung gehen über Empathie hinaus und stellen eine positive Bewertung dar – was in der Transformativen Arbeit ebenfalls wichtig ist, jedoch erst im Hinblick auf die vollbrachte Veränderung stattfinden sollte.

Nachzuvollziehen, wie die gewaltausübende Person denkt, fühlt und handelt, ist wichtig, um die Person beim Perspektivenwechsel zu unterstützen. Die Perspektive kann leichter gewechselt werden, wenn auch die alte oder jetzige Perspektive verstanden wird.

Zeiten, in denen die TA-Gruppe der gewaltausübenden Person gegenüber ihre Empathie ausdrückt, sind für die gewaltausübende Person wahrscheinlich angenehmer, als Zeiten, in denen die TA-Gruppe sie*ihn viel konfrontiert. Die Transformative Arbeit insgesamt wird für die gewaltausübende Person belastend und anstrengend sein, deswegen sind Zeiten, in denen empathische Anteilnahme im Vordergrund steht, ein wichtiger Bestandteil.

Empathie kann daher zu einem eigenständigen Thema der Transformativen Arbeit werden. Dabei sollte es jedoch nicht nur um Empathie der TA-Gruppe gegenüber der gewaltausübenden Person gehen, sondern auch um die Empathiefähigkeit der gewaltausübenden Person selbst. Es ist ein wichtiger Schritt der Transformativen Arbeit, dass die gewaltausübende Person lernt, (noch) empathischer zu sein und die Perspektive, Gefühle,

Gedanken und Handlungen von anderen Personen noch besser zu verstehen, mit Empfindungen zu verknüpfen und nachzuvollziehen.

Vertrauen: Balance zwischen Distanz und Einlassen

Für die TA-Gruppe ist es unablässig, Distanz zu halten. Damit ist gemeint, sich selbst zu schützen, sich nicht zu stark einzulassen und sich nicht in Projektionen, Dynamiken und Muster verwickeln zu lassen. Wenn die TA-Gruppe zu sehr mit ihren Gefühlen und Dynamiken in den TA-Prozess emotional einsteigen würde, könnte sie den Überblick verlieren. Eine zu große Distanz wiederum könnte die Beziehung und den Beziehungsprozess in der Transformativen Arbeit erschweren. Es ist wichtig, dass die TA-Gruppe zu der gewaltausübenden Person eine Beziehung aufbaut. Diese bildet die Grundlage für das Vertrauen zueinander. Die Vertrauensbasis ist entscheidend dafür, dass alle sich einbringen und ehrlich miteinander umgehen, sich trauen, offen zu sprechen und nichts zu verfälschen. Der Veränderungsprozess der gewaltausübenden Person kann in der Transformativen Arbeit nur erreicht und besprochen werden, wenn Vertrauen besteht.

Schonung und Schutz der gewaltausübenden Person verhindern

Gewaltausübende Personen werden in der Gesellschaft immer wieder geschont und geschützt. Dieser Schutz macht es überhaupt erst möglich, dass gewaltausübende Personen weiter Gewalt ausüben können und keine Verantwortung übernehmen müssen. Dies gilt es zu verhindern. Die Transformative Arbeit kann insgesamt oder in Teilen in den Schutz der gewaltausübenden Person vor der Verantwortungsübernahme und vor den Konsequenzen des eigenen Verhaltens abrutschen. Ein solcher Schutz beginnt beispielsweise dann, wenn die Interessen der gewaltausübenden Person über die Interessen der betroffenen Person gestellt werden oder wenn das dominante oder gewaltvolle Verhalten der gewaltausübenden Person geduldet, verharmlost oder entschuldigt wird.

Es gehört somit grundlegend zu der Transformativen Arbeit, dass die TA-Gruppe ihre Arbeit dahingehend überprüft und reflektiert. Wie weiter unten unter dem Punkt »Gefühle als Ressource« (XII.3) beschrieben, können Gefühle wie Wut, Trauer oder Ekel bei den Personen der TA-Gruppe ein Indikator dafür sein, dass die gewaltausübende Person zu sehr geschont wird. Diese Wahrnehmung kann auch dazu genutzt werden, dass die TA-Gruppe sich nicht mit der gewaltausübenden Person verbündet. In solchen Fällen ist es wichtig, wieder eine notwendige Distanz zu schaffen und sich den Fokus der Arbeit bewusst zu machen. Der Schutz der gewaltausübenden Person hat meist auch mehr mit dem Umfeld zu tun, als mit der TA-Gruppe oder der gewaltausübenden Person selbst. Hier stellt sich die Frage, inwieweit auch mit den Schutzmustern des Umfeldes gearbeitet werden kann. Diese Arbeit geht über die eigentliche Transformative Arbeit hinaus, sie ist jedoch ein wichtiger Teil des gemeinschaftlichen Prozesses. So kann es darum gehen, dem Umfeld die Transformative Arbeit nahezubringen, damit dieses die Transformative Arbeit unterstützt und erkennt, dass ein Schutz der gewaltausübenden Person für die Transformative Arbeit hinderlich ist.

2. Umgang mit der gewaltausübenden Person

Trennung zwischen Person und Handlung

Zwischen der Person und ihrer*seiner Handlung zu unterscheiden, bedeutet, die gewaltausübende Person nicht ausschließlich und als ganze Person als Gewaltausübende*r anzusehen. Es geht darum, die gewaltausübende Person als Menschen in ihrer*seiner Menschlichkeit mit allen ihren*seinen Möglichkeiten, Herausforderungen, Ressourcen und Problemen anzuerkennen.[61] Diese Haltung erlaubt es auch der gewaltausübenden Person selbst, sich als menschlich zu sehen. Das ist wichtig, damit die gewaltausübende Person sich weiterhin als Person annimmt und sich nicht selbst ablehnt oder auf die Gewalt reduziert. Fühlt sich die gewaltausübende Person als ganze Person angegriffen und infrage gestellt, kann dies zu Abwehr und Blockaden führen oder die gewaltausübende Person derart destabilisieren, dass ihr*sein Wohlergehen gefährdet ist und er*sie beispielsweise zu Drogen greift. Beides wäre nicht hilfreich oder zielführend. Für die gewaltausübende Person geht es darum, ihr*sein eigenes gewaltvolles Handeln, nicht aber

61 Für weitere Gedanken zur politischen und ethischen Dimension der Anerkennung der Menschlichkeit der gewaltausübenden Personen siehe: Communities Against Rape and Abuse (CARA): Taking Risks. Implementing Grassroots Community Accountability Strategies. In: INCITE! Women, Gender Non-Conforming, and Trans People of Color Against Violence (Hrsg.): Color of Violence. The INCITE! Anthology. Cambridge, South End Press 2006. S. 251-266. Übersetzt durch das Transformative Justice Kollektiv Berlin als: Das Risiko wagen. Strategien für selbstorganisierte und kollektive Verantwortungsübernahme bei sexualisierter Gewalt. S. 17-18. https://www.transformativejustice.eu/wp-content/uploads/2017/04/Das-Risiko-wagen.pdf (30.07.2018).

die gesamte Person abzulehnen. Sieht sich die gewaltausübende Person in ihrer*seiner Menschlichkeit, wird es ihm*ihr ermöglicht, Verantwortung zu übernehmen, ohne in Empfindungen von Scham und Abwehr zu verharren.

Für die TA-Gruppe geht es darum, die Person als Menschen zu respektieren und zu achten und zugleich die Muster und Handlungen der Diskriminierung, Grenzüberschreitung oder Gewalt abzulehnen. Das Ziel ist es, nicht die Person zu kritisieren, sondern eine Verantwortungsübernahme bezüglich bestimmter Handlungen und Verhaltensmuster zu erreichen. Diese Haltung ist nicht nur eine wichtige Grundlage für eine erfolgreiche Transformative Arbeit, sie sollte auch klar vermittelt werden: »Wir kritisieren nicht dich als ganze Person, wir kritisieren bestimmte Verhaltensweisen und Muster.« Verfängt sich die gewaltausübende Person in dem Gedanken, ein schlechter Mensch zu sein, ist es hilfreich, die Trennung von Person und Handlung explizit zu thematisieren.

Transparenz gegenüber der gewaltausübenden Person

Nicht nur sollte die gewaltausübende Person die Gewalthandlung und den TA-Prozess gegenüber anderen transparent machen, sondern auch die TA-Gruppe sollte die Gestaltung des Prozesses und ihre Überlegungen der gewaltausübenden Person gegenüber transparent machen (vgl. Kapitel IX.3, Abschnitt »Plan der Transformativen Arbeit«). Das befördert die Beteiligung der gewaltausübenden Person an dem TA-Prozess und ihre*seine Zustimmung zu diesem. Es sollten schon im Voraus Vereinbarungen über die Dokumentation der Arbeit getroffen werden (Kap. IX.2, Abschnitt »Dokumentation«) und die gewaltausübende Person erhält Einsicht in die Dokumentation, wenn er*sie das möchte.

Zustimmung, Respekt und Verantwortlichkeit widerspiegeln

Die Haltung der Personen in der TA-Gruppe sollte die Haltung widerspiegeln, die sich die gewaltausübende Person aneignen soll: Zustimmung/Konsens, Respekt, Klarheit, Grenzen setzen und einhalten, Ehrlichkeit, Gewalt entgegentreten und Verantwortung übernehmen. Dafür ist es hilfreich, wenn diese Werte und Umgangsweisen auch in der TA-Gruppe und während der Transformativen Arbeit gelebt und ausgestrahlt werden. Schwierigkeiten und eigene Erfahrungen hinsichtlich dieser Werte und Haltungen können die Personen in der TA-Gruppen mit den anderen teilen. Damit zeigen sie sich persönlich und ermöglichen einen ehrlichen Umgang mit diesen Anforderungen, der deutlich macht, welche Herausforderung eine Umsetzung dieser Haltung für alle beinhaltet. Zudem wird damit der Abstand zwischen der gewaltausübenden Person und der TA-Gruppe verringert. Es könnte sich darüber ausgetauscht werden, was für eine erfolgreiche Umsetzung hilfreich und unterstützend wirkt. Die TA-Gruppe sollte somit selbst ein Vorbild sein und das Verhalten zeigen, das sie von der gewaltausübenden Person erwartet.

3. Wertschätzung der eigenen Arbeit durch die TA-Gruppe

Gefühle als Ressource

Transformative Arbeit beansprucht emotionale, geistige und körperliche Kapazitäten, da Veränderung auf allen diesen Ebenen und nicht allein auf der rationalen Ebene stattfindet. Es handelt sich hauptsächlich um eine gelebte, nicht konzeptuelle Arbeit. Diese Arbeit versucht, Trauma, Schmerz und schlechte Gefühle zum Ausdruck zu bringen und anzuerkennen und durch neue, gesündere, gewaltfreiere Praktiken zu ersetzen. Von daher muss die TA-Gruppe die Bereitschaft haben, die eigenen Emotionen wahrzunehmen, zu benennen, zu zeigen und auszuhalten, sich vor anderen verletzlich zu machen und die Persönlichkeit und Menschlichkeit der anderen im Blick zu behalten.

Für diejenigen, die sich in die Transformative Arbeit mit gewaltausübenden Personen einbringen, ist die Wahrnehmung ihrer eigenen Gefühle während der Arbeit eine wichtige Ressource. Denn die Gefühle haben etwas zu bedeuten und können den Prozess beeinflussen. So kann z.B. der eigene Ärger über die Gewalt der gewaltausübenden Person verhindern, dass die TA-Gruppe sich mit der gewaltausübenden Person verbündet. Die Gefühle sind ein Anzeiger oder Indikator dafür, was gerade passiert oder nicht passiert oder nicht ausgesprochen wird. So kann es hilfreich sein, die Gefühle auszusprechen und ihnen in der weiteren Transformativen Arbeit Raum zu geben: Worum geht es gerade? Was braucht wer gerade? Beispielsweise: »Das, was du zuletzt erzählt hast, macht mich sehr traurig«, oder: »Bei dem, was du eben erzählt hast, werde ich hoffnungsvoll.« Dann kann gemeinsam mit der gewaltausübenden Person reflektiert werden, ob die benannten Emotionen für den Veränderungsprozess von Relevanz sind.

Gefühle in der Transformative Arbeit zu thematisieren, eröffnet die Möglichkeit, einen stockenden Prozess wieder zu öffnen oder in Bewegung zu bringen. Dies gilt einerseits für die Benennung der Emotionen durch die TA-Gruppe, andererseits aber auch für die gewaltausübende Person. Versteckt er*sie sich hinter Wörtern und Argumentationen, kann dies verhindern, an den Kern der Sache heranzukommen. Es kann dazu führen, dass die Veränderung stockt oder sich im Kreis dreht. Auch dann ist es eine mögliche Strategie, Gefühle zu thematisieren, um Rationalisierungen und Ausweichmanövern seitens der gewaltausübenden Person entgegenzutreten. Eine Methode ist, das, was die gewaltausübende Person gesagt hat, zu wiederholen und in Bezug auf die Gefühle nachzufragen: »Ich habe gehört, dass dir das und das nicht gefallen hat und ich habe aus deiner Aussage herausgehört, dass du darüber traurig warst. Stimmt das?«. Diese Methode sollte jedoch behutsam verwendet werden, denn durch sie wird etwas ausgesprochen, was die gewaltausübende Person selbst nicht oder noch nicht ausgesprochen hat, dadurch könnte er*sie sich missverstanden oder bloßgestellt fühlen.

Offenheit für Selbstveränderung

Die Transformative Arbeit wird auch die Personen in der TA-Gruppe verändern. Der Veränderungsprozess, den die gewaltausübende Person durchläuft, wird sich auch auf die TA-Gruppe auswirken. Die beteiligten Personen werden einiges über sich lernen. Selbstreflexion und Reflexion der Gruppe und des Prozesses gehört zur ständigen Arbeit, diese verändert auch die einzelnen Personen. So können alle von der Arbeit profitieren, wenn sie die Offenheit dafür haben.

Fehler machen gehört dazu

Die Transformative Arbeit ist ein noch junges Konzept, mit dem bisher erst wenig Erfahrungen gemacht wurden. Die meisten Beteiligten werden diesen Weg zum ersten Mal gehen und dabei auf wenig Hilfe und Erfahrungen zurückgreifen können. Schon alleine deshalb gehört es dazu, dass Fehler gemacht werden und vieles neu erprobt und ausprobiert werden muss. Dass bei diesem Experimentieren Fehler passieren, ist an sich nicht das Problem. Vielmehr ist gerade der Umgang mit ihnen entscheidend, ob sie eine Verantwortungsübernahme einschränken oder unterstützen. Zu lernen, dass Fehler passieren und wie mit der daraus resultierenden Frustration oder sich anschließenden Konflikten umgegangen werden kann, ist für den Prozess sehr wertvoll. Hier kann es hilfreich sein, wohlwollend mit sich und dem Transformationsprozess umzugehen. In der Transformativen Arbeit sollte im Vordergrund stehen, lebendige Beziehungen aufzubauen und ernst und ehrlich in den Prozess zu gehen, anstatt krampfhaft zu versuchen, alles richtig zu machen und die Punkte und Schritte abzuhaken.

4. Kollektiv- & Selbst-Care

Umgang mit eigenen Triggern

Die Personen, die Transformative Arbeit machen, können in der Arbeit immer wieder auf eigene Gewalterfahrungen gestoßen werden. Reflektiere, wie du dich in der Transformativen Arbeit stabilisieren kannst und überprüfe, ob du selbst stabil genug für diese Arbeit bist. Wenn die Arbeit dir bei deinen eigenen Auseinandersetzungen mit ähnlichen Themen weiterhilft, ist das ideal; allerdings ist die Arbeit kein Ort für die Bearbeitung deiner eigenen Erfahrungen. Du hast die Rolle der Zuhörer*in, Fragesteller*in, Lehrer*in und Zeug*in (im Sinne eines Spiegels) in dem Prozess einer anderen Person. Wenn eigene Verletzungs-, Gewalterfahrungen und Trigger während des Prozesses auftauchen, kannst du dir selbst Unterstützung suchen, beispielsweise durch einen Austausch in der TA-Gruppe, wenn die gewaltausübende Person nicht mehr dabei ist.

Bevor ihr euch als TA-Gruppe für die Arbeit entscheidet und sie beginnt, tauscht euch über eure eigene Lebensgeschichte aus und darüber, was ihr in Trigger- oder verletzenden Situationen braucht. Es ist gut, sich vor Beginn der Transformativen Arbeit kennenzulernen und voneinander zu wissen, wer was braucht.

Überlege dir auch für dich alleine vor und nach der TA-Sitzung, was du brauchst, um dich zu stabilisieren. Tausche dich z.B. mit Freund*innen aus oder bespreche die Situationen in der Supervision oder Therapie oder mache Stabilisierungsübungen. Es ist wichtig, an diesem Punkt für sich selbst zu sorgen. Wenn du merkst, dass dich die Transformative Arbeit grundlegend überfordert, übergib sie jemand anderem.

Fürsorglicher Umgang mit den eigenen Ressourcen

Die Transformative Arbeit ist auch für die TA-Gruppe anstrengend, wühlt Gefühle auf, kann verwirrend und kräftezehrend sein. Deswegen ist es wichtig, in der Gruppe und mit sich selbst fürsorglich umzugehen. Das kann beinhalten, innerhalb der Gruppe eigene Ressourcen zu thematisieren und abzugleichen. Oder nicht einfach davon auszugehen, dass alle Personen immer verfügbar sind, oder darauf zu achten, dass einzelne Personen nicht auf bestimmte Fähigkeiten oder Aufgaben festgelegt werden. Oder zu besprechen, wo und von wem die Gruppe Unterstützung bekommen kann und sich zu fragen und darüber auszutauschen, was jeder einzelnen Person in einer belastenden Situation gut tut. Achtet darauf, wer welche Schwierigkeiten oder Herausforderungen hat, z.B. kann es einer Person schwer fallen, nach Unterstützung zu fragen oder Gefühle zu zeigen. Erinnert einander wohlwollend an diesen fürsorglichen Umgang miteinander und unterstützt euch gegenseitig.

Es kann auch ein guter Ausgleich sein, wenn die TA-Gruppe, das meint ohne die gewaltausübende Person, mal etwas Nettes, Entspannendes unternimmt, z.B. Eis essen oder kickern. Oder wenn die TA-Gruppe sich von anderen verwöhnen lässt, z.B. sich bekochen lässt oder einen Kuchen gebacken bekommt.

5. Politisches Verständnis

Bezüglich des politischen Verständnisses tauchten in den vorangegangenen Kapiteln immer wieder Aspekte auf, z.B. in den Kapiteln IV und X.10, Abschnitt »Marginale Geschlechterpositionierungen und Geschlechterrollen«, deswegen versuchen wir, den folgenden Teil kurz zu halten.

Veränderung und Transformation sind möglich

Dies ist eine der wichtigsten Haltungen für uns. Wer nicht an Veränderung glaubt, wird kaum einen Veränderungsprozess durchlaufen können. Auch ein Umfeld, das nicht an Veränderung glaubt, wird den Veränderungsprozess der gewaltausübenden Person schwerlich unterstützen können. Wir glauben an Veränderung und Transformation, da wir davon ausgehen, dass alle Menschen denkende und potenziell reflektierende und zu verantwortlichem Handeln fähige Personen sind. Das heißt natürlich nicht, dass es nicht schwierig ist, und das heißt auch nicht, dass nur durch den Willen allein Veränderungen möglich wären. Die Verhältnisse wären nicht so, wie sie sind, wenn sie nicht durch Strukturen gefestigt wären und durch Muster und angelernte Verhaltensweisen geprägt und stabilisiert wären. Wir glauben jedoch, dass gewaltvolles Handeln aktiv verlernt werden kann und Menschen die Fähigkeit haben, sich Handlungsweisen, die nicht gewaltvoll sind, anzueignen, und sie ihre Bedürfnisse in einer einvernehmlichen und konsensualen Weise mitzuteilen und auszuhandeln imstande sind.

Unter dem Punkt IX.1. »Erste Klärungen mit der gewaltausübenden Person « haben wir einige Gedanken dazu aufgeschrieben.

Eigene gesellschaftliche Positionierung und Selbstreflexion

Die Personen, die die Transformative Arbeit machen, sind selbst innerhalb verschiedener Herrschaftsverhältnisse positioniert (z.B. Geschlecht, Klasse, ›Rasse‹, Ableism, Sexualität, Religion). Diese gesellschaftliche Positionierung hat Einfluss auf die Transformative Arbeit. Bei Gewalthandlungen/-dynamiken spielt es eine Rolle, wie die Beteiligten gesellschaftlich (zueinander) positioniert sind und in welchem Setting/Zusammenspiel von Machtverhältnissen die Handlungen stattfanden. Marginalisierte Personen, bzw. Personen, die von dem Herrschaftsverhältnis negativ betroffen, also benachteiligt sind, werden sich vielleicht an manchen Stellen im TA-Prozess besser in die betroffene Person innerhalb einer solchen Machtkonstellation hineinversetzen können, während privilegierten Personen möglicherweise einiges gar nicht auffallen wird. Die eigene Betroffenheit innerhalb von Machtverhältnissen ist eine Ressource, um Gewalt- und Machtsituationen wahrzunehmen.

Eine privilegierte Position wiederum ist hilfreich, wenn die Erfahrungen hinsichtlich des eigenen Umgangs und des eigenen Umlernens in den TA-Prozess einfließen und der gewaltausübenden Person diese Erfahrungen zugänglich gemacht werden.

Die eigene gesellschaftliche Positionierung kann in der Transformativen Arbeit auch dazu führen, dass bestimmte Aspekte leichter fallen und andere schwerer, z.B. hinsichtlich des Spannungsverhältnisses zwischen Konfrontation und Empathie. So kann es sein, dass privilegierte Personen zu größerer Empathie mit der gewaltausübenden Person neigen, während negativ-betroffene, also benachteiligte Personen zu Konfrontation neigen können. Oder auch gerade andersrum, also dass privilegierte Personen, die selbst eine harte Auseinandersetzung mit ihren eigenen Privilegien führen, diese Wut oder den Selbsthass und die Strenge gegenüber sich selbst weitergeben und an die gewaltausübende Person richten. Möglicherweise können Personen mit eigener Unterdrückungs- oder Gewalterfahrung auch dazu tendieren, vorschnell zu verzeihen, manchmal auch, um eine schmerzhafte Auseinandersetzung für sich selbst zu vermeiden. Die verschiedenen Verhaltensweisen und Einstellungen der Personen in der TA-Gruppe sollen nicht ständig auf ihre gesellschaftliche Position zurückgeführt werden. Dennoch ist es wichtig, die eigene gesellschaftliche Position in der TA-Gruppe immer wieder selbstreflektiert zu betrachten. Dazu kann gefragt werden, wann, wo und wem gegenüber sich die jeweilige gesellschaftliche Position in der Transformativen Arbeit auswirken kann, z.B. ob sie eher als eine Ressource genutzt werden kann oder ob sie sich begrenzend und einschränkend auf den Prozess auswirkt.

Die Normalität ist gewaltvoll

Viele Personen, die gewaltvoll oder diskriminierend handeln, nehmen dies zunächst nicht wahr, da sie mit ihrem Handeln innerhalb der Normalität oder des normalen Umgangs liegen. Eine Haltung der Transformativen Arbeit ist es, mit der Reflexion gesellschaftlicher Positionen innerhalb von Herrschaftsverhältnissen und mit der Reflexion von Machtstrukturen aufzuzeigen, dass diese Normalität bereits gewaltvoll ist. Dies soll nicht der Entschuldigung bestimmter Handlungsweisen dienen, sondern generell eine machtkritische und emanzipative Perspektive befördern. Die Beschäftigung mit dieser Haltung kann der gewaltausübenden Person helfen zu erkennen, warum er*sie einzelne Handlungen nicht als diskriminierend oder gewaltvoll wahrgenommen hat, und ihre*seine Wahrnehmung verändern.

XIII. Grenzen und Herausforderungen der Transformativen Arbeit

1. Überlastung der TA-Gruppe

Die Ressourcen der einzelnen Personen in der TA-Gruppe können zeitlich, kräftemäßig, als auch emotional überlastet werden. Es ist wichtig, dass die TA-Gruppe gut auf ihre eigenen Ressourcen achtet und sich Entlastung und Unterstützung sucht. Der Transformativen Arbeit ist nicht geholfen, wenn die Gruppe oder Einzelne in der Gruppe über ihre Grenzen gehen. Es ist wichtig, die Grenzen rechtzeitig anzusagen und darauf zu reagieren, bzw. etwas zu verändern. Die Arbeit muss so getaktet und angelegt sein, dass sie die TA-Gruppe nicht überfordert, sonst muss das Konzept verändert, die Arbeit an eine andere Gruppe abgegeben oder andere Personen müssen dazugeholt werden. Es ist besser, sich einzugestehen: »Wir können die Transformative Arbeit nicht mehr leisten«, als sich aufzureiben. Wenn möglich, ist es gut, wenn die Gruppe genug Ressourcen für einen Abbruch oder die Abgabe der Arbeit einplant, um ein Ende der Arbeit transparent und ehrlich gegenüber den Verbündeten, der betroffenen Person, der Unterstützungsgruppe und dem weiteren Umfeld zu kommunizieren.

2. Die gewaltausübende Person entzieht sich der Transformativen Arbeit

Wenn sich die gewaltausübende Person der Arbeit entzieht oder deutlich macht, dass er*sie die Transformative Arbeit nicht mehr ernsthaft will, oder wenn die gewaltausübende Person Vereinbarungen (evtl. mehrfach) bricht, steht ebenfalls ein Abbruch der Arbeit im Raum. Hier ist es hilfreich, wenn die TA-Gruppe klare Rahmenbedingungen festsetzt oder sich Kriterien bewusstmacht, an denen sie erkennen kann, ob die gewaltausübende Person sich entzieht. Wenn die gewaltausübende Person beispielsweise mehrfach Treffen absagt oder Treffen mittendrin abbricht oder in Abwehr geht, nichts mehr sagt, abschweift oder nur noch über andere Sachen redet, können dies Kriterien für einen Abbruch sein. Die TA-Gruppe kann im Gespräch darüber zu dem Ergebnis kommen, nicht mehr mit der gewaltausübenden Person weiterarbeiten oder die Arbeit erst wieder aufnehmen zu wollen, wenn die notwendigen Grundlagen wieder gegeben sind.

Möglicherweise lässt sich das Verhalten der gewaltausübenden Person jedoch auch verändern, indem der Prozess verändert wird. Stellt sich z.B. heraus, dass sein*ihr Verhalten damit zu tun hat, dass er*sie gerade zu sehr unter Druck steht oder aufgrund von anderen Probleme wenige Ressourcen für die Transformative Arbeit hat, könnte vereinbart werden, dass für einen Zeitraum der Fokus stärker auf Empathie gelegt wird, um ihm*ihr wieder mehr Luft und Spielraum zu verschaffen, oder dass konkrete Unterstützung bei Anliegen wie Wohnungssuche oder der Suche nach einem*r Therapeut*in angeboten wird, um neue Ressourcen für die Transformative Arbeit zu schaffen.

3. Die gewaltausübende Person verletzt die Grundlagen der Transformativen Arbeit

Ein bewusstes oder wiederholtes Verletzen der Grundlagen der Transformativen Arbeit durch die gewaltausübende Person stellt den weiteren Prozess ebenfalls infrage. Dies ist z.B. der Fall, wenn die gewaltausübende Person entgegen der Absprachen Kontakt mit der betroffenen Person aufnimmt, es erneut zu Grenzüberschreitungen und Gewalt kommt, die gewaltausübende Person den TA-Prozess nicht länger ernstnimmt, sich abfällig über diesen äußert oder Geschichten über die Tat und die betroffene Person herumerzählt. In solchen Fällen muss geklärt werden, ob eine Weiterarbeit überhaupt noch möglich oder gewünscht ist.

Wenn sich die gewaltausübende Person nicht ernsthaft auf den Prozess einlässt und sich nicht an die Grundlagen der Arbeit hält, ist unserer Auffassung nach keine Zusammenarbeit möglich.

4. Verlust der Parteilichkeit mit der betroffenen Person

Eine Gefahr ist, dass sich die Gruppe in der Perspektive und dem Erleben der gewaltausübenden Person verliert, zu sehr seine*ihre Perspektive einnimmt und zu sehr Empathie für die gewaltausübende Person empfindet, sodass die Lebensgeschichte oder Vergangenheit der gewaltausübenden Person, ihre*seine Muster, Verhaltensweisen, aber auch ›Defizite‹ oder Ängste zu viel Raum einnehmen, sich alles um dieses Erleben dreht und bei der TA-Gruppe zu viel Mitgefühl für die gewaltausübende Person erwächst. Deswegen ist es besonders wichtig, dass die TA-Gruppe die eigene Arbeit immer wieder überprüft. Die Supervision oder der Austausch mit den Unterstützer*innen der betroffenen Person stellen hier ein notwendiges Korrektiv dar.

Im schlechtesten Fall findet eine Solidarisierung mit der gewaltausübenden Person in Bezug auf ihr*sein Verhalten und ihre*seine Sichtweisen statt und Personen aus der TA-Gruppe beginnen, ihn*sie in Schutz zu nehmen oder die Gewalt-/Diskriminierungshandlung zu erklären oder zu entschuldigen und gegenüber anderen als Anwält*in der gewaltausübenden Person aufzutreten.

Wenn Personen der TA-Gruppe merken, dass es ihnen schwerfällt, die Grundlagen der Transformativen Arbeit umzusetzen oder ihre Parteilichkeit mit der betroffenen Person wackelt, und dies auch in der Supervision nicht zufriedenstellend geklärt werden kann, dann sollten sie die Arbeit besser niederlegen. Es ist wichtig, die Arbeit sein zu lassen, wenn die Parteilichkeit mit der betroffenen Person nicht mehr gewährleistet ist.

5. Überfordernde Situationen für die TA-Gruppe

Aufgrund der Komplexität der Prozesse und vielfältiger Herausforderungen kann es immer wieder dazu kommen, dass die TA-Gruppe überfordert ist und sich evtl. dafür entscheidet, die Transformative Arbeit abzubrechen. Dies kann jedoch mit den Wünschen der betroffenen Person (und ihrer*seiner Unterstützer*innen) kollidieren, wenn er*sie möchte, dass die Arbeit weitergeführt wird. In diesem Fall sieht sich die TA-Gruppe mit Wünschen konfrontiert, denen sie erst einmal nicht nachgehen kann. Dies kann auch der Fall sein, wenn sich mehrere betroffene Personen melden, evtl. mit unterschiedlichen, schwer zu vereinbarenden Forderungen, oder wenn sich verschiedene Personengruppen mit unterschiedlichen Interessen einmischen (mehrere betroffene Personen, unterschiedliche Unterstützer*innen, unterschiedliche Umfeldgruppen wie WG, Politgruppe, Sportgruppe, Freundeskreis). Eine Möglichkeit wäre dann, sich in einer Supervision Zeit zu nehmen und die Situation und die Prioritäten zu ordnen. Den verschiedenen Personen und Gruppen können klare Ansagen gemacht werden, z.B. dass sie sich für eine bestimmte Zeit bitte mit ihren Anliegen gedulden sollen. Es kann an dieser Stelle hilfreich sein, wenn die

TA-Gruppe sich klarmacht, was im Fokus steht, was zuerst kommt oder am wichtigsten ist, bzw. worin die Basics und Grundlagen der Transformativen Arbeit bestehen. Die Interessen und die Sicherheit der betroffenen Personen stehen dabei an erster Stelle und die Interessen oder Anliegen der Umfeldgruppen treten dahinter zurück. Priorität haben immer die Sicherheit und Selbstbestimmung der betroffenen Person und die Prävention, dass es nicht zu weiteren Gewalthandlungen kommt.

6. Die gewaltausübende Person wechselt das Umfeld

Einige gewaltausübende Personen lassen sich erst gar nicht auf einen Veränderungsprozess ein. Tun sie dies doch, ist es für sie oft schwierig, die Motivation über einen längeren Zeitraum aufrechtzuerhalten. Es ist schmerzhaft und schwierig, immer wieder an Punkte zu stoßen, wo sie*er nicht weiß, wie sie*er hier eine Veränderung vollziehen kann. In jedem Veränderungsprozess kommt es zu Stagnation, Stockungen und Rückschlägen. Gerade an diesen Punkten braucht die gewaltausübende Person Hilfe und Unterstützung und muss sich immer wieder aktiv entscheiden, diese auch anzunehmen und einen Schritt in der Transformation weiterzugehen. Rückschläge können aber auch dazu führen, dass die gewaltausübende Person ganz aus dem Prozess aussteigt. Einige gewaltausübende Personen wechseln das Umfeld, wenn sie in ihrem alten Umfeld weiterhin mit der Gewalthandlung konfrontiert werden. Es ist hilfreich, dies im Vorfeld der Transformativen Arbeit mit der gewaltausübenden Person zu besprechen, dass es Rückschläge geben wird, Abwehrimpulse und Impulse, aus dem Prozess auszusteigen. Die gewaltausübende Person könnte vorher, solange er*sie von dem Transformativen Prozess und der Möglichkeit zur Veränderung überzeugt ist, einen Brief an sich selbst schreiben (siehe Kapitel X.9), der ihr*ihm Mut macht, weiterzumachen, auch wenn sie*er an so einen schwierigen Punkt kommt.

Beim Abbruch oder Scheitern eines Prozesses kann die TA-Gruppe einen Abschlussbericht schreiben, in dem die Faktoren, die zum Scheitern oder Abbruch geführt haben, genannt und analysiert werden. Dieser kann dazu dienen, den Prozess an diesem Punkt trotz nicht zufriedenstellender Ergebnisse abzuschließen.

XIV. Erfolgreicher Abschluss der Arbeit

Auch wenn wir grundlegend davon ausgehen, dass eine Transformation möglich ist, so ist dieser Weg auch durch viele Hindernisse und Herausforderungen geprägt. Es wird immer wieder Momente geben, in denen ein erfolgreicher Abschluss der Arbeit unmöglich erscheinen und sogar ein Abbruch der Arbeit im Raum stehen wird. Dies ist nicht verwunderlich angesichts des experimentellen Charakters der Arbeit, der wenigen Erfahrungen, auf die Menschen hinsichtlich dieser durchaus schmerzvollen und erschütternden Arbeit zurückgreifen können, und der in manchen Fällen unüberwindlich erscheinenden Abwehr- und Verweigerungsmechanismen der gewaltausübenden Personen oder ihrer Umfelder.

Es ist unrealistisch zu erwarten, dass jede Forderung voll umgesetzt und jedes Bedürfnis umfassend befriedigt wird, oder dass die gewaltausübende Person keine Rückschläge in ihrem*seinen Prozess erfahren würde, oder dass alles reibungslos laufen würde. Daher geht es darum, einen Punkt zu finden, an dem alle Beteiligten zufrieden sind, an dem mehr Sicherheit für die betroffene Person vorhanden ist und an dem deutliche Änderungen bei der gewaltausübenden Person sichtbar geworden sind. Transformation kann nicht gemessen oder garantiert werden. Damit wollen wir alle Beteiligten von der Erwartung entlasten, alles perfekt machen zu müssen.

Uns ist, ehrlich gesagt, zum Zeitpunkt der Fertigstellung dieses Buches kein Beispiel eines TA-Prozesses in Deutschland bekannt, in dem ein abschließender Erfolg am Ende der Arbeit stand, mit dem wirklich alle Beteiligten (inkl. der betroffenen Person) zufrieden waren. In Communitys in den USA gibt es zwar durchaus Berichte solcher Erfolge, insgesamt gehen wir jedoch davon aus, dass ein erfolgreicher Abschluss eher einer Idealvorstellung gleichkommt, an die sich angenähert werden kann, die sich wahrscheinlich aber eher selten realisieren wird.

Dies soll nicht entmutigen, sondern einfach nur bewusst machen, dass das Zustandekommen eines TA-Prozesses und die dort geleistete Arbeit in gewisser Weise selbst bereits einen Erfolg darstellen können, losgelöst davon, ob nun die ›große‹ Transformation erzielt werden konnte oder nicht. Denn selbst ein gescheiterter TA-Prozess hat bereits eine Community verändert und wird langfristige Effekte nach sich ziehen. Diese Perspektive soll nicht die Frustration, den Schmerz oder die Wut der Personen, die von dem Scheitern negativ betroffenen sind, kleinreden. Vielmehr sollte im Falle eines Scheiterns des Prozesses gemeinsam überlegt werden, wie den negativen Auswirkungen begegnet werden kann und die betroffenen Personen Unterstützung erfahren können.

Woran ist nun aber zu erkennen, dass die zahlreichen Bemühungen dazu geführt haben, dass der Prozess der Transformativen Arbeit zu einem erfolgreichen Abschluss gekommen ist? Grundsätzlich kann dies daran erkannt werden, dass die möglichen Lernschritte der Transformativen Arbeit durchlaufen und ggf. darüber hinausweisende Aspekte so bearbeitet worden sind, dass keine ›großen Baustellen‹ mehr bestehen. Damit ist gemeint, dass die Auseinandersetzung mit den verschiedenen Themen deutlich erkennbar dazu geführt hat, dass bei der gewaltausübenden Person eine Veränderung eingesetzt hat. Sowohl die TA-Gruppe als auch die gewaltausübende Person selbst haben den Eindruck, dass eine umfassende Transformation des Denkens, Handelns und Fühlens bei der gewaltausübenden Person eingesetzt hat (auch wenn diese Prozesse sicherlich niemals abgeschlossen sind). Der gewaltausübenden Person ist es gelungen, alternative Umgangsformen zu entwickeln. Es ist deutlich erkennbar, dass sie*er Verantwortung für die verübte Gewalt übernimmt und für gewalt- und machtfreiere Umgangsformen und Beziehungen in der Community einsteht. Gerade hinsichtlich ihres*seines Umfelds hat sie*er die nötige und vereinbarte Transparenz hinsichtlich der verübten Gewalt und des TA-Prozesses geschaffen sowie die Forderungen und Bedürfnisse der betroffenen Person umgesetzt. Dies sind nur ein paar allgemeine Anzeichen dafür, dass von einer Transformation bei der gewaltausübenden Person ausgegangen werden kann. Die Entscheidung, den TA-Prozess zu einem Ende kommen zu lassen, wird von der TA-Gruppe gemeinsam mit der gewaltausübenden Person getroffen und ggf. mit der Unterstützungsgruppe und der betroffenen Person abgesprochen. Ist das Ende der Transformativen Arbeit beschlossen, bietet es sich an, noch einen gemeinsamen Abschlussprozess zu gestalten. Dieser kann sich über zwei bis vier Treffen erstrecken und kann dazu dienen, den gesamten Prozess noch einmal Revue passieren zu lassen, sich Schlüsselmomente zu vergegenwärtigen sowie sowohl den gemeinsamen Prozess als auch das gemeinsam Erreichte wertzuschätzen.

Im Folgenden gehen wir noch auf ein paar Aspekte ein, die einen erfolgreichen Abschluss der Transformativen Arbeit kennzeichnen.

1. Gewalt und Diskriminierung finden nicht mehr statt

Die Transformative Arbeit hat dazu beigetragen, dass ein gewaltvolles und diskriminierendes Verhalten drastisch eingeschränkt werden konnte und möglichst nicht mehr stattfindet. Dies betrifft zwar vorrangig die gewaltausübende Person, jedoch zielt ein TA-Prozess auch darauf ab, einen nachhaltig positiven Effekt darauf zu haben, dass Gewalt und Diskriminierungen in einem Umfeld oder einer Community abnehmen. Hierfür kann es mitunter wichtig sein, dass die TA-Gruppe über vielfältige Kontakte oder sogar Beziehungen zu Personen aus dem Umfeld und der Community der gewaltausübenden Person verfügt, damit die Möglichkeit besteht, dass sie hierzu ein Feedback erhält und die Situation besser einschätzen kann.

2. ›Die Buchstaben als auch der Geist‹ der Forderungen werden erfüllt

Damit ist gemeint, dass die gewaltausübende Person die Definition, Wünsche und Forderungen der betroffenen Person(en) sowie von weiteren Personen aus dem Umfeld akzeptiert und umsetzt. Die Gruppe *Philly Stands Up* hat dies auf den Punkt gebracht, in dem sie davon spricht, dass die gewaltausübende Person ›sowohl die Buchstaben als auch den Geist‹ der Forderungen erfüllen soll.[62] Ein mechanisches Befolgen der Bedürfnisse und Forderungen durch die gewaltausübende Person kann zwar temporär und in einem gewissen Umfang dazu beitragen, dass sich Personen in der Community wieder sicherer fühlen. Es kann hierdurch der Anschein entstehen, dass die verübte Gewalt hinreichend aufgearbeitet und eine weitere Auseinandersetzung und Transformation innerhalb der Community nicht mehr notwendig ist. Jedoch besteht auch die Gefahr, dass die der Gewalt zugrunde liegenden Selbstverständnisse, Muster, Dynamiken und Verhältnisse unangetastet bleiben und weiter fortwirken. Ein rein formales Einhalten der Forderungen birgt ein größeres Risiko, dass es erneut zu Gewalt und Diskriminierungen kommt. Von daher ist es zentral, dass dieses Einhalten der Forderungen auch mit einer Haltung einhergeht, die darauf ausgerich-

62 Kelly, Esteban Lance: Philly Stands Up. Inside the Politics and Poetics of Transformative Justice and Community Accountability in Sexual Assault Situations. In: Social Justice: A Journal of Crime, Conflict & World Order, 37 (2011) 4. S. 56 f. https://communityaccountability.files.wordpress.com/2012/06/philly-stands-up.pdf (30.07.2018).

tet ist, die verübte Gewalt und deren Folgen anzuerkennen und sich um eine Transformation zu bemühen. Ein buchstabengetreues Befolgen der Forderungen der betroffenen Person kann hierzu lediglich ein anfänglicher, wenn auch wichtiger Schritt sein. Somit besteht ein wichtiges Anzeichen dafür, dass die Transformative Arbeit zu einem erfolgreichen Abschluss kommen kann, darin, dass die gewaltausübende Person solch eine Haltung entwickelt hat und weiterhin im Sinne der Verantwortungsübernahme mit und an ihr arbeitet.

3. Neue Verhaltensweisen wurden erlernt und werden im Alltag gelebt

Bei der Besprechung vergangener und aktueller Situationen mit der TA-Gruppe wird deutlich, dass die gewaltausübende Person neue Weisen im Denken, Fühlen und Handeln gelernt hat. Sie*er greift nicht mehr oder stark vermindert auf diskriminierendes oder grenzverletzendes Verhalten zurück. Es kann für die TA-Gruppe sinnvoll sein, diesbezüglich auch von außenstehenden Personen ein Feedback einzuholen. Diese alternativen Perspektiven können sowohl in die Arbeit als auch in die Einschätzung darüber einfließen, ob es zu einer nachhaltigen Transformation bei der gewaltausübenden Person gekommen ist.

Die gewaltausübende Person zeigt, dass er*sie einen anderen Umgang mit Situationen erlernt hat, in denen er*sie früher vielleicht zu diskriminierendem oder grenzverletzendem Verhalten gegriffen hätte. Die gewaltausübende Person zeigt, welche Skills er*sie mittlerweile beherrscht und dass er*sie diese genug geübt hat, sodass mensch den Eindruck bekommt, dass eine anhaltende/nachhaltige Transformation gelungen ist.

4. Nachhaltiges Unterstützungssystem

Philly Stands Up hat die Erfahrung gemacht, dass es wichtig ist, dass die gewaltausübende Person verantwortliche und nachhaltige Unterstützungssysteme aufgebaut hat.[63] Die gewaltausübende Person hat damit Leute um sich herum, die seine*ihre Geschichte und Auseinandersetzung mit Gewalt kennen, die ihm*ihr auch in schwierigen Momenten ein ehrliches Feedback geben können, die ihn*sie bei weiteren Auseinandersetzungen, z.B. einer

63 Ebd., S. 57.

Therapie oder einem Drogenentzug, unterstützen können und die ihn*sie, wenn nötig, zur Verantwortung ziehen können.

Nach dem Abschluss der Transformativen Arbeit kann je nach Situation und Notwendigkeit vereinbart werden, dass die gewaltausübende Person und die TA-Gruppe weiter in Kontakt bleiben und sich in längeren Abständen treffen, um sich auszutauschen.

5. Abschluss: Erfahrungsberichte und Anerkennung

Sind alle Grundvoraussetzungen für einen Abschluss gegeben und alle Absprachen getroffen, kann noch einmal eine abschließende Rückschau stattfinden, bei der die einzelnen Etappen der Arbeit und das, was passiert ist und besprochen wurde, noch einmal in Erinnerung gerufen und wesentliche Abwehrmechanismen und Veränderungserfolge noch einmal benannt werden.

Es ist wichtig, die Entscheidung, die Arbeit abzuschließen, die Gründe dafür, die Ergebnisse und die erreichten Transformationen der gewaltausübenden Person transparent und offen dem Umfeld und allen Beteiligten im Prozess mitzuteilen. Am besten ist es, eine endgültige Reflexion über den Prozess und darüber, was zusammen mit der TA-Gruppe gelernt wurde, schriftlich zu dokumentieren, z.B. in Form anonymer Erfahrungsberichte, die anderen weiterhelfen können und aus denen andere lernen können.

Dann ist es auch wichtig, die Arbeit mit viel Anerkennung zu beenden, sowohl für die gewaltausübende Person, als auch für die TA-Gruppe. Vielleicht möchten sich alle eine bleibende Erinnerung schaffen, beispielsweise in Form von Anerkennungskarten. Vergegenständlichte oder verschriftlichte Andenken wirken nachhaltiger als das gesprochene Wort.

Am Ende kann auch stehen, sich selbst zu vergeben – und verantwortlich zu bleiben. Beides geht im weiteren Lebenslauf Hand in Hand.

XV. Erfahrungsbericht aus der Transformativen Arbeit

In diesem Kapitel versuchen wir, einen praktischen Einblick in die transformative Arbeit zu geben, indem wir zwei Personen (M und C*) zu Wort kommen lassen. Sie haben bereits mehrere Prozesse begleitet und sie berichten von ihren Erfahrungen.

In welchen Fällen habt ihr bereits Transformative Arbeit gemacht?

M und C*: Wir beide haben bereits, meist mit noch einer anderen Person zusammen, einige TA-Prozesse in unterschiedlichster Besetzung begleitet. Mal waren wir beide zusammen in der TA-Gruppe, mal war eine Person in der Unterstützungsgruppe und ein anderes Mal sprang eine Person von uns ein, wenn die TA-Gruppe verhindert war. Die Prozesse fanden im Kontext linker Gruppen oder Projekte statt. Auslöser der Prozesse war in den meisten Fällen Gewalt, die innerhalb von Hetero-Beziehungen stattgefunden hatte. Die gewaltausübenden Personen definierten sich alle als cis-männlich. Darüber hinaus begleiteten wir bisher zwei Gruppen in ihrer Auseinandersetzung mit Gewalt, die in ihrem Umfeld stattfand. Eine Person von uns gibt auch Workshops zu kollektiver Verantwortungsübernahme in Bezug auf sexualisierte und partnerschaftliche Gewalt, zum Teil auch, nachdem es eine konkrete Gewaltsituation gab.

Wie seid ihr selbst gesellschaftlich positioniert?

M und C*: Wir sind beide *weiß* und haben einen akademischen Hintergrund, eine studiert zur Zeit und C* hat das Studium 2013 beendet. Meist wird eine Person von uns als männlich und die andere als weiblich gelesen. Dass eine Person von uns als männlich gelesen wird, obwohl sie sich selbst als genderqueer definiert, hat durchaus einen Einfluss auf die Arbeit innerhalb der TA-Gruppe. Uns ist es wichtig, die TA-Gruppe möglichst divers zu unbesetzen, sodass die gewaltausübende Person innerhalb eines Prozesses unterschiedliche gesellschaftliche Positionen und Stimmen wahrnehmen kann.

Könnt ihr beschreiben, wie ihr zu der Arbeit gekommen seid?

C*: Meinen Weg zur Transformativen Arbeit habe ich einer Unterstützer*innen-Gruppe, die mich angesprochen hat, zu verdanken. Vor einigen

Jahren wurde ein damaliger Freund von mir mit seinem übergriffigen Verhalten konfrontiert. Ich wurde dann von dem Kollektiv gefragt, ob ich als Vertrauensperson der gewaltausübenden Person in der TA-Gruppe am Prozess teilnehmen wollen würde. Ich war noch relativ unwissend über die komplexe Thematik und sah darin auch eine Chance, mich selbst zu verändern und mein eigenes Verhalten zusammen mit der gewaltausübenden Person zu reflektieren. Mich nervte auch die Haltung innerhalb der Szenen, in denen ich mich aufhielt. Immer wieder hörte ich »Klar sind wir antisexistisch!«, beobachtete aber ein vollkommen gegenteiliges Rede- oder Partyverhalten. Mackriges und unreflektiertes Verhalten nahm ich immer bewusster wahr und ich entfernte mich immer mehr von bestimmten Kreisen und Personen. In mir kam der Wunsch auf, dass nicht ich mich entferne, sondern dass die Kreise, in denen ich mich aufhielt, sensibler und reflektierter auf bestimmte Themen reagierten. Die Herausforderung, mein Umfeld so zu gestalten, dass sich alle Personen so wohl wie möglich fühlen können, nahm ich an und wurde deswegen aktiv. Als der Prozess nach drei Jahren abgebrochen wurde, hatte ich das Gefühl, sehr viel über mich und meine Verhaltensweisen gelernt zu haben. Immer mehr tauchte ich in die Thematik ein und wurde erneut vom Community Accountability & Transformative Justice Kollektiv für eine Prozessbegleitung angefragt. So bin ich bis heute dabeigeblieben und habe im Laufe der Jahre fünf Prozesse begleitet.

Wie sollte eine TA-Gruppe zusammengesetzt sein, damit du diese Arbeit gut machen kannst?

C*: Eine wichtige Konstante bildet für mich, vertraute Personen innerhalb der TA-Gruppe zu haben. Wenn eine Person dabei ist, die mich schon kennt und weiß, wie ich reagiere bzw. welche Aufgaben ich mir zutraue, dann fühle ich mich innerhalb des begleiteten Prozesses geschützt und sicher. Natürlich kommen auch immer wieder neue Leute in die TA-Gruppe, aber in jedem meiner Prozesse gab es mindestens eine Person, die mich schon kannte. Die neuen Leute sind zu guten Freund*innen geworden und haben immer wieder neue Impulse in den Prozess eingebracht.

M: Das Setting, also wer eigentlich mit der gewaltausübenden Person arbeitet, ist grundlegend für den konkreten Prozess. Ich habe es als hilfreich erlebt, sowohl nahe Personen als auch Menschen mit einer klaren Position gegen Gewalt einzubeziehen. Es ist wichtig, dass sich die Gruppe als solche Zeit dafür nimmt, sich als TA-Gruppe und eine gemeinsame Basis miteinander zu finden. Damit, mit dem Gefühl zu arbeiten, alles möglichst schnell machen zu müssen, habe ich eher schlechte Erfahrungen gemacht. Klar gibt es Momente, an denen es schnell gehen muss. Gleichzeitig brauchen Veränderungen Zeit – meistens mehr Zeit, als uns lieb ist.

Wie kann sich das Umfeld in den TA-Prozess einbringen?

M: Als sehr wichtig habe ich es erlebt, dass innerhalb des Prozesses auch das Umfeld die Enttäuschung über die ausgeübte Gewalt ausdrücken kann. Dabei ist es für mich wichtig, dass auch Freund*innen im Umfeld Verantwortung übernehmen und auch Verantwortungsübernahme einfordern, wo es notwendig ist. Dass sich positioniert und deutlich gemacht wird, dass die stattgefundene Gewalt nicht unwichtig ist, das passiert wirklich viel zu selten. In der Arbeit dann zu merken, dass es stabile Umfelder gibt, die den Wunsch haben, sich zu involvieren, ist eine stärkende Erfahrung.

Wie sieht eine gute Lernatmosphäre aus?

M und C*: Transformative Arbeit ist für uns ein Raum, in dem es einen gemeinsamen Lernprozess gibt. Hier ist es uns wichtig, zu schauen, wie die gewaltausübende Person gut lernen kann. Wir versuchen in unseren Prozessen darauf zu achten, dass wir alle über vielfältige Zugänge und Ausdrucksmöglichkeiten verfügen. Das heißt, wir versuchen zu klären, wie wir gut miteinander arbeiten können, was uns leicht fällt, ob wir beispielsweise gerne lesen und mit Texten arbeiten und wo Herausforderungen und Schwierigkeiten bestehen.

C*: Eine offene und ehrliche Haltung von allen Beteiligten ist wichtig. Die gewaltausübende Person soll nicht das Gefühl haben, vor einem Tribunal zu sitzen. Fehler sind erlaubt und die Transformative Arbeit lebt davon, dass die gewaltausübende Person so ehrlich wie möglich antworten kann. Dies haben wir in einem Prozess leider nicht geschafft. Was mir jedoch Mut macht, ist die Tatsache, dass es in den vier anderen Prozessen durchaus funktionierte. Zu einer guten Arbeitsatmosphäre gehören natürlich auch Snacks wie Schokolade, Obst und andere Leckereien.

Außerdem brauche ich für die Arbeit ein deutliches Zeichen der gewaltausübenden Person, an sich arbeiten zu wollen. Mir reicht es nicht, dass er*sie einfach nur zu unseren Treffen kommt, keinen Stift und kein Papier dabei hat, sondern ich möchte eine echte Motivation spüren. Die gewaltausübende Person soll eigene Themen und Fragen einbringen, soll die Treffen mitgestalten und nicht unsere Arbeit konsumieren. Dazu gehört für mich auch die klare Aussage: »Ich will mich verändern!« – und zwar bestenfalls nicht erst auf Nachfrage. Ich muss in der Arbeit spüren, dass die gewaltausübende Person sich wirklich verändern will, weil er*sie die Notwendigkeit dazu erkennt und akzeptiert.

Könnt ihr Beispiele für Schwierigkeiten bezüglich der Lernatmosphäre nennen?

C*: Da fällt mir als erstes das Problem mit den Hierarchien ein. In meinem ersten TA-Prozess behauptete die gewaltausübende Person, dass sie das Gefühl habe, vor einem ›Tribunal‹ zu sitzen. Wir als TA-Gruppe hatten das Gefühl, dass die gewaltausübende Person den Prozess nur macht, um von uns wieder eine reine Weste bescheinigt zu bekommen. Mehrfach haben wir die verschiedenen Themen (Motivation, Einlassen der gewaltausübenden Person, Atmosphäre bei den Treffen) angesprochen und auch die Vorannahmen thematisiert, die in unserem Falle auch mit Klassismus zu tun hatten. Das Sprechen über Erwartungen hat die Situation allerdings nicht verändert. Immer wieder haben wir erklärt, dass der TA-Prozess ein Raum für die gewaltausübende Person sei und es hier kein richtig oder falsch gebe. Uns war es wichtig, ein Vertrauensverhältnis aufzubauen, um so eine fehlerfreundliche Atmosphäre zu schaffen. Nur wenn ein gewisses Vertrauensverhältnis besteht, öffnet sich die gewaltausübende Person und wir können mit ehrlichen Antworten arbeiten. Ehrlichkeit von allen Seiten ist in einem TA-Prozess sehr wichtig. Die TA-Gruppe übernimmt selten eine Kontrollfunktion für das Gesagte der gewaltausübenden Person. Beispielsweise meinte eine gewaltausübende Person zu uns, dass sie aufgehört habe zu trinken, da dies eine Forderung der betroffenen Person war, und wir haben das geglaubt. Erst später haben wir von Dritten erfahren, dass sie immer noch trinkt. Darauf angesprochen, meinte sie, dass sie die Forderung falsch verstanden hätte.

Wie wirken Erfahrungswissen und eigene Betroffenheiten als Ressource für die Transformative Arbeit?

M: Aus der Perspektive, selbst sexualisierte und sexistische Gewalt erfahren zu haben, tut mir diese Arbeit oft auch gut. Ich habe mich viel mit mir selbst und Trauma und Verletzlichkeiten auseinandergesetzt. In der Arbeit merke ich, dass es mir gut tut, dass ich diese Themen Menschen gegenüber, die Gewalt ausüben, ansprechen kann (sofern sie gewillt sind, an sich zu arbeiten). Ich habe für mich selbst den Grundsatz, dass ich mit gewaltausübenden Menschen arbeiten kann und möchte, solange ich nicht selbst von der Gewalt betroffen bin. Außerdem finde ich es gut, wenn in die Transformative Arbeit Betroffenenperspektiven einfließen.

Sich mit Menschen, die Gewalt ausüben, auseinanderzusetzen, bedeutet für mich auch, dass ich mich mit mir selbst und meinen eigenen sexualisierten Gewalterfahrungen soweit auseinandergesetzt haben muss, dass ich in dieser Arbeit gut mit meiner eigenen Geschichte bin. Ich habe einen Umgang mit Depression, Panikattacken und anderen Folgen von Gewalt entwickelt und habe damit mal mehr, mal weniger immer noch zu tun. Insgesamt braucht es einen fürsorglichen Umgang mit sich selbst, um bei sich zu bleiben. Ich empfinde diese Auseinandersetzung mit mir auch als einen guten Punkt, an dem ich meine klare Position gegen Gewalt verankere. Ich kann manche Gedanken und Erfahrungen in die Transformative Arbeit besser einbringen, als ich es in meiner eigenen Geschichte konnte, vielleicht auch weil die gewaltausübende Person mich nicht persönlich verletzt hat und ich nicht mit meinen Gefühlen von Betroffenheit in Bezug auf diese Person konfrontiert bin.

Wie gestaltet ihr eure Regeneration nach den TA-Treffen?

C*: Ich habe für mich erkannt, dass ich nach einem intensiven TA-Treffen erst mal eine Stunde für mich alleine brauche. Vieles, was in den Treffen angesprochen wird, arbeitet in mir noch nach. Dann verziehe ich mich in mein Zimmer, mache die Tür zu und fange an nachzudenken. »Wie war das alles noch mal?«, »Wie würde ich mich verhalten?«. Es gibt jedoch auch Treffen, die mich weniger berühren. Aber auch dann habe ich Bewältigungsstrategien: Ich ziehe mich zurück und fange an aufzuräumen, mein Zimmer oder das Bad oder die Küche. Kleinere Aufgaben, die mich wieder in die Realität zurückholen und mich ablenken, helfen mir dabei, die Treffen so gut es geht zu verarbeiten.

Warum ist Supervision in der Arbeit wichtig?

C*: Ich hab mich oft gefragt, was ich eigentlich brauche, um solch eine Arbeit machen zu können. Für mich ist es wichtig, eine externe Supervision zu haben. In dieser Supervision können wir Fragen diskutieren, die aufgekommen sind, eigene Zweifel reflektieren und Gespräche analysieren.

Eine Supervision dreht sich nicht immer nur um die gewaltausübende Person, es tut auch sehr gut, wenn wir uns nur mit uns selbst beschäftigen: Wie geht es uns gerade in diesem Prozess? Was bewirkt er bei mir? Haben wir Konflikte untereinander? In drei meiner Prozesse hatte ich solch eine Supervisionsgruppe um mich und das tat mir sehr gut.

Wer organisiert den Raum und Snacks?

C*: Das Drumherum während eines Treffens spielt auch eine große Rolle. So ist mir eine angenehme Arbeitsatmosphäre sehr wichtig. Das heißt, die Treffen finden nicht in einer Kneipe oder in einem verrauchten Raum statt, sondern die Person bzw. die Gruppe, mit der wir arbeiten, hat sich bemüht, einen geeigneten Raum zu besorgen (viele Projekte bieten Arbeitsräume an, wo ihr euch treffen könnt). Die konkrete Raumsuche und -orga sollte die gewaltausübende Person übernehmen. So sehen wir, ob er*sie es mit dem Prozess ernst meint. In drei meiner Prozesse haben die gewaltausübenden Personen die Raumorga jedes Mal übernommen. So konnten sie auch Räume wählen, in denen sie sich wohl fühlten bzw. die sie selbst schon kannten. In meinem ersten TA-Prozess konnte oder wollte die gewaltausübende Person diese Aufgabe nicht übernehmen, sodass die TA-Gruppe dies selbst tat.

Es ist es auch schön, wenn die gewaltausübende Person sich um kleine Snacks für das Treffen kümmert (Kekse, Schokolade, Saft, ...), da ein TA-Treffen in der Regel 2-3 Stunden dauert. Uns ist jedoch auch immer bewusst gewesen, dass das Bereitstellen von Snacks mit Kosten verbunden ist, wenn dies finanziell nicht möglich war, hat die TA-Gruppe eben selbst etwas mitgebracht.

Wie sieht der Ablauf eines Treffens aus?

C*: Wir beginnen ein Treffen immer mit einer Stimmungsrunde: »Wie bin ich gerade hier?«, »Was beschäftigt mich gerade?«, »Wie fit bin ich heute?«. So haben alle die Möglichkeit, kurz ihre aktuellen Befindlichkeiten zu äußern, und jede Person in der Gruppe kann dann darauf Rücksicht nehmen bzw. sich darauf einstellen. Nach der Stimmungsrunde fragen wir die gewaltausübende Person, was seit dem letzten Treffen bei ihm*ihr passiert ist oder was vom letzten Treffen hängengeblieben ist. Wir versuchen damit, der gewaltausübenden Person viel Raum zum Reden zu geben und auch später aufgekommenen Fragen Platz zu lassen. Entweder entwickelt sich daraufhin spontan eine Struktur für das Treffen, bspw. wenn die selbst mitgebrachten Fragen lange diskutiert werden, oder aber wir gehen über zu unserer eigenen Struktur (wie z.B. eine inhaltliche Fragestellung oder Methode). Dafür trifft sich die TA-Gruppe vor jedem Treffen für mindestens 2 Stunden, um eine eigene Struktur für das kommende Treffen festzulegen. Meist haben wir zusammen mit der gewaltausübenden Person einen Plan über Themen gemacht, die wir besprechen wollen. So ein Fahrplan wird immer wieder gewünscht und wir versuchen, diesen so gut es geht einzuhalten.

Nach circa 1,5 bis 2 Stunden machen wir immer eine kurze Pause. Am Ende unserer Treffen bekommt die gewaltausübende Person noch eine kleine schriftliche Aufgabe von uns, damit er*sie sich auch alleine weiter mit bestimmten Themen beschäftigen bzw. Themen weiter vertiefen kann. Solch eine Aufgabe war zum Beispiel: »Welche Beziehungsdynamiken hattest du mit deiner*m Partner*in?«, oder aber: »Beschreibe deinen Freund*innenkreis vor/während/nach der Gewaltausübung.« Die Antworten können dann per Mail (meist verschlüsselt) zu uns geschickt werden, sodass wir die Möglichkeit haben, das Geschriebene schon vorher mal gelesen zu haben und evtl. später bestimmte Punkte diskutieren zu können.

Ein Treffen endet dann mit einer Terminabsprache für das kommende Treffen und einer erneuten Stimmungsrunde: »Mit welchem Gefühl gehe ich jetzt nach Hause?«, »Wie fühle ich mich jetzt?«.

Für die TA-Gruppe ist das Treffen dann noch nicht beendet. Es kann sein, dass wir das Treffen noch kurz evaluieren oder kurz besprechen, was uns aufgefallen ist. Es kann auch sein, dass wir uns auf eine Supervision verständigen. Auf jeden Fall folgt die Digitalisierung eines Protokolls, um dieses bei Bedarf der Unterstützer*innen-Gruppe und der betroffenen Person zur Verfügung zu stellen.

Mit welchen Themen wurde sich bei den TA-Treffen beschäftigt?

M und C*:

- Beziehungen, Beziehungsdynamiken, Beziehungsformen
- Rollenbilder
- eigene Männlichkeit
- Gefühle
- Umgang mit der Definition der betroffenen Person/Kommunikation darüber
- Affären und Sexualität in der Partnerschaft

- Interventionen
- Hierarchien innerhalb von Gruppen und wie dadurch Übergriffe befördert werden
- Redeverhalten/raumeinnehmendes Verhalten
- Kontrolle, Dominanz
- Familie
- eigene psychische Krisen/Schwierigkeiten/Klinikaufenthalte/Medikamente
- Objektivierung und Sexualisierung
- begleitende Therapie
- Performance/Auftreten
- Schuld
- Selbstwahrnehmung
- Manipulation
- Aktivität und Passivität in Bezug auf (potenzielle) Partner*innen
- Isolation
- Opferposition
- Gewaltverständnis
- Konsum von Drogen und Alkohol, Party(verhalten) und Ablenkung
- Wünsche und Forderungen von Betroffene*n
- eigene Wünsche
- Alltag
- Männergruppen
- Perspektivenwechsel
- rape culture

Wie passiert Veränderung?

M: Es ist wichtig, schon frühzeitig und regelmäßig die verschiedenen Erwartungen, Rollen und Ziele miteinander zu besprechen. Hierbei kann auch die schon angesprochene Supervision eine Unterstützung sein. Im Laufe der Zeit habe ich auf jeden Fall ein paar Trugschlüsse erkannt, die zumindest mir in der Arbeit eher im Weg standen, als dass sie mir genutzt hätten. Ich verstand, dass nicht ich eine andere Person verändern kann, sondern dass das die Aufgabe und Verantwortung der anderen Person ist. Ich habe daher akzeptieren gelernt, dass es mir nicht möglich ist, das zu beeinflussen – das war hart, aber sehr wichtig. Klar, ich kann meine Perspektive schildern und Hinweise geben. Ich kann das aber nicht für wen anders machen – und so sollte es auch nicht laufen. Dazu gehörte auch, zu begreifen: Nur weil ich mehr mache, heißt das nicht, dass sich mehr verändert. Manchmal nehme ich vielleicht auch, indem ich viel tue, der gewaltausübenden Person die Arbeit ab. Es wäre manchmal ratsam, bestimmte Rollen nicht einzunehmen und manche Aufgaben nicht selbst zu übernehmen. Ich finde es gut, zu schauen, wo ich vielleicht mehr mache, als es in dem Moment notwendig ist.

Welche positiven Erfahrungen mit Gefühlen im Prozess habt ihr gemacht?

M: Als positiv erlebten wir, dass Männer, die Gewalt ausgeübt haben, und deren männliche Freunde durch den und im Prozess gemeinsam über Gefühle sprachen, während sie das in ihrer Freundschaft zuvor noch nie gemacht hatten. Die gemeinsame Arbeit an schwierigen Themen in anstrengenden und manchmal auch frustrierenden Situationen kann auch Vertrauen unter den Menschen, die diese Arbeit gemeinsam machen, schaffen: Sie lernen sich kennen, stehen verbindlich miteinander Prozesse durch, lernen, dass sie sich aufeinander verlassen können.

In Auseinandersetzungen durch Kreativität neue Impulse zu setzen und ungewohnte Ausdrucksformen zu entdecken kann auch Spaß machen, es macht die Arbeit weniger langweilig und eintönig. Oft merken wir, dass ein Großteil der Auseinandersetzungen sehr verkopft und theorielastig ist, weshalb es wichtig ist, immer wieder Neues auszuprobieren.

*Wie können queer*feministische und Betroffenenperspektiven in die Transformative Arbeit eingebracht werden?*

M: Innerhalb der TA-Gruppe ist es mir wichtig, auch Geschlechterrollen zu reflektieren, darüber nachzudenken, wann und warum wer welche Aufgaben über- oder Positionen einnimmt. So ist es manchmal eine bewusste Entscheidung von mir, in der Gruppe darüber zu sprechen, dass ich selbst Gewalt erlebt habe. Doch das sollte meine freie Entscheidung sein und der Prozess und die Gruppe sollten nicht darauf angewiesen sein, dass ich als eine ›Vertreterin von Betroffenen‹ rede und diese Perspektive einbringe.

*Welche Rolle spielt der Kontakt zur Unterstützer*innengruppe?*

M: Es ist sehr wichtig, am Anfang und immer wieder zwischendurch den betroffenen Personen und Unterstützer*innen die Möglichkeit zu geben, über den Prozess zu reden und die einzelnen Aufgaben und Ziele gemeinsam zu klären. Für die betroffenen Personen und die Unterstützer*innen kann es wichtig sein zu wissen, wo es hingehen soll. Das ist für die TA-Gruppe vielleicht nicht in jedem Moment möglich und Aufgaben und Ziele können sich auch im Laufe des Prozesses ändern. Doch wenn die Kommunikation der TA-Gruppe mit den betroffenen Personen und den Unterstützer*innen nicht ermöglicht wird, dann kann auch ein noch so gut gemeinter Prozess zu einer weiteren Verletzung führen oder die Gesamtsituation für die betroffenen Personen verschlechtern.

Welche Erfahrungen habt ihr mit dem Einhalten von Absprachen und Forderungen gemacht?

C*: In allen meinen TA-Prozessen gab es klare und verständliche Absprachen zwischen uns als TA-Gruppe, der gewaltausübenden Person und (sofern involviert) auch der betroffenen Person(en). In einem Fall aber hat die gewaltausübende Person wiederholt Absprachen nicht eingehalten, insbesondere solche, die das Alltagsleben betrafen. In diesem Fall ging es um den Konsum von Alkohol. Auch während der Treffen thematisierte die gewaltausübende Person mehrmals, dass sie gerne wieder mit dem Trinken anfangen würde, und sie verstand nicht, warum diese Forderung bestand. Damit stießen wir als TA-Gruppe an unsere Grenzen, da wir nicht therapeutisch arbeiten und keine Alkoholtherapie anbieten. Vor allem in diesem Prozess war zu erkennen, dass es keine wirkliche eigene Motivation der gewaltausübenden Person gab, den Veränderungsprozess zu durchlaufen. Dieser TA-Prozess wurde abgebrochen.

Wie kann sich die Transformative Arbeit für die betroffene Person positiv auswirken?

M: Ich habe es schon erlebt, dass unsere Arbeit betroffenen Personen die Möglichkeit gegeben hat, sich der eigenen Heilung von Verletzungen und Gewalt zu widmen, statt immer nur mit der gewaltausübenden Person beschäftigt zu sein. Das Wissen, dass sich Menschen damit in einer angemessenen Weise auseinandersetzen, kann hilfreich sein. Doch wenn diese Auseinandersetzung nur oberflächlich stattfindet, können weitere Verletzungen passieren. Deshalb finde ich es immer wieder schön mitzuerleben, wenn Umfelder und gewaltausübende Personen betroffenen Personen und ihren Unterstützer*innen Kontrolle, Selbstbestimmung und Mitsprache über den Prozess zugestehen und erkennen, welch wichtigen Stellenwert das in der Arbeit gegen Gewalt und Unterdrückung hat.

*Könnt ihr von einem Beispiel berichten, in dem die TA-Gruppe nicht selbstständig gearbeitet hat und die Verantwortung sehr stark bei der Unterstützer*innengruppe lag?*

M: Ich habe ein Mal aus der Unterstützer*innen-Perspektive erlebt, wie so ein Prozess (schief)laufen kann. Die Idee für den TA-Prozess ist im Rahmen der Unterstützungsarbeit entstanden, woraufhin wir nach möglichen Menschen für die Gruppe gesucht haben. Zuerst haben wir als Unterstützer*innen-Gruppe versucht, aus dem Umfeld heraus eine Gruppe aufzubauen, die sich mit der gewaltausübenden Person auseinandersetzt. Die gewaltausübende Person hat sich darauf eingelassen und wollte den Prozess auch. Wir haben als Unterstützer*innen dann mit den an der Bildung einer TA-Gruppe Interessierten über unsere Vorstellungen für die Arbeit gesprochen. Im weiteren Prozess gaben wir wiederholt Feedback an die TA-Gruppe, die sich dann schließlich gebildet hatte. Wir sind mit ihnen zusammen damit umgegangen, wenn etwas schiefgelaufen ist. Jedoch stellte sich heraus, dass wir uns übernommen hatten: Bei der Unterstützungsarbeit ist ja sowieso für alles immer zu wenig Zeit und es könnte/sollte grundsätzlich alles am besten sofort passieren. Zumindest war das in dieser Situation so. Wir haben versucht, viele Gespräche mit dem Umfeld zu führen, eine Sensibilität für die Situation und das Thema zu schaffen und Verbündete für die Arbeit zu finden.

Als Unterstützer*innen hatten wir es aber extrem schwer. Unsere Aufgabe als Unterstützer*innen besteht ja vornehmlich in der Unterstützung der betroffenen Person und nicht in der Betreuung des und Kommunikation mit dem Umfeld. Hinzu kam, dass wir uns als Unterstützer*innen insgesamt in einer eher defensiven Position befanden, wir mussten uns oft für Entscheidungen rechtfertigen. Das war sehr anstrengend und wir haben gemerkt, dass es unglaublich schwierig ist, einen transformativen Prozess zu gestalten, wenn gegenüber der betroffenen Person und den Unterstützer*innen eine große Skepsis und viel Misstrauen herrschen. Das hat dazu beigetragen, dass der Prozess nicht wirklich gut gelaufen ist. Es gab leider kein unterstützendes Verhalten vom Umfeld der gewaltausübenden Person, obwohl die gewaltausübende Person in die Transformative Arbeit eingewilligt hatte. Es wurde viel hinter unseren Rücken gesprochen, anstatt dass gemeinsam etwas verändert worden wäre. Wir fanden uns schließlich in der Rolle wieder, vor allem den Überblick über das Scheitern des Prozesses zu behalten, anstatt die Gewalt, die am Anfang stand, bearbeiten zu können. Das ist sehr traurig. Und trotzdem haben wir einiges erreicht, auch wenn wir unser eigentliches Anliegen nicht verwirklichen konnten. Wir konnten eine große Aufmerksamkeit für das doch sehr unsichtbare Thema erzeugen. Wir haben gelernt, was wir als Unterstützer*innen oder als Teil der TA-Gruppe brauchen, um erfolgreich transformativ arbeiten zu können. Und nicht zuletzt haben wir gelernt, uns zu vertrauen, was die Grundlage legte, um auch weiterhin über den Prozess hinaus miteinander zu arbeiten.

Was sind Knackpunkte, wann könnte die Transformative Arbeit scheitern?

M: Ein Dreh- und Angelpunkt für diese Arbeit ist die Motivation der gewaltausübenden Person. Es ist ein großer Unterschied, wenn die Arbeit für die gewaltausübende Person lediglich dazu dient, wieder einen guten Ruf herzustellen oder bestimmte Orte wieder nutzen zu dürfen. Diese Motivation darf es auch geben, wenn das aber da stehen bleibt, wenn es nicht wirklich darum geht, gewaltvolle Verhaltensweisen zu beenden und umzulernen, dann reicht mir das von den Voraussetzungen her nicht aus, um wirklich diese Arbeit machen zu wollen. Ich brauche zumindest auch Impulse und Reflexionen von der gewaltausübenden Person. Es ist wichtig, eine Offenheit für Kritik und eine Regelmäßigkeit und Verbindlichkeit in der Auseinandersetzung zu haben. Diese Prozesse sind eine langwierige Angelegenheit, die auch nach einer intensiven Auseinandersetzung nicht abgeschlossen ist, und die Bereitschaft, das zu akzeptieren, ist bestimmt hilfreich. Die Tatsache, dass Gewalt passiert ist, kann nicht aus der Vergangenheit gestrichen werden.

M: Unter dem Begriff der Transformativen Arbeit läuft manchmal auch eine Arbeit, die die Komfortzone der gewaltausübenden Person nicht verlässt und die es nicht schafft, der betroffenen Person auch Raum und Entscheidungen zu überlassen, wenn sie*er das wünscht. Es hängt sowohl an der Motivation und Haltung der gewaltausübenden Person, als auch an dem Umfeld und den Menschen, die diese Arbeit machen, ob die Transformation gelingt. Und nicht zuletzt: Eine gute und vertrauensvolle Kommunikation zumindest zwischen der TA-Gruppe und der Unterstützer*innen-Gruppe ist sehr förderlich für einen guten gemeinsamen Prozess.

War Unzuverlässigkeit eine Schwierigkeit im TA Prozess?

C*: Bei einem weiteren TA-Prozess arbeiteten wir mit einer Gruppe, die sexistisch agiert hatte und bei der eine Person Grenzen verletzt hatte. Die Gruppe bestand anfänglich aus sechs Leuten, die alle bereit waren, sich zu verändern. Bei dem ersten Treffen waren zwei Gruppenmitglieder anwesend. Beim nächsten Treffen vier. Bei keinem der Treffen waren alle sechs Gruppenmitglieder anwesend (zwei Personen haben den Prozess im Laufe der Zeit abgebrochen). Unsere Schwierigkeit bestand zunächst einmal darin, einen Termin für regelmäßige Treffen zu organisieren, was sich aufgrund von Lohnarbeit und anderen Verpflichtungen als schwierig herausstellte. Wir als TA-Gruppe wussten nie, wie viele Gruppenmitglieder zu den Treffen kommen würden, was eine Vorbereitung erschwerte. Diese Ungewissheit wurde aber immer wieder durch sehr produktive Treffen im kleineren Rahmen (bspw. mit nur zwei Gruppenmitgliedern) ausgeglichen.

Gab es positive transformative Prozesse?

M: Diese Arbeit ist eine, die sowohl positive als auch negative Gedanken und Erfahrungen mit sich bringt. Oft wird nur über gescheiterte und abgebrochene Auseinandersetzungen gesprochen und geschrieben. Und das ist auch gut und wichtig. Allerdings gibt es auch viele positive Erlebnisse und Erfahrungen. Manches davon hört sich vielleicht banal und selbstverständlich an, allerdings ist vieles davon längst nicht selbstverständlich.

Eine positive Erfahrung ist es immer wieder, wenn sich Menschen, die Gewalt ausgeübt haben, ernsthaft darum bemühen, sich zu verändern, und es eine ehrliche, ernsthafte Mitarbeit an dem Prozess und der Auseinandersetzung gibt. Das wird beispielsweise daran ersichtlich, dass Hausaufgaben und Mitschriften bei Treffen gemacht werden. Das hat viel mit der Motivation der gewaltausübenden Person und mit ihrer*seiner Aktivität in dem Prozess zu tun.

Wie wichtig ist Dank an und Wertschätzung für die TA-Gruppe seitens der gewaltausübenden Person?

C*: Es sollte eine Art Wertschätzung für unsere Arbeit geben. So ein TA-Prozess kostet Zeit und Kraft. Wir treffen uns, um die Treffen vor- und später auch nachzubereiten. Wir organisieren Supervisionen für uns und halten Kontakt zur Unterstützer*innen-Gruppe (falls gewünscht). Ein einfaches »Danke für eure Arbeit!« tut dabei immer ganz gut.

M: Die Anerkennung der Arbeit kann viele Ausdrucksmöglichkeiten finden. Sie ist sehr wichtig, damit wir auch den Eindruck haben, dass die Zeit und Kraft, die wir da reinstecken, auch wirklich gesehen und wertgeschätzt wird. Dafür gibt es kein Patentrezept, es ist aber auch schon vorgekommen, dass wir für unsere Arbeit Geld bekommen haben. Das ist keine Lösung für alle und hat auch nichts mit Freikaufen zu tun. Und: Die Ernsthaftigkeit muss deutlich spürbar sein.

Was passiert nach dem Ende der Transformativen Arbeit?

C*: Das ist schwer zu beantworten. Als Teil der TA-Gruppe übernehme ich keine Kontrollfunktion, bin aber weiterhin ansprechbar und bereit, mich mit Personen, die einen TA-Prozess durchlaufen haben, zu treffen. Des Weiteren bin ich bereit, mich auch nach dem Abschluss mit Personen bzw. Gruppen zu treffen, die sich mehr Transparenz zu dem Prozess wünschen. Einmal kontaktierten uns beispielsweise neue Freund*innen der gewaltausübenden Person, nachdem diese in eine andere Stadt gezogen war, und wir trafen uns zu einem Gespräch.

Generell ist es schwer zu sagen, wann ein TA-Prozess zuende ist. Betonen möchte ich jedoch, dass ein TA-Prozess zwar zuende sein kann, aber dass es die Verantwortung der gewaltausübenden Person (und auch des Umfeldes) ist, sich weiterhin mit dem eigenen grenzüberschreitenden Verhalten auseinanderzusetzen. Viele meiner Prozesse, die ich begleiten durfte, endeten nach circa einem Jahr, was etwa zwölf Treffen gleichkam. Mal mehr, mal weniger. In einem TA-Prozess mit einer Gruppe haben wir als TA-Gruppe auch gemerkt, dass wir an einen Punkt gekommen sind, wo die weitere Reflexion ohne uns geschehen muss. Wir hatten viele Diskussionsanstöße und Reflexionsimpulse geliefert und gaben nach 13 Monaten die Verantwortung an die Gruppe zurück. Wir vereinbarten, dass sich die Gruppe nach sechs Monaten bei uns melden sollte, damit wir uns treffen könnten, um zu sehen, wie die Verhaltensänderungen in den Alltag eingeflossen sind. Mit dieser Art von Vereinbarung haben wir gute Erfahrungen gemacht, da sie einerseits eine Verbindlichkeit herstellt und anderseits der gewaltausübenden Person verdeutlicht, dass die eigene Auseinandersetzung nie enden kann. Es soll eine nachhaltige Veränderung im Alltag verankert werden, die als Konsequenz aus dem früheren grenzverletzenden Verhalten eigenständig entwickelt wurde. Solch eine Konsequenz kann ganz unterschiedlich aussehen. Beispielsweise verzichtete eine gewaltausübende Person eine Zeit lang auf eine polyamoröse Lebensweise. Eine andere Gruppe, die den TA-Prozess durchlief, führte Gefühlsrunden in den Gruppenplena ein, um neben Organisatorischem auch über emotionale Dinge sprechen zu können.

Als Letztes möchte ich noch sagen, dass es nie eine Sicherheit oder Garantie geben kann, dass die gewaltausübende Person niemals mehr grenzverletzendes Verhalten an den Tag legen wird. Wir begleiten und geben Denkanstöße, aber die eigentliche Veränderung muss die gewaltausübende Person alleine vollziehen.

XVI. Fazit

Dem Konzept der Transformativen Arbeit haben wir die Form eines Handbuchs gegeben, das zum Ziel hat, allen, die Transformative Arbeit machen wollen, möglichst viele Ideen und Informationen an die Hand zu geben. Wir hoffen, dass es Menschen befähigt, sich auf einen TA-Prozess einzulassen oder Transformative Arbeit anzubieten oder zu begleiten. Die Ideen, die trotz der konkreten Schritte und Vorschläge immer noch sehr theoretisch und abstrakt sind, müssen erst in der Praxis beweisen, wie hilfreich und praktikabel sie sind. Auch wenn unser Umfeld und wir als Gruppe RESPONS bereits einige Erfahrungen in der Transformativen Arbeit gesammelt haben, sehen wir diese Arbeit immer noch als ein junges Konzept, das gerade erst beginnt, erprobt zu werden. Was ermutigt gewaltausübende Personen, von sich aus und freiwillig einen Weg der Veränderungen einzuschlagen? Wie kann so ein Weg gestaltet und begleitet werden? Wann ist er erfolgreich? Und wie kann gewalttätiges und gewaltvolles Handeln und Verhalten nachhaltig verändert werden, sodass in Zukunft nicht mehr zu Gewalt gegriffen wird? Wie kann Gerechtigkeit hergestellt werden? Dies bleiben offene Fragen. Wir gehen davon aus, wenn Transformative Arbeit gelingt und sich immer mehr Personen darauf einlassen und Transformation aktiv gestalten, dann gibt es eine Chance, die Verhältnisse zu verändern und so langfristig allen Menschen zu einem besseren Leben zu verhelfen.

Wir hoffen, dass viele ihre eigenen praktischen Erfahrungen machen werden, und würden uns über Zines und Erfahrungsberichte freuen, über reflektierte Erfahrungen, die immer wieder in Ansätze und Konzepte einfließen und sie so verbessern und realistischer machen. Wir hoffen auf Austausch, Kritik und wohlwollenden Streit, denn Konzepte leben davon, dass sie aufgegriffen, ausprobiert, ergänzt, kritisiert und verbessert werden.

Wir können mit diesem Konzept gewaltausübenden Personen nicht nehmen, dass sie sich wahrscheinlich erst einmal überwinden und einen (großen) Schritt gehen müssen, dass sie evtl. einen Perspektivenwechsel vollziehen müssen, um sich auf die Transformative Arbeit einlassen zu können. Bereits der erste Schritt, anzunehmen, dass sie sexualisierte Gewalt ausgeübt haben und damit gewaltausübende Personen sind, stellt eine große Herausforderung dar und ist zugleich Grundbedingung für die Transformative Arbeit.

Ebenso ist die Arbeit im Umfeld sehr zentral, damit sexualisierte Gewalt nicht weiter geduldet wird, Übergriffe nicht zur Normalität erklärt werden und nicht weggeschaut wird, sondern stattdessen eingeschritten wird und betroffene Personen unterstützt werden. Wir hoffen, dass jene Sichtweisen im Umfeld gestärkt werden, die davon ausgehen, dass Veränderung möglich ist und gewaltausübende Personen sich verändern können, wenn sie es wollen.

Für manche betroffene Personen mag es nicht einfach sein zu lesen, dass so viel Energie in die Auseinandersetzung mit gewaltausübenden Personen fließt. Allzu viele gewaltausübende Personen sind ignorant, sie leugnen die Gewalttaten oder sind weiter dominant oder gewalttätig. Viele gewaltausübende Personen haben keinerlei Interesse daran, sich zu verändern. Es liegt nahe, in solchen Situationen zu verzweifeln oder zu verbittern. Und doch haben viele betroffene Personen Hoffnungen dahingehend, dass gewaltausübende Personen die ausgeübte sexualisierte Gewalt anerkennen und sich verändern.

Wir glauben an die Möglichkeit zur Veränderung auf unterschiedlichen Ebenen und aus verschiedenen gesellschaftlichen Positionen heraus. Diese Hoffnung wollen wir uns nicht nehmen lassen. In dieses Konzept sind viele unserer eigenen Erfahrungen eingeflossen, sei es als Betroffene von sexualisierter Gewalt oder als im Geschlechterverhältnis privilegierte Personen. Diese verschiedenen Erfahrungen und daraus resultierenden Sichtweisen haben wir in der Gruppe immer wieder auch durchaus konfliktreich diskutiert, damit sind nicht nur Gedanken, sondern auch Schweiß und Tränen in das Konzept eingeflossen. Wir hoffen, es kann dir und euch weiterhelfen. Transformation beginnen – jetzt und heute!

XVII. Literaturliste

Die folgenden Bücher und Zines vermittelten uns Hintergrundwissen und gaben uns Inspiration.

Bücher:

Adams, Maurianne / Bell, Lee Anne / Griffin, Pat (Hrsg.): Teaching for Diversity and Social Justice. 2. Auflage. New York: Routledge 2007.

Brenssell, Ariane / Weber, Klaus (Hrsg.): Störungen: texte kritische psychologie 04. Hamburg: Argument mit Ariadne 2018.

Chen, Ching-In / Dulani, Jai / Piepzna-Samarasinha, Leah Lakshmi: The Revolution Starts At Home: Confronting Intimate Violence within Activist Communities New York: South End Press 2011.

Generation FIVE: Toward Transformative Justice: A Liberatory Approach to Child Sexual Abuse and other forms of Intimate and Community Violence. Selbstverlag 2007.

INCITE! Women, Gender Non-Conforming, and Trans People of Color Against Violence: Color of Violence: The INCITE! Anthology. Durham, North Carolina: Duke University Press 2016

Lorde, Audre: The Audre Lorde compendium: Essays, speeches and journals. The Cancer Journals. Sister Outsider. A Burst of Light. Introduced by Alice Walker. London: Pandora Press 1996.

Ohms, Constance: Das Fremde in mir. Gewaltdynamiken in Liebesbeziehungen zwischen Frauen. Soziologische Perspektiven auf ein Tabuthema. Bielefeld: transcript 2008.

Oguntoye, Katharina / Ayim, May / Schultz, Dagmar (Hrsg.): Farbe bekennen. Afro-deutsche Frauen auf den Spuren ihrer Geschichte. 4. Auflage. Berlin: Orlanda 2016.

re.ACTion: Antisexismus_reloaded. Zum Umgang mit sexualisierter Gewalt – ein Handbuch für die antisexistische Praxis. 3. Auflage. Münster: Unrast 2015.

Sow, Noah: Deutschland Schwarz Weiß. Der alltägliche Rassismus. München: C. Bertelsmann 2008.

The CR 10 Publications Collective: Abolition NOW! Ten Years of Strategy and Struggle Against the Prison Industrial Complex. Edinburg / London / Oakland: AK Press 2008.

Wildwasser Arbeitsgemeinschaft gegen sexuellen Missbrauch an Mädchen e.V.: Sexuelle Gewalt. Beiträge aus Theorie und Praxis. Berlin: Selbstverlag.

Broschüren & Zines (online einsehbar)

CARA (Community Against Rape and Abuse) (deutsch vom Transformative Justice Kollektiv Berlin): Das Risiko wagen. Strategien für selbstorganisierte und kollektive Verantwortungsübernahme bei sexualisierter Gewalt. Berlin: Selbstverlag 2014. Online unter: https://www.transformativejustice.eu/wp-content/uploads/2017/04/Das-Risiko-wagen.pdf.

Cindy Crabb: Konsens Lernen. Online unter: konsenslernen.noblogs.org.

Creative Interventions: Creative Interventions Toolkit. A Practical Guide to Stop Interpersonal Violence. Selbstverlag 2012. Download unter: http://www.creative-interventions.org/tools/toolkit/.

LesMigraS – Antigewalt- und Antidiskriminierungsbereich der Lesbenberatung Berlin e.V.: unterstützung geben. Handlungsmöglichkeiten im Umgang mit Gewalt und Diskriminierung. Berlin: Selbstverlag 2011. Online unter: https://lesmigras.de/tl_files/lesmigras/Tapesh/LM_Broschuere_Tapesh_UnterstuetzungGeben.pdf.

Nicke, Navina: Aufbruch. Informationen für Betroffene von sexualisierter Gewalt. 2. Auflage. Hamburg: Selbstverlag 2018.

Dies.: Wegbegleitung. Informationen zur Unterstützung von Betroffenen von sexualisierter Gewalt. 2. Auflage. Hamburg: Selbstverlag 2018.

Dies.: Kompass. Gegen sexualisierte Gewalt – für einen besseren Alltag! Hamburg: Selbstverlag 2013.

Alle drei Broschüren online unter: unterstuertzerinneninfo.net.

Ines Pohlkamp

Genderbashing

Diskriminierung und Gewalt an den Grenzen der Zweigeschlechtlichkeit

424 Seiten | 24 €
ISBN 978-389771-305-5

Über heteronormative Machtmechanismen und die Verletzlichkeit nonkonformer Geschlechter

Die vorliegende Studie befasst sich mit dieser Leerstelle der Gewaltforschung. Geschlechtlich nonkonforme Personen, die sich selbst beispielsweise als ›Transgender‹, ›Interqueer‹, ›Queerer Transboy‹, ›Lesbian Boy‹, ›Transfrau‹, ›Transmann‹ oder ›Butch‹ verorten, berichteten in 18 qualitativen Interviews und in einer Gruppendiskussion von ihren Gewalt- und Diskriminierungswiderfahrnissen.

Die Analyse systematisiert die verschiedenen Dimensionen der Diskriminierung und Gewalt, und befasst sich auch mit den Möglichkeiten zum Widerstand.

Im Fokus stehen Auseinandersetzungen mit der Subjektkonstituierung, mit dem Coming Out, mit der zweigeschlechtlichen Architektur, mit sexueller Gewalt und Gewalt in Normierungsinstanzen.

Ann Wiesental

Antisexistische Awareness

Ein Handbuch

168 Seiten | 12.80 €
ISBN 978-3-89771-310-9

Sexismus mit Awareness, Unterstützungsarbeit und gesellschaftlicher Veränderung begegnen!

Awareness meint nicht nur Achtsamkeit im Umgang mit Betroffenen von sexualisierter Gewalt und sexistischer Diskriminierung, sondern auch ein Bewusstsein für die herrschenden gesellschaftlichen Machtverhältnisse, in denen Sexismus und sexualisierte Gewalt keine individuellen Einzelfälle sind. In diesem Sinne ist Awareness eine Haltung und ein Handeln, das Verantwortung übernimmt.

» … ein politisches Manifest für ein solidarisches Zusammenleben … «

Lisa Mangold | junge Welt

»Dem Buch gelingt der Brückenschlag zwischen der Kritik an gesellschaftlichen Strukturen … und dem Aufzeigen von Handlungsmöglichkeiten«

Charlie Kaufhold | an.schläge

Tanja Carstensen, Melanie Groß, Kathrin Schrader (Hg.)

care | sex | net | work

Feministische Kämpfe und Kritiken der Gegenwart

176 Seiten | 14 €
ISBN 978-3-89771-307-9

Aktuelle feministische Standpunkte und Auseinandersetzungen

Feministische Kämpfe ebenso wie feministische Theorie stehen seit vielen Jahren vor vielfältigen und sich wandelnden Herausforderungen. Ökonomischer Wettbewerb, Neoliberalismus, Care-Krise, Rechtspopulismus und Antifeminismus sind nur einige Stichworte. Feministische Wissenschaft und Praxis analysieren und kämpfen mit vielfältigen Strategien; Queer Studies und Intersektionalität haben Perspektiven erweitert, blinde Flecken aufgezeigt und Positionen herausgefordert. Neue feministische Projekte wie die Care-Revolution oder der Netzfeminismus sind entstanden. Das Buch sammelt feministische Positionen und Kritiken an den gegenwärtigen Verhältnissen und analysiert aktuelle feministische Kämpfe.

UNRAST Verlag | www.unrast-verlag.de | kontakt@unrast-verlag.de

UNRAST